跨文化交际教学与研究

胡文仲 著

外语教学与研究出版社
北京

图书在版编目（CIP）数据

跨文化交际教学与研究 ：汉、英 / 胡文仲著. — 北京 ：外语教学与研究出版社，2015.6
ISBN 978-7-5135-6232-4

I. ①跨… II. ①胡… III. ①英语－文化语言学－文化交流－研究②英语－文化语言学－教学研究 IV. ①H31

中国版本图书馆 CIP 数据核字（2015）第 152394 号

出 版 人　蔡剑峰
责任编辑　王　莹
执行编辑　彭　琳
封面设计　李双双
出版发行　外语教学与研究出版社
社　　址　北京市西三环北路 19 号（100089）
网　　址　http://www.fltrp.com
印　　刷　北京铭传印刷有限公司
开　　本　650×980　1/16
印　　张　20.5
版　　次　2015 年 7 月第 1 版　2015 年 7 月第 1 次印刷
书　　号　ISBN 978-7-5135-6232-4
定　　价　45.00 元

购书咨询：（010）88819929　电子邮箱：club@fltrp.com
外研书店：http://www.fltrpstore.com
凡印刷、装订质量问题，请联系我社印制部
联系电话：（010）61207896　电子邮箱：zhijian@fltrp.com
凡侵权、盗版书籍线索，请联系我社法律事务部
举报电话：（010）88817519　电子邮箱：banquan@fltrp.com
法律顾问：立方律师事务所　刘旭东律师
　　　　　中咨律师事务所　殷　斌律师
物料号：262320001

目录

前言

我从事跨文化交际教学与研究始自二十世纪八十年代初期，至今已有30多年。最早我只是关注外语教学中的文化因素，之后接触到国外跨文化交际方面的学术论著，逐渐对于跨文化交际学这一领域有所了解，开始在研究生层次开课，同时对于一些课题展开研究。之后，我参加过几家跨国公司的跨文化培训，在培训方面获得一些感性认识，与国外学者也有过合作研究的经历。在教学和研究过程中，偶有所得写了一些论文和文章，大部分已在学术期刊上发表，少部分是学术会议上的发言，先后积攒了27篇，现集结成册献给读者。除论文之外，我主编了《跨文化交际与英语学习》(1988)、《跨文化交际学选读》(1990)、《文化与交际》(1994)、《英美文化辞典》(1994)、《跨文化交际面面观》(1999)等文集和辞典。与Neal Grove合著*Encountering the Chinese: A Guide for Americans*于1991年在美国出版，目前已再版两次。其他专著包括《外语教学与文化》(与高一虹合著，1997)、《跨文化交际学概论》(1999)和《超越文化的屏障》(2002)等。

我最早的一篇论文发表于1982年，最晚的一篇完成于2013年底。这些论文和文章折射出我从事跨文化交际教学与研究的轨迹，也反映了我个人对于跨文化交际研究的观点。在这三十年间，跨文化交际的理论和实践都有了长足的进步，跨文化交际学一跃而为一门显学，在国外已有多达20多种跨文化交际的理论[①]问世，国内学者研究跨文化交际也呈现出多视角的态势。我的研究视角主要是从语言交际出发，从教学入手，偏向于比较传统的研究路子，

① 详见William Gudykunst, *Theorizing About Intercultural Communication*, SAGE Publications, 2005。

受Samovar和Porter早期主编的读本影响较大，对于身份和心理等因素对跨文化交际的影响涉及较少。

本书共分三个部分，第一部分是关于跨文化交际教学，共10篇；第二部分是一些研究成果以及我对于跨文化交际研究的观点，共8篇；第三部分是会议发言、书评和培训等方面的文章共9篇。每部分的论文都按照当时发表的时间顺序排列，以便于读者跟踪作者观点的进展。整理成书时，我对于原文作了一些文字上的订正，但对于原有观点没有更动，只在有的地方加了注解，说明当时的材料和观点从目前看来已有不妥之处。总的来说，文集忠实地记录了我的跨文化交际教学与研究的成果，也从一个侧面反映了我国跨文化交际教学与研究的历程。

胡文仲

跨文化交际教学

语言与文化①

提要： 作者首先指出不少学生在使用英语时只注重语言形式，而忽视文化习俗，导致语言使用不当，要解决好这个问题需要处理好三方面的关系：1）语言与文化的关系；2）语言能力与交际能力的关系；3）外语教学与各学科的关系。作者对于如何改进目前外语教学提出了七项建议。

无论是在校园里或是在外事活动场合，只要我们稍一留心就会发现，有些学生、有些年轻的翻译，尽管英语语音、语法学得不错，说话却往往不很得体。这里不妨举些例子。

例1. 上课铃响，教师进教室，学生起立，齐声说："Good morning, teacher." 在汉语中可以说："老师好！""老师早！"在这里"老师"不仅是称呼语，还是尊称。但是，在英语中teacher却不可以作为称呼语，也不是尊称。在英语国家，中、小学里通常是在姓前冠以Mr, Mrs或Miss，称呼教师。譬如，一个叫John Smith的人在中学教书，学生通常要称他Mr Smith，早上见面时说Good morning, Mr Smith. 也可能只说Morning! 在大学里如何称呼，取决于学衔以及得过什么学位。对于教授、副教授，一般地在姓前加上Professor，如说Professor Smith；对于不是教授、副教授，却得过博士学位的教师，称为Doctor；对于其他教师，则用Mr, Mrs或Miss等称呼。年轻的或比较时髦的教师常常告诉学生可以名（教名）相称，例如Paul Johnson可能要学生叫他Paul。对于某位教师具体如何称呼，还要看所在地区、本人脾性、师生关系、师生年龄差距

① 原载《外语教学与研究》1982年第4期。

大小等。尽管teacher不作称呼语，professor却可用来称呼人。例如，在讨论课上，可以说："I have a question, Professor." 自然，一般情况下还是称Professor Johnson, Professor Brown等为妥。在英语中没有一个在意义和用法上与汉语的"老师"完全相同的对应词。

例2. 一位年轻翻译陪同某个国家的大学校长代表团参观访问，尽管成员都是教授，有的还得过爵位，他在介绍时却一律称为Mr so and so。他觉得这样已经十分有礼貌了，殊不知客人们心里难免有几分不快。

例3. 一位在中国工作过多年的英国教师到学校礼堂去看英文电影，路上遇到学生也在忙着赶路去礼堂。学生根据汉语中打招呼的习惯很有礼貌地说："Are you going to the film?"这位外籍教师觉得很奇怪，心想你明明看着我往礼堂走，知道我去看电影，为什么还问这样的问题？事后的评论是："What a stupid question!"

例4. 一位新西兰籍女教师在华工作一年，回国后对朋友说："我在中国至少有一百次被问到我的年龄，而在新西兰和澳大利亚，自从我成年以来，记不得有谁问过我多大年岁。"

例5. 英国一位教学法家初次来华讲学，临别前被邀出席一次晚宴。席间，我们的一位教师当着各方宾客的面，问他一年拿多少薪水？他感到十分尴尬，本想含糊其词，又恐失礼，最后只得如实说出。回来以后长叹一声说："I had a most bizarre day."（这一天过得真太怪了）。

类似的例子还可以再举一些，涉及的方面也远不止此，但是，以上五例已能大致说明一个问题：学习英语不能不同时注意中国和西方在文化上的差异。

长期以来，我们在教学上对这个方面重视不足。学生犯这类错误的一个重要原因是教学、教材重视语言形式而忽视语言的社会意义，忽视语言在实际场合的运用。许多课本都包含这类的"对话"：

What's your name?

My name is Li Hong.

How old are you?

I'm twenty.

Where do you come from?

I come from Nanjing.

…

***

Where are you going?

I'm going to the library.

…

***

Are you writing a letter to your parents?

Yes, I am.

How often do you write to your parents?

About once a fortnight.

…

***

这类对话大致都是“中文的思想+英文的形式”，形式固然正确，但却忽略了讲话是否得体这一重要方面。在西方国家，除了在医院、移民局这类地方，很难想象会有人一连串地问：“What's your name?” “How old are you?” “Where do you come from?” 这类问题。英美人对于“Where are you going?”在心理上的反应（一般情况下自然不会说出来）是：“Why do you ask?” 甚或是“It's none of your business.”至于问一个人在给谁写信，更会被认为是干涉别人的私事。我们的教材对于这类文化、心理上的差异往往很少加以注意，学生又往往机械模仿，学了什么用什么，对于语言学中的浅滩暗礁心中全然无数。

最近一个时期，这方面的问题开始引起人们的注意，刊物上陆续发表了有关文章。[①] 有的学校开设了“社会与文化”这类课程。有的教材开始重视并增加了有关西方风俗习惯的内容。不少教师在教学中注意引导学生在学习英语的同时，更多地了解西方人的文化和习俗。

重视语言形式而忽视语言在实际场合的运用，忽视东西方文化上的差异，是一个涉及社会语言学的问题。教师碰到什么讲什么，固然对学生有帮助，但是，关键还是要先解决认识问题。认识统一了，具体措施是不难找到的。

● 处理好三个方面的关系

在认识方面，我们认为有三个方面的关系必须弄清楚。一是语言与文化的关系，一是语言能力（linguistic competence）与交际能力（communicative competence）的关系，一是外语教学与各学科的关系。

对语言有截然不同的两种看法，一种是把语言看作是语音、语法、词汇的总和，或者仅仅看作是一种符号系统。另一种看法认为语言与文化有着密不可分的关系，语言的使用脱离不开社会环境。修辞学已经有了很长的历史，从19世纪中叶以来又陆续开始了在人类学领域的对语言的研究，出现了人文语言学（ethnographic philology）、语言人类学（linguistic anthropology）等学科名称（Hymes 1974）。人类学家Malinowski对英国语言学家J. R. Firth的影响是人所共知的，事实上他对于整个社会语言学界有着广泛的影响。长期以来，人类学着重于人种、文化和语言三方面的研究，因此，探讨语言与文化的关系始于人类学也就是顺理成章的了。

美国杰出的语言学家Edward Sapir（1921:221）在他的

---

① 见许国璋，Culturally-loaded words and English language teaching，《现代外语》，1980年第4期，19~24。邓炎昌，“Language and Culture” Series，《英语学习》，1981年第2期~1983年第1期。秦秀白，Some reflections on the teaching of vocabulary, *English Teaching Forum*, 1982, No.3, 38~39. Mr & Mrs Earl Willmott, Western manners，《英语世界》，1982年第3~5期。

*Language*一书中写道：

语言有一个环境。使用语言讲话的人们属于种族（或许多种族），也就是说，属于一个由于身体特征不同而与其他集团分开的集团。再者，语言不能脱离文化而存在，不能脱离社会继承下来的各种做法和信念，这些做法和信念的总体决定了我们生活的性质。

在同一本书的另一个地方，Sapir（1921:233）对于文化和语言又作了进一步的解释，他说："文化可以解释为社会所做的和所想的，而语言则是思想的具体表达方式"。Sapir对于美国人类学家Benjamin Lee Whorf有着很深的影响。Sapir认为"语言是社会现实的向导"，也就是说，通过语言的特征和使用可以了解一个种族的思维、生活的特点。

Whorf接受了这一观点并有所发展，他的看法是（Hoijer 1954:94）：

每个语言的语言体系（即语法）不仅是表达思想的工具，同时本身又影响思想的形成。它是了解个人心理活动、分析印象以及综合整个思想活动的说明书和指南。

两人的看法并不相同，虽然Sapir也认为语言习惯影响一个人对于问题的理解，但是，他不同意语言特征和民族文化特点是因果关系（Sapir 1921:234）。

在一定意义上，我们可以说语言是某个民族文化、风俗习惯的一面镜子。举个简单例子，在汉语中，我们有"祖母"与"外祖母"之分，而在英语中，一般情况下不予区分。如果一定要说清楚，可以说paternal grandmother和maternal grandmother，或者加上on the father's side, on the mother's side这类附加说明。在这里，区分或不区分确实反映了不同的文化和家庭结构。赵元任先生在《中国人的各种称呼语》（Chinese Terms of Address）一文中列举了114种对于亲属的称呼语，每种又有正式名称、直称及比较文气的称呼之分。例如，父亲方面的great grandfather在汉语中的正式名称是“曾祖”，直称时用“老爷爷”，书信中可用“曾祖父”。又例如，父亲方面的granddaughter-in-law的正式称呼是“孙媳妇”，直称是“孙少奶奶”，书信中用“孙媳”（Chao 1976:323~330）。汉语中亲属称呼语如此繁多，反映了汉族大家庭（extended family）的现实。了解这些语言现象无疑有助于了解汉族的家庭结构。随着家庭规模变小（由extended family逐渐变为nuclear family），家庭成员居住越来越分散，以及其他社会情况的变化，大家庭中的许多称呼使用得越来越少。“老爷爷”和“孙少奶奶”这类称呼对于大部分年轻人都是十分陌生的。有的人可能只了解“老爷爷”是托儿所孩子对老人的尊称，而不知道它是曾祖父的又一种说法。

C. C. Fries认为语言与文化在社会环境中有着十分密切的关系，他曾以breakfast一词为例。词本身的意义是很清楚的：早上的第一顿饭。但是，他认为如果不了解breakfast包括哪些东西，在哪里吃，和谁一起吃，在什么时候吃，就仍然不能充分理解这个词的意义（Robinett 1978）。欧洲大陆早餐和英国早餐不同，美国人早餐和英国人早餐也不一样。不用说，中国人的早餐和英美人的早餐更是两样。如果不了解英美人吃饭的习惯，学生对于John's having his breakfast. 这句话的了解只能是一般的、概念性的，而不可能十分具体。house这个词的字面意义是很容易理解的，但是，在听到这个词的时候，英美人头脑中的反应和一个不了解西方居住情况的中国学生所想到的是极为不同的。没有来过中国、不了解中国风俗习惯的英美人很难想象什么是Spring Festival，中国绝大部分学生也不清楚究竟Christmas是个什么样子、对于英美儿童意味着什么。不管教师如何解释，不看实物或图片的中国学生总是很难弄清楚什么是hot dogs和hamburgers。反过来，没有进过中国餐馆的英美人也不能理解spring rolls和chow mein。“饺子”固然可以译为ravioli，但是，“饺子”毕竟不是ravioli。不了解当今的英美社会，就不能准确地理解boyfriend, girlfriend, solo parent, Sunday father等一般的词所包含的意义，当然更无法了解privacy, individualism, liberal等抽象词的含义。

总之，语言是文化的一种表现形式，不了解英美文化，要学好英语是不可能的。反过来说，越深刻细致地了解所学语言国家的历史、文化、传统、风俗习惯、生活方式以至生活细节，就越能正确理解和准确地使用这一语言。

应该注意的文化差异范围很广，大的方面包括诸如社会阶层、家庭结构（家庭大小、家庭关系、结婚离婚等）、职业（种类、特点、上下级关系等）、社交活动等，小的方面如约会、打电话、吃饭习惯、禁忌、打招呼、握手等等。当然，首先还是要注意大的方面的差异，再逐步深入到细枝末节。我们力图了解得深入具体，但是不可能要求把一切细节都弄清楚。

第二个方面是语言能力与交际能力的关系。社会语言学的任务之一就是要研究语言形式和社会制约（社会环境）的关系。交际能力至少包括两个方面的能力：语言能力（linguistic competence）和社交能力（social competence）。譬如，学习“Lovely weather, isn’t it?”这句话，不仅要注意其语音（音素、语调、节奏等）、语法（反意疑问句的构成）和词汇（lovely的用法）等方面，还要知道这句话在什么场合使用。假若在一个追悼会上遇到一位朋友，你劈头第一句就是“Lovely weather, isn’t it?”大家一定会觉得你头脑有些不正常。我们的学生对话，连珠炮似的问对方：“What’s your name?”“How old are you?”“Where do you come from?”“Do you like Beijing?”等等，就是只具备语言能力，而不具备社交能力的生动说明。这可能是由于我们在教学中把语言能力和社交能力割裂开来的缘故。英语国家的孩子在学习英语时，两种能力是结合在一起学的。例如，母亲告诉孩子不要随便打断别人的谈话，要插话时先要说Excuse me，孩子学会了说Excuse me，也知道在什么场合下使用。有一次，我在一位澳大利亚朋友家里做客，大家坐下来准备吃饭的时候，男主人起身去接电话，客人在有礼貌地等待，这时主人的四岁小孩对母亲说：“I’m hungry, Mum.”女主人马上轻声说了一句：“Don’t be rude.”孩子从这个场合学到了这样一点：在客人面前这样说话是不礼貌的。在中国人的家庭里，孩子大体上也是这样学会交际能力的。

语言是交际的一个主要途径，但并非唯一的途径。人们对于语言以外的交际手段（extralinguistic means of communication）加强了研究，其中包括动作、姿态、表情、是否触摸、讲话人之间的距离等。英国人和法国人、北美人和南美人、东方人和西方人之间在这些方面有许多差异。例如，人们注意到阿拉伯人讲话时互相之间可以保持的身体距离比英美人小。又例如，对于人们讲话时是否触摸对方有人做过调查统计。调查对象是在大学的商店里谈话的人。在一小时之内，英国人没有碰过对方，美国人触碰对方2次，法国人110次，南美人180次。

影响交际的因素很多，Dell Hymes归纳成为一个首字母缩略词SPEAKING。S代表Setting and Scene（背景和场合）；P代表Participants（参加者）；E代表Ends（目的及结果）；A代表Act Sequence（信息的形式与内容）；K代表Key（传递信息的方式）；I代表Instrumentalities（使用什么语言、方言等）；N代表Norms（各种情况下应遵守的规范）；G代表Genres（体裁）（Hymes 1974:77）。由此可见，在交际中要照顾的方面确实很多，而社会语言学的研究目前还处于初级阶段，讲话规则（rules of speaking）虽已总结归纳了一些，但都还很粗糙，还不足以作为讲话的具体指导。这就给学习外语的人带来了很大的困难。

长期以来，语言学着重研究的是语言本身，研究语言的语音系统、语言的结构、语言的历史发展等，研究的对象是索绪尔所说的langue，而不是parole，着眼于语言中带有普遍意义的各种现象。在美国，无论是30到60年代风靡一时的结构主义语言学对语言结构的研究，还是以后乔姆斯基对所谓“理想的听话人—讲话人”（the ideal hearer—speaker）的语言能力的研究，大致都撇开了语言的社会环境、社会制约。这种情况从60年代初期以来发生了变化，重心逐渐从结构转向功能，从孤立的语言形式转向在社会环境中使用的语言形式。社会语言学的迅速发展反映了这一转变。尽管社会语言学还是一门新兴学科，它具有强大的生命力。可以预计，随着研究的深入，更具体更有指导意义的各种交际规则将会被总结和概括出来。

第三个需要弄清楚的关系是外语教学和各学科的关系。外语教学并不是简单地教些语音、语法、词汇，而是涉及多学科的一门学问。美国教学法家James Alatis把这些学科归纳为首字母缩略词LAPSE，L代表Linguistics and Language, A代表Anthropology，P代表Psycholinguistics and Psychology，S代表Sociolinguistics and Sociology，E代表Education and English（Alatis 1978:6 ~ 8）。外语教学和语言学、心理学、教育学密切相关自不待言，它和人类学、社会学有什么关系呢?

前面已经谈到人类学远在社会语言学出现之前就已经在致力研究文化和语言的关系。社会语言学家在自己的研究中经常需要利用人类学家已经取得的成果。人类学从着重研究历史沿革到着重研究和描述人类社会的现状，再发展到研究人类行为的内在规律，这与语言学的发展有类似之处。人类学家近年来所提出的关于语言和社会环境的关系的看法，与社会语言学家关于交际能力的提法有许多相通之处。

社会学研究的主要方面是社会本身，诸如社会机构（从家庭到国家）、各社会机构之间的关系以及社会行为、社会关系等。社会行为和社会关系与语言的使用有着密不可分的关系。社会学的研究方法和研究成果对于社会语言学有很高的价值。

要研究语言与文化的关系，要研究在外语教学中如何注意文化差异，读一点人类学和社会学可能是必要的。人类学、社会学中的某些有关部分甚至可以在外语教学中直接作为教材应用。

- **以社会语言学的观点指导教学**

本文开头提出的问题，笼统地说属于语言与文化的关系问题，细加分析，则大体都属于社会语言学的范畴。在外语教学中注意文化差异，实际上就是要求以社会语言学的基本观点指导我们的教学。在认识上解决好三个关系之后，再探讨具体的解决问题的途径也就比较容易了。

1. 在外语院系的课程设置方面，除了语言学、社会语言学、教育学、心理学、文学等课程外，在条件许可时，应该增设社会学、人类学这类课程。如果设课困难，可否选些社会学和人类学的材料指定学生阅读，或者提供这方面的专题讲座？

2. 在教学中使用一定比例的国外出版的外语教材，在自编教材中多用一些“真实材料”（authentic material）。有些英美出版的质量较好的课本采用了不少涉及英美文化背景、风俗习惯的材料，有些在注释部分着重解释文化上的差异。有的单列一项，称作cultural comments，[①]有些对话也是研究文化差异的好材料。所谓“真实材料”是指从实际交际活动（口头和书面）中选取的材料，而并非编教材的人自己撰写。“真实材料”的好处在于其中许多部分涉及场合、身份、相互关系等社会因素。

3. 引导学生在读文学作品、报刊时留心和积累文化背景、社会习俗、社会关系等方面的材料。我们的学生能到英美留学，在当地人民中生活较长时间（一年、两年或三年）的，终究属极少数。对于绝大多数人来说，了解英美社会主要靠间接地阅读有关的材料。文学作品是了解一个民族的脾性、心理状态、文化特点、风俗习惯、社会关系等方面的最生动最丰富的材料。问题在于如何阅读。如果读文学作品只是为了了解故事情节，那就所得甚少。阅读报刊是了解当前社会各阶层、各集团的动态、各种社会问题、社会关系的最直接的途径，其重要性人人皆知，无须赘述。

4. 在课堂教学过程中，教师必须不仅注意语言形式的正确，还必须重视语言运用得是否恰当。这无疑对教师提出了更高的

① 例如：Thomas H. Brown and Karl C. Sandberg, *Conversational English*, 1969 及 Ronald White, *Functional English*, 1979.

要求。课堂教学的方式之一是让学生编对话，设想自己是什么人，谈什么事。这就涉及角色的身份。要引导学生注意自己的角色，对于语言形式正确而不符合角色身份或场合的话应该指出来，使学生逐步获得“社会语言学方面的敏感”（sociolinguistic awareness）。在句型教学中，学生容易只顾形式忽略内容，机械地操练，教师尤其需要不断地从旁提醒。

5. 充分利用图片、幻灯片、电影、电视等直观教具。讲解house在英美一般是指什么样的房子不如让学生看一幅图片。电影是了解西方社会文化的一个有效手段。有些是专门介绍社会情况的纪录电影，自然十分有用。好的故事片也可以起到类似的作用，提供丰富的有用的材料。在美国，有的教师使用不同时期的电影使学生对各时期的社会习俗有所了解。电影《卖花女》（*Pygmalion*）是研究不同社会阶层的语言特点和礼仪的一份绝妙教材（Murphy 1976:175~181）。卖花女Eliza Doolittle在经过语音学家Higgins教授的一段训练之后，被带去参加上层社会的一次社交活动。临行前，教授嘱咐Eliza谈话不要超出询问对方健康和谈论天气这两个题目。在开始应酬时，Eliza讲话还大致得体，但她一谈到她姨母死于流行性感冒，就转到她所熟悉的下层劳动人民的语言，使在场的绅士、夫人瞠目结舌，不知所措。这一段是对语言与场合密切关系的最好说明。目前，在我国电视英语教学节目中，正在使用*Follow Me*, *On We Go*, *People You Meet*等多套节目，其中有很丰富的材料可供使用。教师如能加以适当指点会收到更好的效果。以打招呼为例，朋友之间、生人之间、上下级之间在说法上有许多不同。由于电视节目提供的场合多，语言材料自然也就富有变化。电视、电影还是观察、研究姿态、表情、动作等语言以外的交际手段的十分有用的资源。

6. 充分利用外籍教师。从学外语来看，和讲这种语言的本族人接触是十分重要的。在一定意义上，这种接触是别的方式所无法取代的。仅让学生在课堂上听讲课也还不够，在日常的接触中往往能学到许多生动的、课堂上学不到的东西。例如，在什么场合下讲什么话，作何种反应，都只有在课下才能观察到。

7. 开展汉英语言、文化比较研究，将研究成果运用于教学。这方面的工作许多教师都经常在做，但是，系统的全面的研究似乎还很少，这方面的专著凤毛麟角，屈指可数。要真正有成效地以社会语言学的观点指导教学，这项研究将是不可或缺的。最后，有一点需要说明。在外语教学中我们要重视文化上的差异，应该了解和研究这种差异，但是，我们并不需要也不应该盲目地模仿和搬用。我们有自己的文化传统，自己的风俗习惯，自己的讲话方式。不了解不研究别国的文化，学不到地道的外语；不加区分地搬用推崇，也绝不是我们应取的态度。

参考文献

Alatis, J. 1978. Linguistics, TESOL and Bilingual Education: An Overview. In R. L. Wright and A. H. Osman, eds. *Collected Papers in Teaching English as a Second Language and Bilingual Education: Themes, Practices, Viewpoints*.

Bell, R. T. 1976. *Sociolinguistics: Goals, Approaches and Problems*. London: B. T. Batsford Ltd.

Brown, T. H. and K. C. Sandberg. 1969. *Conversational English*. New York, NY: John Wiley and Sons.

Chao, Y. R. 1976. *Aspects of Chinese Sociolinguistics*. Selected and introduced by Anwar S. Dil. Standford, CA: Stanford University Press.

Fanselow, J. F. and R. H. Crymes, eds. 1976. *On TESOL '76*. Washington, D.C.: TESOL.

Hoijer, H, ed. 1954. *Language in Culture: Conference on the Interrelations of Language and Other Aspects of Culture*. Chicago, Il: University of Chicago Press.

Hymes, D. 1974. *Foundations in Sociolinguistics: An Ethnographic Approach*. Philadelphia, PA: University of Pennsylvania Press.

Light, R. L. and A. H. Osman, eds. 1978. *Collected Papers in Teaching English as a Second Language and Bilingual Education: Themes, Practices, Viewpoints*. New York State English to Speakers of Other Languages and Bilingual Educators Association.

Murphy, P. 1976. Films and Sociolinguistic Awareness. In J. F. Fanselow and R. H. Crymes, eds. *On TESOL '76*. Washington, D. C.: TESOL.

Robinett, B.W. 1978. *Teaching English to Speakers of Other Languages: Substance and Technique*. Minneapolis, Minn.: University of Minnesota Press and Mc Graw Hill International Book Co.

Sapir, E. 1921. *Language: An Introduction to the Study of Speech*. New York: Harcourt, Brace & Co.

White, R. 1979. *Functional English*. Sunbury-on-Thames, Middlesex: Nelson.

文化差异种种[1]

提要： 文章指出语言与文化有着密不可分的关系，要真正具备交际能力必须对目标语的文化有所了解。文章列举了中国和西方国家在打招呼、致谢、谦辞、声调、身势语以及观念等方面的种种文化差异，指出提高学生文化敏感性的必要性以及在教学方面可以采取的各种措施。

最早研究文化与语言关系的是人类学家，Sapir, Malinowsky, Hoijer, Whorf等都发表过很多独到的见解。之后，社会学家对这个问题也开始感兴趣。60年代中期，社会语言学兴起，社会语言学家在这方面发表了许多论述。教学法家，尤其是美国教学法家近二十年来对这个问题也加紧了研究。美国是一个多民族多文化的社会，跨文化交际自然十分重要，目前已逐渐发展成为一门学问。在我国，虽然学术刊物上发表过一些文章，但总的来说还没有开展系统广泛的研究。

对语言至少有两种不同的看法，一种把语言仅仅看作是语音、语法、词汇的总和，看作是一种符号系统。以行为主义心理学和结构主义语言学为指导的听说教学法，实际上是把语言仅仅当作符号系统看待，把语言的社会因素基本上排除在外。Robert Lado编的课本清楚地说明了这一点，课本的绝大部分是语言形式的练习。另一种看法是把语言看作与文化有密不可分的关系，认为语言的使用离不开社会环境。美国语言学家Edward Sapir（1921:221）提出："语言不能脱离文化而存在，不能脱离社会继承下来的各种

① 原载《教学研究》1985年第3期。

做法和信念，这些做法和信念的总体决定了我们生活的性质。”

语言反映社会现实。生活在北极、整天和冰雪打交道的爱斯基摩人对雪观察入微，把雪分为七类，有七个不同的词，而英语国家的人们却只掌握snow一个词。我国广东省人整年见不到雪，因此在概念和表达上也是冰雪不分：北方人叫“冰棍”，广东人却称为“雪条”；北方人把refrigerator叫“冰箱”，香港人却叫“雪柜”。

文化有广义与狭义之分。广义的文化包括文学、艺术、音乐、建筑、科技和哲学等，人们常称之为Culture with a big C。狭义的文化指人们的生活方式和习俗，包括如何生活，如何组织社会，家庭成员、社会成员之间的关系，人们在不同场合的不同表现，风俗习惯，以至吃什么，如何吃法，各种禁忌等等。有些人把这些称为Culture with a small C（Allen & Valette 1977:325）。学习一种语言实际上就是学习一种文化，有的教育家把这个过程称之为“文化适应”（enculturation）。一般来说，人们认为学习外语也应该了解这一国家的文学、历史、艺术等。在我国高等院校英语专业中开设有世界史、英美历史、西方文化入门、英美文学史、西方哲学史等一类课程，少数院校还开设社会与文化这类社会学课程。狭义的文化虽然无所不在，但却往往被忽视。没有专门的课程讲授这方面的知识，在课堂上教师能讲多少全凭教师本人的条件。有的教师虽然也意识到这个问题的重要，但在课堂上忙于讲解文字、做练习、改错，无暇顾及这方面。

要让学生了解和掌握广义的文化方面的知识，除了开设专门课程，还可以选文史哲等各种类别的材料规定学生阅读；可以举办讲座，请专家、学者就某个专题作演讲；可以举办图片展览会，放映幻灯、电影、录像，介绍所学语言国家的文学、艺术、建筑等；可以举行音乐会、英语晚会；有条件的还可以把教师或学生送到国外去生活、学习一段时间。各国之间在文化艺术传统方面的明显差别人们是比较容易注意到的。

对于狭义的文化方面的差异（有些是很细微的），则需要经常不断地提出，以提高学生的敏感性。讲文化差异必须首先划定它的范畴。从世界范围来看，东西方文化有很大的差异。就欧洲来说，南欧人与北欧人不同。就美洲来说，北美人与拉丁美洲人的文化又都自成一体。在美国内部，东北部各州与南部各州在文化习俗方面也存在着许多细微的差异。我们不可能了解文化差异的所有方面。经过细心的观察和多年的积累，如果能了解到主要的区别在哪些方面，就已经算是很有成绩了。

下面举出文化差异的几个突出方面作为例子，以说明研究这一问题的必要性。文化差异的范畴是很宽广的，需要进行长期的研究才可能有真正、全面、深入的了解。

1. 打招呼：在我国，熟人、朋友见面打招呼有许多方式，如果对方在走动之中，可以说："到哪儿去？""出去？""上班去？""上学校去？"如果在吃饭时间的前后，可以问："吃饭了吗？""吃了吧？"如果对方在工作，可以说："忙什么哪？"在所有这些情况下，我们对对方的答话内容并不真正感兴趣，但是如果这些话译成英语，就全部变成了期待对方给予答复的真正的问题，而不再是招呼语或寒暄的话了。例如，在英语中Where are you going?是询问对方到哪里去，只能在一些特定的场合用，如果到处滥用，对方会认为你在干涉他的私事。相反，谈天气是很正常的搭讪方式，如：

—Lovely weather, isn't it?

—It's really a beautiful day.

谈天气时，一般情况下都是顺着对方说，很少有人在谈天气时和对方争得面红耳赤，所以谈天气是个保险的搭讪方式。

2. 致谢：在我国，一般来说亲属、好友当中，不说"谢谢"，否则人们会感到被当作外人看待。在公共汽车上买车票，在商店买东西，在饭馆点菜，在所有这些情况下，通常对为你服务的人都不说"谢谢"。但是，在英语中，Thank you, Thanks a lot, Thank you very much整天挂在嘴上，即使是妻子给丈夫端来了茶，丈夫也要表示感谢：

—Here's your tea.

—Thanks, dear.

在图书馆借书，办完手续要对管理员说一声Thank you。买车票、买东西、在饭馆吃饭、在酒馆喝酒，服务员、售票员为你做了事之后，你都要说一声Thank you。向主人表示感谢，往往说得很具体，如：Thank you for the tea (coffee). Thank you for inviting me. Thank you for the lift. Thank you for the lovely present. 等等。自然，在英语中也要注意使用得恰当。表示完感谢以后，就不要一再啰唆，那样也会使对方感到很难堪。

3. 表示谦虚：中国人和英美人表示谦虚的方式不同。中国的方式有许多种，其中常见的一种是"自贬"。例如：

—听说你昨天到北航做了个报告？

—我随便讲讲。

又如：

—听说你爱人钢琴弹得很好。

—她呀，自娱自乐。

又譬如，尽管把客人安排在宾馆里，还要说："我们这儿条件很差，多包涵。"另外，像"薄酒""便饭""敝人""茅舍""拙作"等都属于此类。[①]

在英语中一般不采用"自贬"的方式表示谦虚。相反，别人如果赞扬你，说"Your English is impeccable"，你应该说"Thank you"表示感谢。有时采用转移功劳（credit transfer）的办法，如：

—You made a hit last night.

—Did I? You know, Larry spent a lot of time with me.

通过这样的方式把对方的赞扬转移给第三者——她的导演Larry。别人鼓掌欢迎你，你可以点头示意，但是自己不鼓掌。这

① 改革开放30年后，总的来说，在人们交往中，自贬的情形有所减少，表示感谢的场合有所增多。这说明传统习俗有所改变。

和我们的习惯也不相同。

4. 接受礼物：朋友、亲戚给我们送礼，一般地说，我们总要先推辞，在对方坚持一下以后再表示接受。收下礼物之后一般不当面打开，以免给人以“贪婪”的印象。英美人与我们的习惯恰好相反。收到礼物一般不推辞，而是表示感谢。为了表示对对方的感激，在许多场合，往往把礼物打开当着客人的面称赞一番。自然，如果礼物是酒或者巧克力，也不必再多说什么话。

5. 声调高低：英美人（严格地说应该是英、美等国的属盎格鲁—撒克逊民族的人）在公共场合讲话通常把声调压低一些，例如，在饭馆、休息室、公共汽车或火车上，讲话声音比较低。如果有人大声讲话，人们会认为这人很不懂礼貌。在大学里，教授讲课音调也不高，中国学生常常觉得讲得太轻听不清楚。在英美，不同社会阶层的人在声调上也有差别。社会语言学家对这方面进行了研究。

6. 身势语言（body language）：我们一般认为美国人手势太多，面部表情过于丰富，而美国人可能会觉得我们感情不流露在外，有些摸不透（inscrutable）。拉丁美洲人讲话，两个人之间的距离比较近，有时还触碰对方，而英美人讲话，双方之间一般有一臂之隔（多到四英尺），通常都忌讳触碰对方。两个男人拉着手说话更是要避免的，这会被人们误解为是同性恋者。讲话时眼睛看着对方，在英美被认为是诚恳、诚实，而眼睛到处乱看，会被认为是狡猾、不诚实。英语中有一个成语可为佐证：“Never trust a person who can't look you in the eye.”对方讲话时你很少看对方，至少会被认为是没有兴趣，不注意听对方的话。但是眼睛死死地盯住对方成为stare，则也是不礼貌的。

7. 在观念上，对于什么是禁忌（taboo），什么是隐私（privacy），我们和英美人有很大区别。在英美，年龄、收入以至体重方面的问题都要回避。英美人的卧室一般来说不受邀请绝不能进。在我国山西农村请客人“上炕”是对客人的盛情款待。英美人办公桌上的一切东西都属于他所有，因此，不能随便拿人家桌上的东西看，或者打开人家的抽屉。即使是他桌上的报纸，你也要先征得同意才能借来看。至于用人家的电话则更要先问一声：“Can I use your telephone?”

8. 有些词与文化传统密不可分。例如，我们看到月亮这个词会有一系列的联想，会想到嫦娥奔月，会想到中秋节以及家乡亲人，会想到“床前明月光，疑是地上霜”这类诗句，甚至会想到朱自清的《荷塘月色》等等。但是，英美人看到moon这个词却不会有这类联想，他们想到的可能是宇宙飞船、宇航员登月等等。我们用“政治”这个词，一般地会想到马列主义、国家大事、政府的政策方针等等（“文化大革命”中“政治”一词则往往意味着“阶级斗争”“无产阶级专政”“批斗会”等等）。而在英语中，politics往往指参加竞选、议会内外的活动等，和politician（政客）常连在一起，有所谓dirty politics之说。

我们在教学上应该怎样做才能不断提高学生对文化差异的敏感性呢？

首先，要解决一个态度问题。这就是要使学生对外国文化努力去理解，心胸要宽广，态度要开明，不能把与我国文化不同的别国文化看作是荒唐可笑。反过来也不应该以西方文化作为标准贬低自己的文化。要使学生认识到语言和文化是密不可分的。Tucker和Lambert（1973:249）对于只教语言不教文化有这样的看法：

我们相信任何这类企图都会使学生失去兴趣，使他不仅不想学语言符号本身，而且也不了解使用这一符号系统的民族。相反，帮助学生在学习语言时提高对文化的敏感就可以利用他们想了解其他民族的发自内心的兴趣和动力……从而提供了学习该民族的语言的基础。

除了态度上要比较“开明”，还要有意识地引导学生培养和提高他们对于文化差异的敏感性。可以先从大的明显的方面入手，再逐步深入下去，触及较微妙的一些方面，以至一些与文化相关的词的使用等等。Hanvey认为这种训练可分为四个阶段：1）对于表面的、显而易见的文化特征的识别，这些特征一般地被认为是非同寻常或者具有异国情调。2）对于与自己的文化显著不同的重要而又微妙的文化特征的敏感，这些特征通常被认为是不尽合理甚至令人沮丧的。3）与第二阶段有共同点，其区别在于这个阶段总的来说属于精神领域。文化特征从认识上来说已经是可信的。4）由于文化上的长期熏陶，打成一片，可以从外族人的立场体会其文化，并且对这一切十分熟悉（Hanvey 1979）。这最后一个阶段可以说是设身处地为对方着想（transspection），对于多数教师来说这也是不容易做到的。

有些教师可能会认为，要讲文化差异、英美的习俗，非得那些在外国长期生活过的人才能讲，或者让学生到国外留学，自己去摸索。Leo Loveday（1982:51~52）的看法是："虽然长期以来人们认为文化知识只能在所学语言国家的自然环境中获得和吸取，然而却没有材料说明仅只是外部接触就一定会导致有效的理解以及在不同的文化环境中进行活动。"要深刻理解文化方面的异同确实需要一部分感性认识，但是，这绝不是说没有出国留学的人就不能谈文化方面的问题。理论上的武装和细心长期的观察学习对于任何人都是必要的。

在引导学生方面，国外一些教师已经做了不少努力，探索各种途径（Allen & Valette 1977）。概括起来有以下几类：1）利用图片、照片介绍国外的艺术、雕刻、建筑、风俗习惯等。2）利用大众传播工具，其中包括报纸、杂志、电视节目、广告等，选择与文化有关的一些材料让学生读或看，然后组织讨论。3）放映专门介绍外国文化的短片（有人称为"cultural capsules"）以及一般的外国影片。4）演剧、组织晚会，使学生在活动中体会外国文化的微细之处。5）请国外客人来校与学生接触，或做报告，或举行讨论，使学生有直接的感受。6）做翻译练习，引导学生注意那些包含丰富文化内容的词语（culturally loaded words），这类词往往是最难翻译的。通过对比使学生了解有些词直译往往有困难，需要一定的解释或注释才能真正把意思传达出来。7）通过阅读各类书籍、材料，包括专门的课本，如Deena R. Levine和Mara B. Adelman合编的*Beyond Culture: Intercultural Communication for English as a Second Language*；专门论述文化和语言关系的书籍，如H. H. Stern的*Fundamental Concepts of Language Teaching*中的有关部分、John Condon及Fathi Yousef合编的*An Introduction to Intercultural Communication*等；小说、剧本以及社会学、人类学和社会语言学等方面的书籍。小说和剧本自然不是为介绍文化而写，然而却往往有许多反映文化的生动例证。这里举两个从小说中取出的简单例子，说明阅读小说只要用心也完全可以获取有关文化的各种信息。

When her father took the phone she went over to the window, forgetting that there was no need to place herself out of earshot of this silent man.（Anderson 1982:100）

从这一段可以看出，在西方国家，别人打电话时，一般人都要回避一下，表示尊重别人的隐私，即使父女间也是如此。

Mr. Desborough—may I call you Paul? —good, well, Paul, what are your views on the young frogs?（Wilding 1972:2）.

这段话涉及一个常见的现象，是称呼Mr（Mrs/Miss）so and so还是以教名相称呢？前者比较正式，在关系由不甚密切时用。后者比较随便，说明两人的关系一般要稍密切些，在关系由生疏向不生疏或密切过渡时，称呼也要随之改变。但是，在有的情况下，贸然以名相称也有“凑近乎”的嫌疑，怕对方不高兴，所以这里讲话人分三步走：先称呼Mr Desborough，继而问may I call you Paul?最后再称呼Paul，这时已经从对方表情上得到同意的表示。我认为，对我国学生来说，阅读是最可靠最丰富的文化知识的来源。充分利用阅读，引导学生从阅读材料中汲取文化知识是大有可为的。自然，要取得好的效果必须由教师先给以必要的引导和启发。

参考文献

Anderson, J. 1982. *The Impersonators*. Ringwood, Victoria: Penguin Books.

Allen, E. D. & R. M. Valette. 1977. *Classroom Techniques: Foreign Languages and English as a Second Language*. New York: Harcourt Brace Jovanovich, Inc.

Burt, M. K. & H. C. Dulay, eds. 1975. *New Directions in Second Language Learning, Teaching and Bilingual Education*. TESOL.

Hanvey, R. G. 1979. Cross-cultural Awareness. In Elise C. Smith and Louise Fiber Luce eds., *Toward Internationalism: Reading's in Cross-cultural Communication*. Cambridge, Mass.: Newbury House Publishers, Inc.

Loveday, L. 1982. *The Sociolinguistics of Learning and Using a Non-native Language*. New York: Pergamon Press.

Robinett, B.W. 1978. *Teaching English to Speakers of Other Languages: Substance and Technique*. Minneapolis, Minn.: University of Minnesota Press and McGraw Hill International Book Co.

Sapir, E. 1921. *Language: An Introduction to the Study of Speech*. New York: Harcourt, Brace & Co.

Tucker, G. R. and W. E. Lambert. 1973. Sociocultural aspects of language study. In John W. Oller, Jr. and Jack C. Richards, eds. *Focus on the Learner: Pragmatic Perspectives for the Language Teacher*. Rowley, Mass.: Newbury House Publishers.

Stern, H. H. 1983. *Fundamental Concepts of Language Teaching*. New York: OUP.

Wilding, M. 1972. *Aspects of the Dying Process*. Brisbane, Queensland: University of Queensland Press.

跨文化交际与外语教学[1]

提要： 本文介绍了跨文化交际学在美国的兴起以及文化教学的发展，指出学者们在跨文化交际方面有许多共识，同时也指出，对于在语言教学中如何结合文化，人们持有不同的观点。

一、何谓跨文化交际

跨文化交际（Intercultural Communication）可以作狭义与广义两种不同的理解。狭义的理解指大众传播方面所涉及的文化因素及有关的问题。广义的理解则是指具有不同文化背景的人们在各种交际中涉及到的文化诸方面。目前对于跨文化交际通常作广义的理解。

跨文化交际是一门边缘学科，它涉及人类学、社会学、民族学、语言学（社会语言学）、民俗学、文化学以及外语教学等多种学科。虽然人类学家早就注意到语言和文化的密切关系，但是，对于具有不同文化背景的人们之间的交际开展系统的研究，则是60年代以来的事情。从70年代起，许多论述这一问题的专著不断问世。在美国，这方面的研究进展比其他国家更快，美国的言语交际协会（Speech Communication Association）下设委员会，专门研究不同国家及不同文化之间的交际这一课题。自1974年以来定期出版年刊（*International and Intercultural Communication Annual*），选编该年度在学术会议和学术刊物上发表的有关这一

① 原载《外语教学与研究》1985年第3期。

专题的论文。有些大学已经把跨文化交际列为一门课程。这个学科目前受到了人类学家、语言学家、社会学家、国际咨询人员以及外语教师等各方面人士的注意。本文着重从外语教学的角度讨论这一问题。

二、文化教学的沿革

文化在教育中历来占据着重要的位置。人们通常把文化分为两类，一类包括文学、艺术、音乐、建筑、哲学、科技成就等集中反映人类文明的各方面；另一类包括人们的风俗习惯、生活方式、社会组织、相互关系等，亦即把文化看作是一系列的特征（Allen and Valette 1977:325；Ovando and Collier 1985:105~107）。

在欧洲和北美的外语教育中，文化一般是受到重视的。传统的外语教育强调文化素养，强调在学习语言的同时也要了解所学语言国家的历史、文学、艺术、哲学等。另一方面，通过假期旅游、互换留学生等途径，使学生既接触该国的人民又获得使用该外语的机会。总的来说，外语教育处于人文主义的影响之下，受到人类学、社会学的影响较少。

在观点和方法上接受人类学影响是在第二次世界大战之后。Fries（1945:57）在论述外语教学的一本著作中强调：

> 为了实际交际，彻底掌握一门语言，并做到真正理解，需要对各种句子的使用场合的许多特点作系统的观察和记录。这种系统的观察和记录必须细致入微和富有同情心，其目的既不是为了以自己的做法为依据来衡量对方，也不是为了发现“奇特的”风俗，而是为了尽可能充分地理解、感受和体验。

这一主张有着明显的人类学的色彩。Stern（1983:246）指出，在50至60年代，人类学和社会学已经开始影响外语教学理论，尽管这一影响还很有限。有些教学法家，如Robert Lado、Wilga Rivers等，都强调了在外语教学中应该作不同文化的对比。这就是说与传统的外语教育相比，这一时期的外语教育不仅把文化看作是文化素养，还把文化特征作为一个方面予以强调。从70年代起，跨文化交际在外语教学中愈益受到重视。各种论述及专著不断出现，例如*An Introduction to Intercultural Communication* (John C. Condon and Fathi Yousef), *Toward Internationalism: Readings in Cross-cultural Communication* (edited by Elise C. Smith and Louise Fiber Luce), *Teaching Culture: Strategies for Intercultural Communication* (H. Ned Seelye), *Developing Intercultural Awareness: A Learning Module Complete with Lesson Plan, Content, Exercises and Handouts* (L. Robert Kohls), *Beyond Language: Intercultural Communication for English as a Second Language* (Deenar R. Levine and Mara B. Adelman), *Intercultural Communication Theory: Current Perspectives* (edited by William B. Gudykunst) 等。

从论著中可以看出，自70年代以后，人们所说的文化因素更具有人类学的倾向，对于不同民族的文化特征给予更多的注意，对于不同文化之间的交际中所涉及的问题作了深入一步的探讨。但是，截至目前，就一门学科而言，跨文化交际仍然缺乏系统的理论阐述，材料仍然显得零散，教学方法则更是基于个人经验，还远没有形成一个完整的体系。这一切都说明这个学科仍不成熟，仍处于发展完善的过程之中。

三、对跨文化交际的认识

从论述中可以看出，尽管对于文化的意义、研究的方法和理论存在分歧意见，在许多问题上人们仍然有着共识。这些共同的看法可以概括如下：

1. 文化是无所不在、无所不包的，但又往往是不自觉的。对于什么是文化，人们的看法不一。语言学家Sapir（1921:233）说："文化可以解释为社会所做的和所想的。"人类学家Benedict

（1935:16）认为："真正把人们结合在一起的是他们的文化——他们共有的思想和标准。" Brown（1978:21）说："文化是信念、习惯、生活模式和行为的总和，这一切大致上为占据着特定的地理区域的人们所共有。" Kohls（1979:17）的定义是："文化指的是某些集团的人们的整个生活方式，包括人们所想的、所说的、所做的、所制作的一切。" 从以上各种定义中可以看出，文化几乎无所不包。文化是一个广泛的概念，它既包括价值观念、信念和信仰、思维方式、文学、艺术、音乐、建筑、科技成就，也包括风俗习惯、行为模式、生活方式，还包括语言以及与语言相关的某些非语言的交际手段（如身势语等）。在文化中，有一部分通过学校教育获得，有一部分则是在家庭、社会中自然学会的。对于多数人来说，价值观念、信念和信仰、风俗习惯、行为模式等都是不自觉的，或者说是理所当然的。

2. 文化既有其统一性和延续性，又有其差异性和变异性。每一民族都有自己统一的文化，这就是Benedict所说的共有性；但是，不同地区和不同社会阶层之间又存在着差异。即使在同一地区、同一社会阶层中，个人之间仍然有着差异。Allen and Valette（1977:325）认为：

不仅每个国家都有许多亚文化群，而且国际上技术和通信的发展使得人们每天的生活模式迅速变化。换句话说，并不是只有一种美国文化，而是存在着许多种美国文化：有农村、郊区和市区的文化，有黑人、墨西哥血统的人以及盎格鲁—撒克逊白人的文化，有蓝领雇员和白领雇员的文化，还有青少年和老年人的文化等等。

Robinett（1978:155）以她的亲身经历说明了文化在地区上的差异。同是讲英语的国家，美国和加拿大在一些习俗方面仍然不同。在美国，Good night是在晚上告别时说的话，而在加拿大一个地区（并不是整个加拿大），Good night却是人们在晚上见面时的招呼语。她举的另一个例子是，在印第安纳州的中部，人们在下午两点钟就可以用Good evening招呼对方，而在美国其他地区，一般要到下午六七点钟才能说Good evening。

人类学家强调文化有其继承性或延续性，也就是说文化是一代一代往下传衍的。但是，随着时间的推移，文化又发生某些变化。这类例子比比皆是。例如，敬老是我国文化传统的一个重要内容，但是，在不同时代敬老的方式有所不同。文化的差异性给文化教学带来很多困难。在介绍文化习俗时，要注意避免过于笼统，否则就会失之准确。然而，了解某一文化的主体已属不易，要了解各亚文化群以及文化的各个侧面则更加困难。

3. 由于文化是不自觉的，因此在接触另一种文化时人们往往以自己的文化为出发点作出判断，有时表现为在文化上有先入之见（cultural bias），有时表现为“民族中心论”（ethnocentricity）。Kohls（1979:19）认为：

每个集团的人们，每种文化都是——都始终是——以本民族为中心的，也就是说，他们认为自己的解决问题的办法比别人的办法优越，并且认为任何思想方法正确、有智慧的、会逻辑思维的人都会承认它的优越性。很有意思的一点是，每个集团都把他们自己对世界的看法看作是“常识”或“合乎自然的”看法。

正因为是这样，人们在初次接触另一种文化时常会感到别扭、不适应，严重者甚至会得“文化休克”（culture shock）。Hanvey（1979:48）引证了美国和平队队员在菲律宾的例子说明接受另一种文化之不易。在和平队抵菲的第二年末，4人辞职，26人被送回美国。据Hanvey的说法，原因都是由于文化上的隔阂造成了巨大的心理负担。人类学家Hall（1977:57~69）以他的亲身经历说明要跨越自己文化的局限去理解另一文化的困难。他住在日本期间，饭店几次不征得他同意而把他换到另一房间，有时甚至换到另一个饭店。每次换地方都使他很不愉快，他觉得这是对他的不尊重。但是，作为训练有素的人类学家，每次他都克制自己，接受了饭店的安排。经过许多次这类变动，并且和日本朋友私下交谈以后，Hall才明白，原来在日本饭店（国际性的大饭店例外）一旦住下来就不再是“外人”了，而是“大家庭中的一员”。既然是自己人，在相互关系上也就比较随便。店方之所以不征求客人意见就换房间，恰恰说明店方把这位客人当作了自己人。而Hall在不了解这层文化上的意义之前，习惯性地以美国的标准来衡量这件事。在美国，只有微不足道的人才能搬来搬去。是否能动一个人涉及他的职位、工作有无成绩、对公司（或单位）是否重要等等。不征得同意就换一个人的办公室或房间被认为比公开的侮辱更严重。Hall的这个例子说明人们总是习惯地以自己的尺度衡量对方，以自己的观念揣度他人。一般来说，人们很难完全摆脱自己的文化这种潜在的影响。

4. 为了提高对不同文化的适应性，需要经历一个由低到高的过程，而最困难的莫过于“立足点的转移”。Hanvey（1979:46~55）提出对文化差异的敏感性可以分为四个阶段。第一阶段是对于表面的、明显的文化特征的识别，人们的反应通常是认为新奇、富有异国情调。第二个阶段是对于细微而有意义的、与自己的文化迥异的文化特征的识别，反应通常是认为不可置信难于接受。第三个阶段与第二个阶段近似，但区别在于通过道理上的分析认为可以接受。最后一个阶段是能够做到从对方的立场出发来感受其文化，由于对该文化极其熟悉而认为一切都是能接受的。这最后一个阶段有人称之为empathy，所谓empathy就是思想感情完全融合进去，可以说是“神入”。也有人把这一阶段称为transspection，意思是把自己放在对方的位置来观察问题，也可以说是“设身处地来考虑问题”。还有人把transspection看作是高于empathy的境界，认为empathy还是以自己的文化为背景，而transspection则已经是以对方的文化为背景。Hanvey认为第三阶段是比较实际的目标，但第四阶段也不是可望而不可即的。他的主要依据是：现代社会的人比以往传统社会的人更能设身处地为他人着想，设法理解对方的文化，同时教育也可以有效地提高人们的这种能力。对于文化差异做深入一步的研究，即可发现要真正达到Hanvey所说的第四阶段，必须了解该民族的文化传统、心理状态以及哲学思想等等，而做到这一切绝不是轻而易举的。

5. 对于如何提高对文化差异的敏感性，人们提出了各种办法。Allen and Valette（1977:325~369）设计了各种教学法，其中包括介绍外国的艺术、绘画、民歌、舞蹈、烹调、节日，演戏、阅读报章杂志、邀请外国客人来访、旅行、看电影、组织讨论等等。Wallerstein（1983）在成人教育中使用了由学生提出问题展开讨论的办法，既教语言又教文化。Bouton（1984）在研究生教学中使用精选的短篇故事提高学生对文化差异的敏感性。故事中常有一些涉及文化的细节（例如，人们之间的相互关系、谈话内容、是否触摸、如何打招呼等），通过阅读和讨论往往使学生在文化方面获得知识，提高敏感性。Robinett（1978:150）认为学习语言的最优环境是在讲该语言的国度里，“这样，语言学习者就会浸沉在其文化之中，有机会直接观察使用语言的各种场合。”但是，也有的人认为只是接触并不解决问题。Lippitt（1978:5）提出：“我们不应该作这样的设想，即面对面的接触和人们的个人交往一定会产生同情与和谐。”Loveday（1982:52）也持有同样的看法：“没有材料说明只要接触就一定会有助于在不同的文化环境中有效的理解和活动。肯定地说，如果打算交际的人事先不做准备，更可能出现的是相反的情况。”有的人认为，重要的是要对于文化上的差异表示尊重（Tilley and Hoopes 1978:13; Hanvey 1979:51），Hanvey还提出需要参加到活动中去，成为其中的一员；此外，还要善于学习和适应。

四、不同的观点

对于跨文化交际，一种看法是在学习语言的同时，还要学习该语言所赖以生存的文化。只学习语言不了解其文化会产生许多问题，因为文化方面的错误往往比语言方面的错误更严重。Wolfson（1983:62）指出：

在与外国人交往时，本族人对于外国人在语音和句法方面的错误往往比较宽容。与此相对照的是，违反讲话规则却常被认为是不懂礼貌，因为本族人不太可能认识到社会语言学的相对性。

前面所讨论的基本上都在这一类看法的范畴之内。另一种看法以Larry Smith为代表，他认为（Smith 1983:7）：

越来越多的国家正在把英语变成为他们的通用语言，与世界上其他国家进行交际，而不是只与以英语为母语的国家交际。……任何语言一旦获得国际性，它就不可能与任何一种文化相结合。

Trifonovitch（1982:214）提出了类似的看法：

既然我们通过英语与许多文化相接触，我们就不可能像过去习惯的那样集中精力于讲英语世界的文化。重要的是了解其他的文化，同时对自己的文化要有一个基本的认识。

1978年在檀香山曾经举行专门的会议讨论EIIP的各个侧面。所谓EIIP指的是English for International and Intranational Purposes. International的意思显而易见；intranational指的是在一个国家内部人们使用英语作为第二语言进行交际，例如在印度、新加坡等。另外，在英、美、澳、加等国的移民以及外国人在保留自己的语言的同时用英语交际，也都属于这一范畴。对于文化的问题应该如何处理，Larry Smith提出了很有意思的看法（Smith 1983:19 ~ 20）。他认为：如果英语作为外语来教，重点应放在以英语为母语的国家的文化上面；如果英语作为国内的交际手段来教（for intranational purposes），重点应放在该国国内的各种文化，例如在印度就应以印度的文化作为教学内容；如果英语作为国际语言来教（for international purposes），重点应放在学生感兴趣的那些国家的文化上，例如，准备到泰国、马来西亚做生意的日本商人学习英语时，应该把重点放在了解泰、马的文化上。Smith认为英语愈来愈具有国际性，而在教学上却仍然把英语作为外语或第二语言来教。他主张英语应该更多地作为国际语言来教。

Stern（1982:57）承认在语言教学是否结合文化以及结合什么文化方面存在争论，但是，他认为，最近的研究表明，第二语言教学总是包含一定的文化因素，教学可以与许多不同的背景相联系，但是具体的联系对象应是该语言最经常使用的场合。用我们的话来说，究竟重点放在什么文化上面取决于学生将来做什么工作。如果只搞科技资料翻译，就不一定需要花很多时间熟悉西方文化。如果在联合国工作，就需要了解尽可能多的国家的文化。如果和英美人打交道多，就应该多了解英美文化的各个侧面。如果目标不太明确，在教学中不妨先以讲英语国家的文化作为一个总的目标，这样教学既有一个基点（在“文化真空”中教英语是不可能的），又可以提高学生对一般文化差异的敏感性和适应性，举一反三，再接触其他文化也不至于完全不能接受。

参考文献

Allen, D. E. and R. M. Valette. 1977 (1972). *Classroom Techniques: Foreign Languages and English as a Second Language*. New York: Harcourt Brace Jovanovich, Inc.

Benedict, R. 1935. *Patterns of Culture*. London: George Routledge & Sons.

Bouton, L. F. 1984. Using Literature in the Culture Component of the MATESL Curriculum (Unpublished).

Brown, D. B. 1978. Guidelines and Principles for the Consultant in Cross-cultural Assistance. In Gordon L. Lippitt and David S. Hoopes, eds. *Helping Across Cultures*. International Consultants Foundation.

Fischer, H. and J. C. Merrill. 1976 (1970). *International and Intercultural Communication*. New York: Hastings House Publishers.

Fries, C. C. 1945. *Teaching and Learning English as a Foreign Language*. Ann Arbor, MI: University of Michigan Press.

Gudykunst, W. B., ed. 1983. *Intercultural Communication Theory: Current Perspectives*. Thousand Oakes, CA: Sage Publications.

Hall, E. T. 1977. *Beyond Culture*. New York: Anchor Books.

Hanvey, R. G. 1979. Cross-cultural awareness. In Elise C. Smith and Louise Fiber Luce, eds. *Toward Internationalism: Readings in Cross-cultural Communication*. Cambridge, Mass.: Newbury House Publishers, Inc.

Kohls, L. R. 1979. *Survival Kit for Overseas Living: For Americans Planning to Live and Work Abroad*. Yarmouth, Maine: Intercultural Press Inc.

Lippitt, G. L. 1978. Cross-cultural consultation—A growing trend in today's world. In Gordon L. Lippitt and David S. Hoopes, eds. *Helping Across Cultures*. International Consultants Foundation.

Loveday, L. 1982. *The Sociolinguistics of Learning and Using a Non-native Language*. New York: Pergamon Press.

Ovando, C. J. and V. P. Collier. 1985. *Bilingual and ESL Classrooms: Teaching in Multicultural Contexts*. Boston, Mass.: McGraw-Hill Book Co.

Robinett, B.W. 1978. *Teaching English to Speakers of Other Languages: Substance and Technique*. Minneapolis, Minn.: University of Minnesota Press and McGraw-Hill International Book Co.

Sapir, E. 1921. *Language: An Introduction to the Study of Speech*. New York: Harcourt, Brace and Co.

Smith, L. E., ed. 1982. *English for Cross-cultural Communication*. London: Macmillan Press.

Smith, L. E., ed. 1983. *Readings in English as an International Language*. New York: Pergamon Press.

Stern, H. H. 1982. Unity and diversity in L2 teaching: English in non-native settings from a Canadian perspective. In L. E. Smith, ed. *English for Cross-cultural Communication*. London: Macmillan Press.

Stern, H. H. 1983. *Fundamental Concepts of Language Teaching*. New York: Oxford University Press.

Tilley, L. and D. Hoopes. 1978. Key issues in cross-cultural consultation. In Gordon L. Lippitt and David S. Hoopes, eds. *Helping Across Cultures*. International Consultants Foundation.

Trifonovitch, G. 1982 (1981). English as an international language: An attitudal approach. In L. E. Smith, ed. *English for Cross-cultural Communication*. London: Macmillan Press.

Wallerstein, N. 1983. *Language and Culture in Conflict: Problem Posing in the ESL Classroom*. Reading, Mass.: Addison Wesley Publishing Co.

Wolfson, N. 1983. Rules of speaking. In Jack C. Richards and Richard W. Schmidt, eds. *Language and Communication*. New York: Longman.

英语教学为什么要涉及文化?[1]

提要: 作者对于在中国执教的20余名英美籍教师及相当于研究生层次的60余名学生进行了调查。调查内容涉及文化差距以及交际和交往中的“文化失误”。被调查的师生普遍认为中国学生与西方人之间存在文化差距，并认为在教学中应该重视这一问题。“文化失误”涉及语言使用的不恰当、文化习俗的差异、不同价值体系的冲突以及看问题的过于简单化。作者认为，为了提高学生的跨文化意识，在教学上应该采取相应的措施。

如果我们同意把文化分为“人类文明”和“一系列生活特征”(Ovando and Collier 1985:103~105)，那么我们可以说前一类文化历来都是我们英语教学的一个重要组成部分。人们有这样的看法：人类文明的一部分精髓总是要靠文学来表现，与其他语言相比，文学语言更多样、更微妙、更富有表现力，使其成为优秀的教学材料。英语教材里包含了许多文学作品（虽然常以简写或缩写形式出现），同时，大多数大专院校也开设了英美文学的课程（李延福 1984）。然而，作为一系列特征的文化总的来说一直被忽视，直到最近，人们才逐渐对它重视起来。许多英语教学方面的专家对后一种文化产生了越来越大的兴趣[2]。近来，许多教材的编写者特别注意在教材中加入了许多有关西方社会风俗和习惯的内容。北京外国语学院从1979年开始，把“美国社会与文化”作为一门

① 原载《外国语》1986年第4期。文中所举的中国学生在跨文化交际中的“失误”（例如，过多的自贬、对隐私的不够尊重等）出现在20世纪80年代中期；但是，随着我国社会习俗和价值观念的改变，目前人们的行为模式已经有了很大的变化。

② 《英语学习》(1981~1983)、《英语世界》(1982~1983)、《现代外语》(1980年第4期)以及《外语教学与研究》(1982年第4期)等均刊载了有关语言与文化方面的文章。

课程开设。

为了了解教师和学生对文化特征的敏感程度等有关问题的观点，我给36位在中国教英语的外籍教师寄去了调查表，他们分属4个城市的7所院校（苏州大学、西安外国语学院、上海外国语学院、华东师范大学、上海工业大学、北京第二外国语学院及北京外国语学院），其中28位回答了表中的问题。同时，我又向在北外的两组学生发了调查表，其中50名是联合国译训部的学生，另外14名正在国际文化交流专业学习。我选择这些学生的原因是因为他们在大学已经学了五年或六年的英语，将来会与不同文化背景的人接触，所以他们对文化的特征应该更加敏感。

在这28位外籍教师中，有26位（约占总数的93%）认为在他们和中国学生之间存在着文化差距，并且认为应该把对这种差距的认识当作教学的一个目标。有15人（约占总数的53%）认为，“文化失误”（即大多数以英语为母语的人觉得不合适或者不能接受的语言或行为）要比语法错误更难以接受。其余教师（占19%）表示学生犯错误很自然。还有的表示，他们教中国学生已有很长一段时间了，对学生犯的错误，他们已不再感到有什么不舒服之处。大多数的“文化失误”都是在社交过程中出现的（占总数60%），只有四分之一是在写作时犯的。这就证实了Sukwiwat（1982:220 ~ 221）的观点：在普通的日常交往中常常反映出不同文化接触时存在的最大困难。

在学生交回的调查表中，有62人（约占总数的97%）承认在他们和以英语为母语的外国人之间存在着文化差距；61人（约占总数的95%）认为提高文化敏感性应当作为教学的一个目标。对于“在提高文化敏感性方面，什么对你帮助最大？”这一问题，回答“个人接触”的最多（占53%），其次是电影、录像，以及社会和文化方面的讲座。在有些情况下，学生的例子与教师的例子是共同的，只是不如教师讲的那样具体。

我们可以把“文化失误”分为四类：

1. 从社会语言学的角度看是不适当的：在与别人打招呼或称呼人时，常犯这类错误。一名学生指出："一些同学称呼外国人，就像称呼他们的中国朋友一样，直接叫他们的姓，而不加任何头衔。"一位英国教师表示："在交往中，我发现——这可能是挺奇怪的——最不能容忍的是学生坚持用我的姓称呼我。在英语口语中，从正式的到很随便的称呼，有许多不同的方式。如果只叫姓，那是绝对错误的。"一位加拿大籍教师这样写道："许多学生不会以随和、自然的方式与外国人打招呼或者告别。"另一位英国教师反映他常发现他的学生在该告辞时不知道怎样脱身。初学英语的学生把诸如"你到哪里去？""你是去（某地）吗？"这样的问题误当作问候，更是非常普遍的现象，在这里就不再赘述。

2. 在文化习俗上不可接受：这一类错误包括给别人不适当的建议或者"自贬"以表示谦虚。一位英国讲师对于中国人提建议这样评论："许多外国人感到生气的另一件事是过多地被给予劝告。我们总是不停地听到各种劝告——有时还是命令式的——告诉我们该做什么、什么时候以及怎样做等等。虽然在中国，这可能是一种很正确的做法，但是我们却感到非常不高兴，甚至感到受到了侮辱，因为这好像丝毫不顾及我们个人对是非的判断能力。"一位英国教师问："当你们受到赞扬时，为什么总是拼命否认？"一位加拿大教师也观察到了同样的现象，他说："很多中国学生受到外国人赞扬时，他们总是显得非常谦卑，并且极力否认别人的赞扬，因为根据他们的文化习俗，他们应该这样反应。"一位学生也注意到了这一点："当听到别人的赞扬时，我们总是说：'不，一点也不好。'但在西方，人们却习惯说：'非常感谢。'"一位英国教师不明白为什么每次被邀请到中国朋友家做客时，主人总是要对家里住得拥挤向客人表示歉意。她说："这样没有必要的谦卑态度使我们感到很不舒服。当然我们很同情主人，知道她的话是出于关心。但同时，他们也应该知道：并不是所有的西方人都是阔得不耐烦的大资本家。我们的适应能力很强，不会在意他们家中的摆设。另外，我们很高兴他们盛情邀请我们。”提供信息的这些外国教师可能未意识到的是：即使居住条件非常好，但出于谦虚，他们的中国朋友仍然会说一些贬低自己住所的话。

3. 不同价值体系的冲突：几位教英语的外籍教师抱怨中国学生（有时是教师）干涉了他们的“隐私”。“隐私”这个概念对于中国学生来说非常难掌握。因为有的事情在西方人眼里是“隐私”，在中国人眼里却并不如此。天真的学生也许一点儿也没意识到：未经允许而翻看英国教师的影集或看他们给其他学生作业上写的评语，都是对他的“隐私”的侵犯。在这次调查中，有几位中国学生注意到了这一差异。其中一位写道：“中国人习惯过问别人的私事，因为这样会更显得友好和亲密。”除了“隐私”，在其他方面也存在着价值观念的差异。一位学生说：“美国教授在课堂上一般都很随便，有时他们坐在桌上，或者把脚放在椅子上。中国教师从来不会这样做。他们在课堂上一般都很严肃。”另一位说：“在中国，年轻人都很依赖父母，但在西方，年轻人的独立性却很强，强调个人特点。”

4. 过于简单化或过于笼统：这一类“文化失误”反映了学生对“西方”以及对西方文化的理解。一位加拿大教师写道：“我认为他们对其他社会存在着很多固定不变的错误看法——例如，认为美国人不关心自己的孩子。”一位美国教师举出以下例子来说明有些学生对美国的误解：“（他们以为）所有的美国人都喜欢迪斯科音乐；所有的美国人都很富裕；所有的美国人都爱去麦当劳快餐店。”一位教文学的澳大利亚教师这样认为：“在我看来，他们的问题是在态度和做法上的不同，而不是具体的一些差异。假如要集中到一点，那就是学生习惯于过分简单化地看问题，把一些象征性的东西与真实的东西等同起来。”

通过对学生“文化失误”的分析，我们可以看出，一些明显的错误是很容易改正的，但另外一些与价值观、信念、观念有关的错误却要经过一段时间花很大的努力才能改正。无论是哪种情况，通过这次调查，我更加相信这样的观点："文化失误"比语言错误更加严重，因为前者容易造成外国人与中国人之间感情上的不愉快。正如 Wolfson（1983:62）所说："在与外国人接触当中，讲本国语的人一般能容忍语音或句法错误。相反，对于讲话规则的违反常常被认为是没有礼貌，因为本族人不大会认识到社会语言学的相对性。"

Hanvey（1979:53）认为：对文化差异的敏感性可以分为四个阶段。第一阶段是对于表面的明显的文化特征的识别，人们的反应通常是认为新奇、富有异国情调。第二阶段是对于细微而有意义的，与自己的文化迥异的文化特征的识别，反应通常是认为不可置信或难以接受。第三阶段与第二阶段近似，但区别在于通过道理上的分析认为可以接受。第四阶段是能够做到从对方的立场出发来感受其文化。这一阶段，有人称之为 empathy（神入），也有人称之为 transspection（设身处地替对方想）。这两个词的选择本身就说明了考虑问题时所采取的不同角度。

为了便于讨论，我们必须把文化特征（第一、二、三阶段）同 empathy 和 transspection（第四阶段）区分开来。为了帮助学语言的学生达到第三阶段，我们推荐以下几种方法：

1. 在教材里，加入有关西方社会的风俗、习惯和行为模式的内容。在初级阶段，可以介绍如何问候、称呼以及握手、告别等。随着学生英语水平的逐步提高，可适当引入人类学和社会语言学等方面的课文。但在目前，这样的教材还非常缺乏，甚至根本没有。

2. 就我国不同民族不同地区的文化习俗的区别，组织学生进行讨论。通过这种方式增强学生对文化的一般敏感性。世界上没有单纯划一的民族文化，中国也不例外。我国五十多个民族都有各自的文化习俗。即使在汉族中，由于地区不同，文化习俗也有所不同。例如，在广东省，当主人为客人斟酒时，客人用食指和中指轻轻地敲桌面，以表示谢意；但在北方，这种做法会被当做是不耐烦的表示。我们的学生来自不同地区，因此可以让他们交流各地区特殊的风俗习惯。这样的交流和讨论能使学生意识到文化差异是一种自然现象，同时还可以帮助学生培养对文化差异的敏感能力。

3. 利用英语录像和电影进行教学，然后组织讨论。在看录像和电影时，学生和教师都应当特别注意日常生活的情景（如：商店售货员和顾客的对话、打电话时的用语、大街上相遇时的随便谈话等等）。在看过录像、电影以后师生可以交换意见相互补充。录像和电影并不难找到，但总的来说，对于这方面的资源还开发得很不够。

4. 鼓励学生与母语是英语的外国人进行个人交往。到目前为止，这样的交往开展得还远远不够。一些目前还没有外籍教师的大专院校，应邀请讲英语的外籍教师作为短期讲学者给学生讲课。这些轻松的个人交往会使学生学到许多课堂上学不到的东西。

5. 让学生读一些短篇故事或剧本，同时要求他们记下其中有意义的文化细节。一般说来，学生阅读文学作品的目的不外乎两个：一是了解故事情节；二是从文学的角度对作品进行分析。（还有一部分水平差的学生整天捧着小说读，只是为了要记一些单词和短语，而忽视了其他方面。）但他们很少注意文化方面的细节。实际上，以现实生活为题材的小说或剧本包含了大量文化方面的内容，很值得研究（Bouton 1984）。

6. 让学生多读一些跨文化交际方面的书籍。像Hall的*Beyond Culture*这类书可以帮助学生提高对文化差异的理解。

7. 举办有关文化习俗方面的讲座，同时，在可能的情况下对比中国和其他国家不同的风俗习惯。

如果能够有系统地开展以上活动的话，学生对其他国家文化习俗的理解一定会逐步提高。但是，观察和了解异国的风俗习惯是一回事，要做到从对方的立场出发来感受其文化（即神入）又是另一回事。

大多数人都认为：要做到"神入"，是很不容易的。Hall（1976:58~59）用他在日本的经历来说明要理解所谓"潜藏的文化"是非常困难的。他作了这样的结论："在理解上有两大障碍：一是语言的直线性，二是各种文化本身所包含的障碍以及由此造成的很深的偏见。要超越这些障碍是极为困难的任务。" Benedict（1935:47）指出："我们也许对于某个部落的婚礼的形式、各种仪式舞蹈以及进入青春期的仪式等的分布完全了解，但是对于使用这一切为其服务的对象——文化的整体，我们却一无所知。"

对于学英语的中国人来说，要获得跨文化的理解，所遇到的困难要比别国学英语的人大得多。其中一个原因是：大多数中国人很少有机会与说英语的外国人直接交流，更不用说"生活在其文化中"了。要理解文化特征、把它看作是合理的，已经很难做到。而要和另一种文化的人一起感受，要站在对方的位置上来观察问题，对于多数人来说几乎是无法做到的。为了能达到第四阶段，即"神入"，我们认为以下做法值得尝试：

1. 开设一些历史、人类学以及社会学方面的课程。通过这些课程的学习，学生不仅可以了解其他国家文化的实例，而且还能掌握一些与文化有关的概念与原则。概念与指导原则往往要比实例更为重要，因为他们为学生提供了一个框架，通过这个结构，学生可以对本国及别国的文化进行仔细考察。这样，学生可以获得一种比较灵活的态度来学会尊重文化差异，同时还能减少他们在文化问题上存在的偏见。例如：通过学习人类学，学生能够认识到文化的多样性，从而不会把与自己不同的文化都认为是不可理解的。

2. 鼓励学生进行广泛的阅读——从小说到非小说类，从严肃作品到儿童读物（包括摇篮曲、民间故事以及童话），从文学艺术作品到哲学著作。通过这样大量的阅读，学生对文化的理解会变得更成熟、更全面。读小说，可以有效地使学生进入另一种文化的氛围。这种广泛阅读的收获不会很快就能看到，但是它的确能帮助学生在更深的程度上来理解文化——能够帮助他们理解另一个民族的价值观与信仰。例如，对大多数中国学生来说，"隐私"这一概念很难把握。但是，在读小说时，他们会遇到大量有关"隐私"的实例，这样，学生就可以逐渐明白为什么外国人会把"隐私"看作是不可侵犯的。

3. 如有可能，把学生送到国外去学习，这样他们可以与当地人一起生活一段时间。国内目前已有一两所学校开始这样做。以后，这种机会可能会更多。没有任何东西能取代这种直接接触。这样做的好处显而易见，在这里，不需多加阐述。虽然我们一直都在强调学习语言的同时必须注重社会文化这一侧面，但也应当注意另一方面。有些人学英语只是为了读懂科技资料或者学术杂志，对他们来说，似乎没有必要了解大量有关西方文化方面的内容。还有一部分学英语的人，以后会从事国际交流方面的工作，他们不仅应当了解英国或美国的文化习俗，而且还应了解其他国家的文化习俗。正如Smith（1983:7）所说："越来越多的国家都把英语作为他们与异国交往时的通用语——当然这不仅仅是说英语的国家……当任何一种语言变得具有国际性时，它就不应只附着于一种文化。"

在设计英语课程时，我们应当注意：文化不仅包括"人类文明"，而且还包括英语国家的风俗习惯以及生活方式。我们需要注意阶段性，在初级阶段不应过于强调文化方面的课程，但随着学生语言水平的提高，这方面的课程应逐步增加。我同意Robinett（1978:151 ~ 152）的观点："在学习语言的最初阶段，应当鼓励学生使用语言（无论适当或不适当），使他们认识到他们能够使用语言这一事实。如果过分要求他们措辞得当，学生会对正确与错误产生过分的敏感，从而不敢讲话。"

参考文献

Benedict, R. 1935. *Patterns of Culture*. London: George Routledge & Sons.

Bouton, L. F. 1984. Using Literature in the Culture Component of the MATESL Curriculum (Unpublished).

Hall, E. T. 1976. *Beyond Culture*. New York: Anchor Books.

Hanvey, R. G. 1979. Cross-cultural awareness. In E. C. Smith and L. F. Luce, eds. *Toward Internationalism: Readings in Cross-cultural Communication*. Cambridge, Mass.: Newbury House.

Ovando, C. J. and B. P. Collier. 1985. *Bilingual and ESL Classrooms: Teaching in Multicultural Contexts*. Boston, Mass.: McGraw-Hill.

Robinett B.W. 1978. *Teaching English to Speakers of Other Languages: Substance and Technique*. Minneapolis, Minn.: University of Minnesota Press/McGraw-Hill.

Smith, L. E., ed. 1983. *Readings in English as an International Language*. New York: Pergamon.

Sukwiwat, M. 1982. Crossing the cultural threshold: A challenge to users of EIL. In Larry Smith, ed. *English for Cross-cultural Communication*. London: Macmillan.

Wolfson, N. 1983. Rules of speaking. In J. C. Richards and R.W. Schmidt, eds. *Language and Communication*. New York: Longman.

李延福．1984．二十所高校英语专业高年级设课分析．外语教学与研究，第1期．

文化教学与文化研究①

提要： 文章首先提出文化教学与研究的内容问题，作者认为可以大致分为五个层次，并认为目前国内只做到了前四个层次，而系统的语用学、国情语言学和跨文化交际学研究工作尚待开展。文章介绍了英国和美国的跨文化交际学的教学与研究以及苏联的国情语言学情况。最后作者提出了对文化教学与研究的看法。

近十年来，我国外语教学界的一个令人注目的现象是在教学中增加了文化成分，并加强了对于文化差异、文化理论的研究。十年前这方面的文章还较为少见，而近几年在学术杂志上发表的这类文章据不完全统计已有近百篇，专著和选读、论文集也陆续问世。外语专业教学大纲对于所学语言国家的文化知识提出了具体要求，这是一件有重大意义的事，因为外语教师从此不能再依据个人好恶予以取舍，而必须按大纲要求去做。在高年级和研究生层次，有些院校开设了国情语言学、语用学、语言与文化、跨文化交际学等课程。

出现这一情况有多方面的原因。70年代末以来，我国执行改革开放政策，大批外语教师出国深造，攻读一些新的学科，同时由于和所在国人民接触，亲身体验到只掌握语言不懂得对方文化很难顺利进行交际。归国后他们或开课，或著述，使师生对于文化问题更加注意。其次，交际法和交际原则在教学中的运用也推动了对于文化的研究。交际法的宗旨是培养学生的交际能力，而交际能力主要是由语言能力和社交能力所组成。不了解对象国

① 原载《外语教学与研究》1992年第1期。

的文化不可能真正具备社交能力。交际法教材中有相当一部分内容与文化有关。此外，语言学知识——特别是社会语言学和语用学知识——的逐步普及促使教师更自觉地注意语言的使用环境和场合。

● **文化教学与研究的内容和层次**

从目前外语教学和研究的情况看，涉及文化的有几种不同情况：1）在教语言（语音、语法、词汇、篇章、文体）的同时结合语境和文化背景、文化内涵。例如，什么情况下使用Hello, Hi, How do you do? How are you? 英语中privacy, individualism, politics, propaganda这类词的确切含义；正式文体与非正式文体在什么场合下使用等。在外语教学的不同层次有相应的需要教的内容和项目。2）分析学生由于文化因素干扰造成的语言错误，从而提高学生对于文化的敏感性，使他们认识到交际绝不是只掌握语言形式所能解决。3）开设所学语言国家的历史、文学、概况等课程，系统地传授知识文化。4）开设语用学、国情语言学、语言与文化、跨文化交际学等课程，从理论上提高学生的跨文化交际意识和能力。5）开展语用学、国情语言学、跨文化交际学的研究工作，搜集大量例证，作系统的文化对比，使这些学科和我国的实际结合，引出具有普遍意义的结论。

无论文化教学或文化研究都有一个层次问题。文化与语言密不可分，文化无所不在，因此，不能认为只在高年级才能谈文化。另一方面，也绝不是不讲阶段性，学生刚一接触外语就立即灌输许多文化知识。总的来说，文化随着语言水平的提高愈益显得重要，文化教学的比重也随之加大。

上面所列的文化教学与研究的五项内容中，前三项许多外语院系都已经在做，只是程度不同。第四项只有少数院、系已付诸实施，多数尚不具备条件。至于最后一项研究工作，目前还仅仅在筹划，距离拿出成果还有一段时间。

● 国外的不同观点和做法

这里着重介绍的是英国、苏联和美国的情况。

英国 传统的外语教学将文化教学寓于文学教学。无论中学或大学外语专业都通过教授文学或使用文学材料提高学生的文化素养。70年代以来，由于交际法的普及，情况发生变化，教材中日常生活的题材大为增加。在大学外语专业，除了文学课程，还开设历史、概况、经济等课程。学生的外语实践稍嫌不足，作为教学的补充，学校安排学生到所学语言国家学习或工作一年或半年，以提高他们实际运用语言的能力，同时了解该国的文化传统、风俗习惯、社交准则等（胡文仲1987）。

尽管英国和美国都使用英语，文化传统、学术思想方面也有相近之处，但跨文化交际学在英国却无人问津，大英图书馆的图书目录中不列intercultural communication一项①，一般大学的图书馆中只有零散的几本参考书。研究文化差异对于外语学习的干扰通常是语用学范畴的事。兰开斯特大学Jenny Thomas对于这个课题研究较多，Cross-cultural Pragmatic Failure（1983）一文表达了她的基本观点。她把语用失误划分为两种：语用—语言失误（pragmalinguistic failure）与社交—语用失误（sociopragmatic failure）。语用—语言失误指学习者将本族语对某一词语或结构的语用意义套用在外语上造成的语用失误。例如，在俄语中常用конечно代替да，表示一种热情的肯定。英语中有时在类似情况下使用of course。例如，在回答Are you coming to my party?时可以用of course表示"当然去""毫无问题"的意思。但学习英语的俄国人往往将of course与конечно的语用意义等同，在回答一些实质性问题时，也使用of course（如回答Is it a good restaurant? Is the library open on Sundays?这类问题时）。在这种情况下显得口气生硬、很不礼貌。社交—语用错误指由于文化

① 1986年我访问英国时，曾经专门查阅大英图书馆的图书目录，当时intercultural communication未被列入。目前的目录中是否已经有所改动，待查。

背景不同而犯的语用错误，牵涉到哪些话该讲、哪些话不该讲、人际关系的远近、人们的权利和义务等，与人们的价值观念有关。在我国文化传统中，学生对于教师讲话一般需要用相当尊敬的口吻，但如果把这种讲话方式和内容照搬到英国教师身上就未必妥当。何自然（1988:228）指出：

两类语用失误的区分不是绝对的，由于语境不同，双方各自的话语意图和对对方的话语的理解都可能不同，因而某一不合适的话语从一个角度看可能是语用—语言方面的失误，但从另一个角度看，也可能是社交—语用方面的失误……如果我们的售货员把汉语中的招呼顾客用语“您要点什么？”套到英语中，去招呼操英语的顾客：“What do you want?”，他们就会感到这位中国售货员缺乏礼貌。这里既有语用—语言方面的失误，也有社交—语用的失误。

Thomas提出了分析语用失误的理论框架，作了很有意义的各种探讨，她的论点被广泛引用，但迄今为止还没有看到系统分析跨文化语用失误的论著或有分量的文章。

苏联 60年代末，随着社会语言学研究的开展以及交际原则在外语教学中的普遍贯彻，在俄语作为外语教学的领域里开始重视在语言教学过程中教授与所学语言相关的文化背景知识（后称之为国情语言学）。1967年9月在巴黎召开的国际俄罗斯语言文学教师协会成立大会的决议指出：“必须加强俄语教学与国情知识研究的联系。”此后，在苏联国情语言学的研究引起日益广泛的重视和不少学者的兴趣。曾先后召开过多次国情语言学的学术研讨会，截至目前已出版了二十多本专著、论文集和四部词典。1981年制订了《语言国情学教学大纲》，并在部分学校的教师进修班中开设了这门课程。[1]维列夏金（E M Верещагин）和科斯托马罗夫（В Г Костомаров）是国情语言学的创始人。专著有维、科合著的《语言与文化》、《词的语言国情

① 北京外国语大学俄语系姜秀文教授提供了以上情况，谨在此致谢。

理论》和托马欣（Г Д Томахин）著《国情语言学的理论基础》。“他们认为，国情语言学是社会语言学在语言教学和语言教学法里的运用，以达到语言教学的目的。它一方面包括社会语言学的内容，一方面又包括如何传授语言的民族文化语义，使学生搞清词语的实际所指，词语的文化伴随意义和词语的使用范围等。”（张中华 1991:25）顾亦瑾、吴国华（1991）著《语言与文化：俄语语言国情学概论》，上编着重论述俄语词汇与民族文化的关系，分析反映俄罗斯民族文化特点的各类词汇（包括动物、植物、颜色词汇、数字、人名、地名、民俗形象与文学形象等），下编讨论交际文化，包括物质民俗、人生礼仪、交际民俗、身势语。由此可见，国情语言学主要研究词汇的文化内涵和涉及交际的风俗习惯。近年来，苏联的国情语言学研究又有新的发展，重点似已转入对文学作品的语言国情知识分析，着重研究文学名著的篇章及语言的文化背景知识，目前已出版三本这方面的论文集。此外，对比国情语言学的研究也开始受到重视。迄今为止，在欧美的语言学理论中还没有与俄语国情语言学相对应的独立的分支，因此在英语中难以找到这门学科的恰当译名。词汇的文化内涵通常列在“语言与文化”这一总的题目之下。专门讨论词语文化内涵的著作比较少，Raymond Williams（1988）的《关键词：社会文化词汇》大约是最集中的一本。此书对于131个词的确切含义逐一讨论，这些词多与英美社会及文化有关，例如，它包括了bourgeois, commercialism, consumer, democracy, development, elite, equality, humanity, idealism, individual, materialism, modern, racial, sex, tradition, welfare, western等富有文化内涵的词，但这本书的对象并不是外语学习者，因此作者也没有做对比研究。俞约法（1991:9）认为，国情语言学或语言国情学这一术语“十分令人费解，而且未能反映出这个俄语术语的多义性，更未揭示出其最本质的方面”。这门学科既然是与语言使用、语言教学有关的文化背景的教学，为什么不用“文化背景”而用“语言国情”这一名称呢？俞（1991:10）认为：“这一方面是由于苏联学界喜好在新建学科名称上标新立异，以区别于西方各国；另一方面，这里确实也包括了宣传苏联‘国情’的内容。”他提出，根据不同场合应分别使用词语文化（背景）教学、词语文化（背景）学、词语文化（背景）教学法、词语文化（背景）课等名称。最近又出现了国俗语义学的名称（晶磊1991:2）。看来我国学者正在考虑如何将国情语言学的内容确切、妥帖地表达出来。

从有关文章来看，有三点是清楚的：1）苏联的国情语言学与社会语言学和交际法的发展有密切的关系。2）国情语言学主要研究词语的文化内涵，兼及交际文化、身势语等。3）国情语言学既包括高层次的文化研究，也包括在实际教学中的应用。

美国　它的外语教学经历过语法—翻译法、直接法、听说法、认知法、交际法这一过程，但美国人对于交际法似乎不如欧洲人那样热心，执行的也不那么坚决，著述远不如欧洲多。倡导交际法的具有国际影响的学者、教授大多在欧洲，特别是在英国。

对于在外语教学中应对文化因素予以足够的重视，美国的语言教学法专家C. C. Fries（1945:57）早在《作为外语的英语的教与学》一书中就提出过这样的看法：

为了实际交际，完全掌握一门语言，并做到真正理解，需要对各种句子的使用场合的许多特点作系统的观察和记录。这种系统的观察和记录必须细致入微和富有同情心，其目的既不是为了以自己的做法为依据来衡量对方，也不是为了发现奇特的风俗，而是为了尽可能充分地理解、感受和体验。

他在书中详细列举了应该注意观察的各个生活侧面。例如，对于儿童，应观察他读什么故事、唱什么歌、做什么游戏、与成人的不同关系、如何称呼他们等等。对于成人，应观察他的工作和起居生活，如：一天吃几顿饭、什么时候吃、吃些什么；在工作中与他人的关系；在社交场合的举止，哪些话属于禁忌；和什么人握手、握手时谁先伸手、如何介绍等。

另一位有影响的教学法专家Robert Lado也对文化对比作过论述。但可惜的是，他们的主张在外语教学中从未得到贯彻。具有讽刺意味的是人们通常把Fries和Lado与听说法联系起来，只记得他们提倡机械的基于“刺激—反应”的句型操练，而忽略了他们早期对于文化对比的主张。

跨文化交际学（Intercultural Communication，过去有一段时间也有人称为Cross-cultural Communication）是一门新学科，至今仅有大约30年的历史。有人把Edward Hall的*The Silent Language*（1959）视为跨文化交际学的奠基之作。Hall是人类学家，他在这本书中对人们使用非语言手段进行交际做了研究，并且提出了如何对文化进行更科学更细致的研究的设想。

跨文化交际学首先在美国建立和发展是合乎逻辑的，因为美国是依靠移民发展起来的国家，国内各种族、各民族都具有自己的文化，他们互相交往势必会遇到由于文化差异所产生的问题。60年代中期以后，少数民族——尤其是黑人——争取自己的权利与地位的斗争此起彼伏，民族意识日益增强，在多元文化的格局中如何处理文化差异成为不容忽视的问题。另一方面，美国与各国交往甚多，由于交通运输、通信手段的现代化，不同国籍的人们之间的交往成为每时每刻都在发生的事情，不仅政府官员、富商大贾、高级科技人员奔赴世界各地，普通人旅游观光、出国工作的也为数甚多。美国每年接纳几十万的各国留学生、数以百万计的移民。在这些广泛的交往中文化差异问题日益突出。为了研究如何解决由于文化差异造成的种种问题，跨文化交际学在美国应运而生。

从60年代开始，研究文化与交际的专著陆续问世（Oliver 1962; Smith 1966; Parry 1967）。大学里也开始设置跨文化交际学课程。1970年，国际传播学会承认跨文化交际学是传播学的一个分支，并成立了跨文化交际学分会。言语传播学会确定1970年年会的主题为跨文化交际与国际间交际。1972年第一届跨文化交际学会议在东京举行，出席人数达两千之众。与会者有人类学家、语言学家、心理学家、传播学家、社会学家，也有商界、政界人物。1974年，国际跨文化教育训练与研究学会（the Society for Intercultural Education, Training and Research，简称SIETAR）在美国马里兰州召开首届会议，正式宣布成立。70年代出版了一批跨文化交际学专著和选读，其中影响最大的有David Hoopes的三册选读本（*Readings in Intercultural Communication*，1972, 1973, 1974）；Larry Samovar和Richard Porter合编的*Intercultural Communication: A Reader*（1972年出第一版，1988年已出第五版）；John Condon和Fathi Yousef（1975）合著的*An Introduction to Intercultural Communication*。1976年，美国已有200多所大学开设了跨文化交际学课程（Jain 1976），目前自然为数更多。课程有的设在传播学系，有的设在教育系、语言学系。不仅有本科层次，还有硕士、博士层次。课程的内容由教师自己确定，并无统一的大纲和授课要求。

跨文化交际学是一门新兴学科，因此具有新学科的一些共同缺陷，如缺乏完备的理论体系和研究方法、术语的界定尚不精确、材料虽然丰富但系统性不足等。从美国的情况来看，似乎过分偏重实用，对于理论探讨不够。跨文化交际学具有多学科性质，对它影响最大、与它关系最密切的有四个学科，即文化人类学、社会心理学、社会语言学和传播学。不同的学科在研究跨文化交际时所取角度不同，研究方法亦有差异。文化人类学家采用实地调查的方法，搜集丰富的材料，然后对材料进行分析，对不同的文化模式作详细的描述，并试图进行解释。他们的观察细致入微，材料生动有趣。Ruth Benedict（1946）著*The Chrysanthemum and the Sword*，许烺光（Francis L. K. Hsu 1981）著*Americans and Chinese: Passage to Differences*以及E. Hall的三部人类学著作都属此类。社会心理学家通常使用心理学的实验和研究方法，搜集数据，对于研究对象的文化心理、价值取向做定量分析和准确表述。Richard Brislin（1981）的*Cross-cultural Encounters: Face-to-face Interaction*, Adrian Furnham和Stephen Bochner（1986）合著的*Culture Shock: Psychological Reactions to Unfamiliar Environments*, Geert Hofstede（1980）著*Culture's Consequences: International Differences in Work-related Values*以及Michael Harris Bond（1986）主编的*The Psychology of the Chinese People*都是近年来与文化研究有关的重要心理学著作。传播学家通常从传播学的角度入手，研究文化差异对于传播的影响。这一学科中，对跨文化交际学影响较大的，有Condon（1984）著*With Respect to the Japanese: A Guide for Americans*，以及他与Yousef（1975）合著的*An Introduction to Intercultural Communication*，还有Young Yun Kim和William Gudykunst（1988）关于文化与交际的关系以及跨文化交际理论的著述。总的来说，他们对于理论与方法研究更有兴趣。社会语言学家在整个跨文化交际学界的活动中似乎不受重视，他们参加会议较少，影响也较小，但Dell Hymes关于交际能力的论述和Nessa Wolfson对于赞语的研究都引人注目。

跨文化交际学除研究文化的定义与特点、交际的定义与特征以及文化与交际的关系之外，还着重研究干扰交际的文化因素。这些因素包括语言、非语言手段、社交准则、社会组织、价值观念等。语言包括词语的文化内涵、篇章结构、逻辑思维以及翻译等值等方面。非语言手段指手势、身势、服饰、音调高低、微笑、沉默、对时间与空间的不同观念等。社交准则泛指人们交往中必须遵循的各种规则以及某些风俗习惯。社会组织指家庭中各成员的关系、同事朋友关系、上下级关系等。价值观念包括人与自然的关系、宗教观念、道德标准以及人生观、世界观等。例如，西方社会特别强调的个人奋斗、独立性、隐私都属于价值观念之列。

● **几点看法**

1. 无论在英国、苏联或美国，近年来都加强了对文化的研究，在教学中增加了文化的内容。在英国主要是交际法教学和语用学研究；在苏联主要是教学中的交际原则和词语文化内涵的研究；而在美国则主要是多学科的跨文化交际学研究。从三个国家的情况来看，侧重点、理论走向、研究范围以及最终目的都不相同。从学科来看，似乎欧洲（包括苏联）主要是按语言学的路子从事研究，运用社会语言学的成果，参照H. P. Grice的会话含意学说、J. L. Austin的言语行为理论，从事语言中文化因素的研究，而美国主要是按人类学、心理学、传播学的理论与方法从事研究，在多学科的跨文化交际学中人类学的影响特别突出。跨文化交际学不仅研究语言手段、非语言手段和社交范围内的文化差异，而且进一步对社会组织和价值观念方面不同文化的表现做对比研究。美国学者认为价值观念和传统看法是文化的核心，不剖析这个核心就无法真正理解各种文化行为。总的来看，欧洲的研究体系因得益于语言学似乎更加严密，美国的研究体系因偏重经验和实用而较为松散。

2. 无论在欧洲或是在北美，文化研究还未形成固定的理论模式和研究方法，都仍处在发展之中。语用学、国情语言学、跨文化交际学作为学科都还很年轻，理论不成熟、材料不系统、方法不固定、界说不精确这类问题都普遍存在。

3. 在我国，借鉴欧美的做法，也根据我们自己的经验，在外语教学（以及对外汉语教学）中对于文化因素愈益重视，加强了这方面的教学。在高层次，开设了语用学、国情语言学、跨文化交际学、语言与文化等课程，但系统深入的对比研究还有待进一步开展。语言是文化的载体，又是文化的一部分，在外语教学中不重视文化知识（包括交际文化和知识文化），显然会落后于客观的需要。必须注重提高学生的文化敏感性，提高他们跨文化交际的能力，但这并不意味着我们需要移植别国的文化。了解和熟悉所学语言国家的文化，目的在于更顺畅地进行交际，而非其他。自然，对于其他国家文化中的优秀成分我们应该十分认真地学习和汲取。

参考文献

Bochner, S., ed. 1982. *Cultures in Contact: Studies in Cross-cultural Interaction*. New York: Pergamon Press.

Brislin, R. 1981. *Cross-cultural Encounters: Face-to-face Interaction*. New York: Pergamon Press.

Brislin, R., K. Cushner, C. Cherrie, & M. Yong. 1986. *Intercultural Interactions: A Practical Guide*. Newbury Park, CA.: SAGE Publications.

Condon, J. & F. Yousef. 1975. *An Introduction to Intercultural Communication*. New York: Macmillan Publishing Co.

Condon, J. 1984. *With Respect to the Japanese: A Guide for Americans*. Yarmouth, ME: Intercultural Press.

Fries, C. C. 1945. *Teaching and Learning English as a Foreign Language*. Ann Arbor, MI: University of Michigan Press.

Furnham, A. & S. Bochner. 1986. *Culture Shock: Psychological Reactions in Unfamiliar Environments*. London: Methuen & Co.

Hall, E. 1959. *The Silent Language*. Garden City, NY: Doubleday & Co.

Hall, E. 1966. *The Hidden Dimension*. Garden City, NY: Doubleday & Co.

Hall, E. 1976. *Beyond Culture*. Garden City, NY: Doubleday & Co.

Jain, N. 1976. Frontiers in communication curriculum: Intercultural communication. Paper presented at the Annual Meeting of the Association for Communication Administration. San Francisco. Dec. 27~30, 1976.

Kim, Y. Y. & W. Gudykunst, eds. 1988. *Cross-cultural Adaptation: Current Approaches*. Beverly Hills, CA: SAGE Publications.

Oatey, H. 1987. *The Customs and Language of Social Interaction in English*. Shanghai: Shanghai Foreign Language Education Press.

Oliver, R. T. 1962. *Culture and Communication*. Springfield, Il.: Thomas.

Parry, I. 1967. *The Psychology of Human Communication*. London: University of London Press.

Robinson, G. 1985. *Cross-cultural Understanding: Processes and Approaches for Foreign Language, English as a Second Language and Bilingual Educators*. New York: Pergamon Press.

Samovar, L., R. Porter, & N. Jain. 1981. *Understanding Intercultural Communication*. Belmont, CA: Wadsworth Publishing Co.

Smith, A., ed. 1966. *Communication and Culture: Readings in the Codes of Human Interaction*. New York: Holt, Rinehart & Winston.

Stewart, E. 1972. *American Cultural Patterns: A Cross-cultural Perspective*. Yarmouth, ME: Intercultural Press.

Thomas, J. 1983. Cross-cultural pragmatic failure. *Applied Linguistics*. Vol. 4, No. 2.

Williams, R. 1988. *Keywords: A Vocabulary of Culture and Society*. London: Fontana Press.

邓炎昌，刘润清. 1989. 语言与文化. 北京:外语教学与研究出版社.

顾亦瑾，吴国华. 1991. 语言与文化:俄语语言国情学概论. 郑州:河南人民出版社.

何自然. 1988. 语用学概论. 长沙:湖南教育出版社.

胡文仲. 1982. 交际教学法初探. 外国语，第5期.

胡文仲. 1987. 英国外语教学的格局与变化. 外语教学与研究，第4期.

胡文仲. 1988. 跨文化交际与英语学习. 上海:上海译文出版社.

胡文仲. 1990. 跨文化交际学选读. 长沙:湖南教育出版社.

晶磊. 1991. "中国文化与世界"国际学术讨论会综述. 外国语，第5期.

俞约法. 1991. "语言国情学"再议. 解放军外语学院学报，第5期.

张中华. 1991. 对开展国情语言学研究的几点思考. 解放军外语学院学报，第5期.

文化与文学

——通过文学教文化之探讨[①]

提要： 文学历来被认为是文化的重要组成部分，在外语教学中占有十分重要的地位。本文从跨文化交际的角度探讨如何通过文学教文化。从文学可以汲取到各种文化信息和知识，包括人际关系、风俗习惯、词的文化内涵、非语言交际以及价值观念等。推论（inferencing）是帮助学生自己获取文化知识的一个有效手段，应在教学中使用，但应提醒学生不应将文学作品和现实生活等同。

一

文化与文学有着密不可分的关系。不论如何界定文化，文学总是文化的一部分。裘克安（1993:10）将文化分为四个层次：第一层次指物质生产成果，包括科学技术。第二层次指生产关系，包括社会和政治制度，经济、法律和宗教制度。第三层次指有形的精神文明产物，包括建筑、绘画、雕刻、文学和其他各种著作。第四层次指无形的精神文明产物，包括思想意识、风俗习惯、价值标准等。有些西方学者把文化粗略地分为以大写的C开头的Culture和以小写的C开头的culture，前者包括建筑、绘画、文学、艺术等，后者泛指人们的生活方式。

在实际教学中，我们一直把文学看作是提高学生文化素养的重要途径。1949年前的我国大学教育中，文学一直占有十分突出

① 原载《外语教学与研究》1994年第1期。

的地位。例如，原中央大学外文系的设置方针定为："1）注重外国文学基本及实际之训练，以增进阅读写作介绍及翻译之能力；2）讲授外国文学之标准作品，以提高欣赏及批评之程度，并吸收其优美文艺思想以资观摩；3）研究各国文学及其民族思想之表现，以激发独立进展之精神，并培养为中国民族宣达意志之人才。"（付克 1986:59）新中国成立四十多年来，总的来说，我国大学外语院系也把文学教学放在重要位置，尽管所谓"文学道路"在政治运动中屡遭批判。在高年级的课程中，除了实践性的课程外，主要是文学、语言学和概况课。在学生的阅读总量中，文学占有很大的分量。教师一般认为，学习文学不仅有助于学生的文字水平，还可以提高他们的文化素养。

在国外，正规大学（特别是名牌大学）的外语教学都十分重视文学教学，把它放在压倒一切的地位。在中学，文学教学也十分重要。在交际教学法推广以后，在外语教学中文学的地位一度下降，但在近几年情况又有改变（Short 1988:6）。除了通过文学教授外语，给予学生语言知识和文化熏陶之外，国外大学的一个普遍做法是把二年级或三年级的学生送到所学语言国家学习或工作半年或一年，使他们体会那里的风土人情，了解那里的习俗，提高他们的听说能力。

由此看来，对于通过文学提高文化素养无论在国内或国外都是没有争论的，但是，对于什么是文化素养以及如何教法并无一定之论。我们教文学已经有了一套办法，诸如，介绍时代背景、作者生平，分析书中人物、故事情节，讨论写作手法、文字风格，评论作者得失，对比同时代作家的强弱等等。近年来，教师更注意运用西方的文学批评理论来评介作品。但是，一般说来，教师对于从文学作品中能获得什么文化知识并不特别注意。

本文试图从跨文化交际学的角度考察文学教学，探讨如何通过文学教文化。自然，学生可以从英美国家概况课和阅读有关英美的历史和社会的书籍中了解英语国家的文化，还可以听有关的讲座，这些无疑都是十分有用的。但文学作品往往能够提供最生动、具体、深入、全面的材料，使读者从中得到对于西方文化的有血有肉的了解。文学作品之所以生动具体，是因为它提供了事情发生的背景和场合，每个人物都有他（她）的身份以及他（她）与其他人的关系。之所以说它深入，是因为优秀的文学作品从来不停留在表面，而是深入到人物的感情和心理状态中去。之所以说它全面，是因为文学作品涉及社会的各个方面，从社会的最底层到达官贵族、富商大贾，从历史到现今，从主流文化到各种亚文化，从白人社会到各少数民族社会。从这个角度看，可以说没有任何其他材料可以替代文学作品。阅读文学作品的另一个特点是读者的感情与书中人物融合在一起，亲身体会人物的喜怒哀乐，完全进入作者所制造的氛围，在不自觉中汲取了文化营养。

二

在文学教学中，我们可以引导学生注意各类文化知识。笔者认为至少有五个方面值得下功夫。

1. 人际关系：例如，家庭中各个成员之间的关系，朋友间、同事间的关系，邻里关系等等。下面举黑人作家James Baldwin的小说*Tell Me How Long the Train's Been Gone*中的一个例子：

We drove into town at exactly six o'clock—so the court house clock informed us—and by seven we had placed our last sign in the window of the pizza joint which we had virtually taken over. The people who ran this joint weren't natives of the town—thank God; in fact, they weren't natives of the country. They came from Sicily, I think, they hadn't been in America long, and they were beginning to be gravely confused. They—the old mother and father, the sons and daughters and in laws—still considered, in their barbaric, possessive and affectionate fashions, that they were responsible for each other, that what happened to one affected all. This showed in their manner with each other and this manner marked them as foreign.

作者在这里描写的是一个在美国的意大利移民家庭。如何得知是意大利人呢？根据之一是家庭成员多，不是一家三口的核心家庭，而是儿女成群的大家庭。根据之二是家庭成员间的关系密切，相互依靠，认为任何一个人的事都是大家的事，这一切从美国主流文化的角度来看是很难理解的。这段文字中有两个词特别值得注意：barbaric 和 possessive。美国主流文化强调自主、独立、个人奋斗，即使在家庭关系中也是如此。从主流文化的角度看意大利家庭成员相互间过于依赖，达到了互相占有（possessive）和野蛮的（barbaric）的地步。

如果我们引导学生仔细阅读这段文字，就可以使他们不仅了解美国主流文化中家庭关系的状况和人们的价值观念，还可以了解意大利移民的家庭特点以及他们的价值观念。这种了解不是抽象的，而是十分具体、十分生动的。

2. 风俗习惯：这里所说的风俗习惯并不是极为特殊的民风民俗，而是指人们生活和交往中的种种习俗，例如各阶层人们吃什么、穿什么、住什么样的房子、开什么牌子的汽车，如何与朋友交往，从事什么娱乐活动，什么节日对于他们最为重要，在这些节日如何庆祝等等。有些习俗并不见诸文字，请看下面的例子：

Judy, with a fireproof smile still on her face:

"What is it?"

Sherman, a smiling mask of Yale chin charm:

"I want you to... uh... to come meet Baron Hochswald."

"Who?"

"Baron Hochswald. You know, the German—one of the Hochswalds."

Judy, the smile still locked on："But why?"

"We rode up in the elevator with him."

This obviously made no sense to Judy at all.

Urgently: "Well, where is he?" Urgently, because it was bad enough to be caught in a large conversational cluster with your husband. To form a minimal cluster with him, just the two of you—

...

"Well—you two! What are you trying to cook up!" Hack hack hack hack hack hack. Inez Bavardage took them both by their arms. For a moment, before she could get her fireproof grin back onto her face, Judy looked stricken. Not only had she ended up in a minimal cluster with her husband, but New York's reigning hostess, this month's ringmistress of the century, had spotted them and felt compelled to make this ambulance run to save them from social ignominy.

这一段取自Tom Wolfe的小说*Bonfire of the Vanities*，说的是一件十分简单的事：Sherman要他的妻子Judy见一个有钱的德国人，因此把她拉到一边。Judy很怕别人看到他们夫妇单独在一起，而恰在此时，女主人来到，以为他们无人照顾，因此特意来应酬。这里牵涉到社交场合的一个不成文的规则：在聚会（party）上主人和客人都必须注意和不同的人交往，避免只和一个人或几个好友谈话、不顾其他客人，夫妻尤其要注意不要两个人长时间待在一起，这也就是聚会上的circulating原则。夫妻两个在一起，不与其他客人交往，可能被人们理解为没有朋友、性格孤僻或者缺乏社交能力等等，因此必须注意避免。在我国的文化习俗中并没有这一条，因此，我们的学生容易忽略，可能阅读时会不理解为什么Judy会那么紧张。在这里，教师的引导是必要的。

3. 词汇的文化内涵：在其长期使用过程中，词汇积累了丰富的文化含义，有些来自于成语典故，有些来自于神话传说，有些来自于文学著作，这些文化内涵即使很好的词典也难以收入，主要通过阅读积累知识，不断扩大对词的文化内涵的了解。例如，privacy公认是一个文化内涵十分丰富的词，我们知道不应该问西方人有关年龄、收入方面的问题，更知道不能翻阅私人信件和别人的抽屉，但是privacy的含义绝不止此。请看下面的例子：

He went to the trunk, opened it, took out his bag to get at the small stack of wrapped presents inside. Turning, he handed them to Natalie. "Here. Take these in with you." "Geez, do we have to do that in there?" Daniel asked.

Remembering, too late, his son's strict sense of privacy. You never call attention to yourself, no matter what the circumstances. But Natalie was smiling up at him: "Oh, goody!"

这一段文字取自于Judith Guest所著小说*Second Heaven*，讲的是父亲带着他的两个孩子来到一个餐馆，庆祝女儿Natalie的生日。进餐馆时，父亲要Natalie把她的生日礼物带进来，但是儿子Daniel却不愿意，原因是他的strict sense of privacy，这里privacy显然又具有了新的意义，下面的一句话做了解释：You never call attention to yourself, no matter what the circumstances.（不管是什么情况，都不愿意把人们注意力引到自己身上。）

4. 非语言交际手段：包括姿势、身势、眼神、微笑、沉默、服饰、体距、触摸、对于时间和空间的利用等等。人类学家早就注意到日本人的笑和西方人的笑常常具有不同的含义。美国人对于日本妇女在谈到自己丈夫去世时面带微笑感到十分惊奇，他们认为只有滑稽的事情才可笑，而不知道日本妇女的笑是一种苦笑，是为了掩盖自己的悲痛。我从来都没有觉察到中国人的笑有什么值得注意之处，直到我读了Frank Moorhouse写的一篇短篇小说*Cultural Delegate*。1983年他率领澳大利亚作家代表团访华，归国之后写了这篇文章。他写得极为幽默，大肆夸张，但仍可以看出在澳大利亚人看来中国人的笑在某些场合是不可理解的：

"Tell me, Mr Cao, in our country we have a saying that the hunter must know the animal he stalks. Do you think that is the purpose of cultural exchange? Is that what our leaders have in mind?"

The Guide translates. Mr Cao laughs and then replies in Chinese.

Guide: Mr Cao says yes, we too hunt in the outer provinces. The peasants hunt for hare.

Blase: I do some hunting myself. Do you need a licence to own a gun in China?

Mr Cao laughs and replies.

Guide: Mr Cao says that in our country we have a saying: "The dogs bark, the caravan moves on." Do you have such a saying?

Blase: We say that the dog that does not bark may still bite. I see very few dogs in your country. I believe they are eaten.

The Guide translates. Mr Cao laughs and replies.

Guide: Mr Cao says that in your country he believes dogs are raced for amusement.

Blase: Does Mr Cao eat dogs?

The Guide translates. Mr Cao laughs and replies.

Guide: Mr Cao says it is too early to eat, but if you are hungry he will buy an ice on the stick.

5. 价值观念：人类学家认为价值观念是文化的核心，价值观念与文化其他部分的关系犹如纲与目的关系。价值观通常贯穿于整个作品，例如，Jack London的著名小说*Martin Eden*着重刻画了一个坚持自我奋斗的人物，他的价值观念在小说中通过作家的刻画表现得淋漓尽致。澳大利亚人从传统上说十分重视"伙伴情谊"（mateship），但究竟什么是"伙伴情谊"，只有通过大量的文学作品阅读才能获得确切的了解。Henry Lawson的许多篇短篇小说都涉及"伙伴情谊"，例如：*The Bush Undertaker*, *Telling Mrs Baker*, *Send Round the Hat*, *That There Dog O'Mine*, *The Union Buries Its Dead*等。通过阅读这些小说我们对于"伙伴情谊"可以得到比较具体生动的印象。

三

在阅读文学作品时，有些文化知识清楚地摆在那里，几乎是俯拾即得，但有时却并不那么容易，需要花很大的努力，才能获得所要的文化知识。教师在课上讲解，加以引导，是一个出路，但不能时时依靠教师。Gillian Brown（1990:16）指出：

There is no way that a course can give the student all the knowledge he or she will need in the future in order to understand hitherto unencountered discourse. What a course can do, is help students to develop limited, constrained, inferencing when they encounter unfamiliar concepts in discourse. By "limiting inferencing" I mean not making wild guesses but systematically using all the relevant information which they do have to infer a sufficient amount from the text for the purposes in hand (not even to attempt an exhaustive reading).

对于如何推断，Gillian Brown举了例子加以说明。她的方法是首先根据自己已有的知识作出推断，在解释不通时，再向另外的方向考虑，逐步找到正确的解释。Charles Alderson和Mick Short（1989:97）提出了赖以作推断的五个立足点：

1. general background knowledge of the real world and the way it works;

2. knowledge of a particular situation in which the discourse takes place;

3. knowledge gained from kinesic and paralinguistic phenomena, e.g. eyebrow raising, tone of voice;

4. linguistic knowledge;

5. a combination of two or more of these bases.

实际上这里涉及四类知识，即一般背景知识、特殊背景知识、对非语言交际手段和次语言现象的知识以及语言知识。在作推断时，可以运用其中一种，也可以几种并用。从这里也可以看出“推断”并非乱猜。

在教学中，重要的是如何教给学生正确推断的方法，而不是把一切知识告诉学生，使学生始终处于被动的地位。学生学会了正确的推断方法，就可以从文学作品中汲取丰富的文化知识。

需要注意之点：1）如果目的是为学生提供文化知识，在选材上需要注意选取反映当代英语国家人民生活的现实主义作品，而不是其他。自然，现代派的作品、超现实主义的作品在一定程度上也反映现实，只是采取了曲折反映的形式。2）需要告诉学生文学不等同于现实生活，文学作品是作家的再创造，因此，在阅读时，必须注意哪些贴近生活，哪些距离生活较远。3）文化有主流文化与非主流文化之分，例如，在美国，白人中产阶级的文化属于主流文化，在主流文化中又有不同阶层之分。美国黑人、西班牙（墨西哥）裔美国人、亚裔美国人的文化属于非主流文化，这些文化各具自己的特点，与美国的主流文化有所不同。

参考文献

Alderson, C. & M. Short. 1989. Reading literature. In Short, M, ed. *Reading, Analysing and Teaching Literature*.

Brown, G. 1990. Cultural values: The interpretation of discourse. *ELT Journal*. Vol. 44, No.1.

Short, M., ed. 1989. *Reading, Analysing and Teaching Literature*. London: Longman.

付克. 1986. 中国外语教育史. 上海：上海外语教育出版社.

裘克安. 1993. 英语与英国文化. 长沙：湖南教育出版社.

在外语教学中如何提高学生的跨文化意识[①]

提要： 作者首先介绍了内地学者在跨文化交际研究方面的进展，提出在外语教学中不仅需要帮助学生获得语言交际能力，同时还应提高学生的跨文化意识。提高跨文化意识可以通过许多不同的途径，但最重要的是结合日常教学进行，在词汇、语用、语篇、文体等各个方面进行文化对比，通过对比使学生对于自己的文化和异文化都有更深切的理解。

跨文化交际学的历史很短，大致上只有40多年。它首先兴起于美国，人们一般认为Edward Hall的*The Silent Language*是这一学科的奠基之作。近年来，在英国、欧洲大陆和澳大利亚，跨文化交际学日益得到学者的重视。SIETAR（Society for Intercultural Education, Training and Research）原本是美国的学术组织，现在已经发展成为国际性的，成为SIETAR International。其他研究跨文化交际的学术组织也陆续产生，例如，International Academy for Intercultural Relations, International Association for Intercultural Communication Studies等。

在我国，20世纪中叶，语言学家罗常培先生的《语言与文化》一书开了我国当代语言文化研究的先河。80年代初内地的学者开始把眼光投向跨文化交际学这一领域。最早发表论文的是许国璋先生，1982年他在《现代外语》上发表了Culturally-loaded Words

① 原载台湾淡江大学外国语文学院编印《第六届两岸外语教学研讨会论文集》(上册)，2002年出版。

and English Language Teaching一文，探讨词汇的文化内涵问题。此后不断有各类文章和专著问世。据不完全统计，截至目前，已发表的专著有30余部，论文达几百篇。1995年在哈尔滨成立了全国性的研究跨文化交际的组织——中国跨文化交际研究会。每两年召开一次研讨会。至今已经召开了四次，第五届会议正在筹备中。跨文化交际与外语教学有着密切的关系。外语专业的学生毕业以后要从事外交、外贸、新闻、教学、翻译等各方面的工作，这些工作都涉及对于目标国文化的了解。不了解所学语言国家的历史、文化就不可能与对方进行有效的交流。外国语言文学系历来都把语言与文学、历史等紧密结合起来，开设各类文学课程、语言史课程，有的系还开设介绍所学语言国家地理、历史、政治概况的课程。从这个意义上来说，语言学习历来都是与文化学习相结合的。

从具体语言教学来说，我们的目标是帮助学生获得语言的交际能力。所谓交际能力通常理解为语言能力加上社会语言学能力（有的提法是社交能力）。也有的学者认为交际能力包括四个方面：语言能力、社会语言学能力、篇章能力和应变能力（Canale 1983）。不论如何理解交际能力，这里所说的社会语言学能力（或社交能力）是最重要的。所谓社会语言学能力就是语言的得体性，知道在什么情况下应该对什么人讲什么话。说外语不仅要语音、语法、词汇正确，还要知道如何说的得体。要说得体的外语最重要的是了解对方的文化，不了解文化背景是不可能说出得体的外语的。文化背景是一个很宽泛的范畴，可以包括历史、哲学、文学、艺术以至民俗民风等。但是，我们不可能要求学生无所不知、无所不晓。我们只能在有限的时间内帮助学生掌握基本的文化背景知识，并在传授文化知识的同时培养学生的跨文化意识。

什么是跨文化意识呢？Hanvey（1979:53）认为跨文化意识有四个层次。在第一层次只是注意到一些表面的文化特征，例如，注意到日本人和韩国人常常对客人深深鞠躬，表示敬意。第二层次是对于对方文化与自己文化有着显著差异的某些有意义的文化特征有所察觉，这时，文化冲突往往发生。在第三层次，对于与自己文化有着显著差异的异文化特征在理论上或是理性上能够理解，例如，美国和平队员在赴目的国之前对于该国的文化特征在理性上已经有一定的了解。第四层次是最难达到的目标，在这个阶段可以设身处地为对方着想，真正理解对方的所作所为。这往往是通过长期的生活体验才能获得的。我们对于学生应该提出什么要求才合理？一般来说，学生在校期间只能达到第三层次。第四层次的水平并非学校教育可以企求。Hanvey在这里只提到了对于异文化的了解。实际上，跨文化意识包括两个方面，在与异文化的接触过程中对于自己的文化也加深了了解。Hall在总结自己几十年的跨文化交际研究经验时说，与其说提高了对于其他文化的了解，倒不如说是对于自己的文化有了更深刻的理解。

在跨文化交际方面对于我们的学生应该提出什么要求呢？Seelye（1985:49）提出的总的目标是："所有学生都应该发展在目标语社会中得体地活动和与该文化承载者交流所需要的文化上的理解、态度以及具体技能。"这里包括两个方面的要求，一是在态度和感情方面的要求，一是在具体交际能力方面的要求。在态度和感情方面，要帮助学生克服文化上的偏见和狭隘意识，努力做到设身处地为对方着想，理想的境地是Hanvey所说的empathy，自然这不是所有的人能够做到的。除了态度和感情，还要学会具体的跨文化交际能力。只是态度宽容，但具体问题不会处理，语言使用不得当也还不能很好地交流。

在外语教学中如何提高学生的跨文化意识是一个值得探讨的问题。途径可以是多种多样。例如，可以开设课程、举行讲座、举办展览、开展课外活动等等。但我认为，最为有效的还是结合日常的外语教学从事文化对比，使得学生至少在理性上对于所学语言国家的文化特征有所了解，对于语言中的各种文化信息能够吸取。这不仅可以提高他们的跨文化意识，而且可以提高他们使用外语的准确性和得体性。Michael Byram（1994:5）认为："依照我们的观点，文化学习必须作为语言学习的不可分割的一部分来进行，反之亦然。"正因为这个原因，Byram把他们的著作定名为：*Teaching and Learning Language and Culture*，以说明语言与文化的不可分割性。

结合日常教学可以从各个层面进行，例如，可以在词汇、语用、语篇、文体等各个层面进行文化对比，通过对比使得学生对于自己的文化和异文化都有更深切的理解，同时提高使用文字的水平。

词汇教学在教学中是重要的一环，我们在课堂上通常都要讲解词的意义、用法、搭配等等，做各种词汇练习。但是，对于词的文化内涵（connotation）我们一般涉及不多。实际上，学生在这方面存在不少问题。例如，学生往往把一个外文词与一个中文词等同起来，以为dragon就是"龙"，殊不知英文中的dragon不仅与中文中的"龙"在内涵上有差异，就是在形状上也并不相同。蟋蟀和cricket指的是同一种昆虫，但是，中文的"蟋蟀"常常和凄凉忧伤相联系，而英文的crickct常常和欢乐相联系。钟良弼先生考察了蟋蟀在历代诗歌中的用法，指出蟋蟀在诗人的笔下通常都与哀愁有关。例如，宋玉的《九辩》中有这样的诗句："独申旦而不寐兮，哀蟋蟀之宵征。"而在英文中有as merry as a cricket这样的习语。无论是在Milton或是Dickens的笔下，cricket都是快乐的形象（钟良弼1991）。英文词汇与中文词汇有的本义相同内涵亦相同，例如，dove与"鸽子"；有的本义相同而内涵迥异，例如，前面提到的cricket与"蟋蟀"；有的本义与内涵都不同，例如，dragon与"龙"。因此，在教学中，需要经常提醒学生不要把英文和中文中的词汇完全等同起来。Seelye（1985:5）认为："如果学生（或者教师）不了解词的文化内涵，他就不知道那个词的意义——不论他是否会读出或译出那个词。"Byram（1994:44）认为对于词的文化内涵进行对比可以帮助学生了解异文化的结构和观点，这种学习应该尽早开始。

在语用的层次也有许多需要注意的方面。有的学者（Thomas 1983）提出语用的失误有两种，一种是语用—语言失误（pragmalinguistic failure），一种是社会—语用失误（sociopragmatic failure）。我们的学生在实践中常常犯后一种失误。这种失误是出于对于不同语境中的语用规则缺乏了解。例如，问候语在不同的语言中具有不同的体现形式。中国是一个人际关系比较密切的社会，在问候语中也有体现。中文问候语大致上可以分为几类：1）非语言手段，例如，点头、微笑、作揖、抱拳。2）说“你好”“你早”“早上好”“晚安”等。3）用称呼语称呼对方表示问候，例如，见面时可以只说“李先生”“张教授”“刘太太”等。4）就眼前发生的事情作一简短的评论，例如，看到对方在外出，可以说“出去呀？”看到对方在网上查找资料，可以说：“上网哪？”在英文中，第一、二类都是可以接受的问候方式，英文中也有类似的方式；但是，第三、四类却是英语国家的人无法接受的，他们并不认为这是问候语。这类错误就是Thomas所说的社会—语用失误。我们的学生往往把中文中的问候语移植到英文中，误以为只要把中文的问候语翻译成英文，就成了英文的问候语，常常以Where are you going? Have you eaten?问候对方，造成跨文化交际中的误解。

在语篇方面，通常的看法是中国人喜欢归纳式，西方人喜欢演绎式（Kaplan 1966; Shapiro 1979; Young 1994; Gao, Ting Toomey and Gudykunst 1996; Scollon and Scollon 1995; Chen 2000）。实际情况却比较复杂，正如Scollon所指出的究竟使用归纳式或演绎式还牵涉到交谈双方关系的疏密、地位的高下、提出要求的轻重等因素。下面是一封十分普通的作者给编辑部的信，信的原文如下：

王老师：

您好。今日冒昧写信，是我的老师刘教授所推荐的。我现在执教于中央财政金融学院外语系，去年七月我从北京外国语大学语言所研究生班进修毕业，对语言学产生了浓厚兴趣，于是撰写了一篇论文述评:《〈翻译新解——变式法〉评介》。已请刘教授进行审核，据说他已将稿子转交到您的手中。王老师您是这方面的有造诣的专家，于是敬请您在百忙之中，能对我的稿件予以审阅，提出意见，以期早日能在《外语教学与研究》杂志中发表刊登，我将不胜感谢。此致

敬礼

某某1995年5月19日

从中文的角度看，这封信没有大的毛病，尽管文字还可以进一步修饰。但是，如果英文信也是这样的写法，难免会让人感到这是绕着弯子在讲话，读起来十分吃力。研究者发现，中国人之所以采取比较迂回的写法是为了礼貌的需要。Murray（1988）对于中国人的交流方式作了这样的评论:“我们双方在理解方面的问题不仅源于文化规范，同时，也是由于比较具体的思想和交际的特点。中国人讲话中充满了迂回的说法——甚至在翻译中亦是如此——这使得美国人感到十分不安。”在教学中，可以通过写作课向学生说明中英文在语篇方面的差异，从而使他们在写作时有意识地使用两种不同的语篇结构。写中文书信时使用中国人习惯的语篇方式，写英文书信时使用英美人习惯的比较直截了当的方式。事实上，如果我们留心一下自己的写作习惯，就不难发现，在写中文书信时我们往往使用的是一种语篇模式和语言规范，在写英文书信时使用的是另一种语篇模式和语言规范。

文学是文化的一部分，文学作品中有关文化习俗、文化背景、价值观念的素材比比皆是。由于文学作品的特点，这些文化素材往往深藏在作品之中，需要加以发掘。在文学教学中需要引导学生注意这些方面，使得他们逐渐培养出一种敏感。这种敏感是跨文化意识的一个重要组成部分。选取什么样的文学作品作为文化教学的素材是一个重要的问题。Valdes（1986:139~140）认为，

要求学生从文学中吸取文化知识就必须阅读真正的文学作品，而不是经过改写的简易读物。从文学作品来说，小说、戏剧、诗歌都是可以入选的读物，但是小说更适于课堂使用。具体到美国文学，应该注意的方面包括美国文化的一般模式、人与自然、人与人的关系以及价值观念等，特别是文学作品中所阐释的价值观念更应受到重视。从阐释美国的个体主义（individualism）来说，有许多小说都可以作为教材使用，例如，Mark Twain 的 *The Adventures of Huckleberry Finn*, Jack London 的 *Martin Eden*, Hemingway 的 *The Old Man and the Sea* 等都是比较好的可以入选的材料。材料选取得当，还要注意教学方法。为了提高学生的跨文化意识，需要在教学过程中强调学生的参与。只是教师讲、学生听，并不能收到良好的教学效果。应该让学生在阅读和讨论的过程中学会独立地吸取文化知识，提高跨文化的敏感性。

参考文献

Byram, M., et al. 1994. *Teaching and Learning Language and Culture*. Clevedon, UK: Multilingual Matters Ltd.

Canale, M. 1983. From communicative competence to communicative language pedagogy. In J. C. Richards and R. W. Schmidt, eds. *Language and Communication*. London: Longman.

Chen, J. 2000. Markedness in Intercultural Discourse: A Study of Chinese EFL Students' Discourse Patterns. (Unpublished PhD thesis)

Gao, G., S. Ting-Toomey, and W. Gudykunst. 1996. Chinese communication processes. In Michael Harris Bond, ed. *The Handbook of Chinese Psychology*. Hong Kong: Oxford University Press.

Hanvey, R. 1979. Cross-cultural awareness. In Elise Smith and Louise Luce, eds. *Toward Internationalism: Readings in Cross-cultural*

Communication. Rowley, MA: Newbury House Publishers.

Kaplan, R. 1966. Cultural thought patterns in intercultural education. *Language Learning*, 16:1 ~ 20.

Murray, D. 1988. Face-to-face: American and Chinese interactions. In Samovar and Porter, eds. *Intercultural Communication: A Reader*. 5th edition. Belmont, CA: Wadsworth Publishing Co.

Samovar, L. and R. Porte, eds. 1988. *Intercultural Communication: A Reader*. 5th edition. Belmont, CA: Wadsworth Publishing Co.

Scollon, R. and S. Scollon. 1995. *Intercultural Communication: A Discourse Approach*. Oxford, UK: Blackwell Publishers.

Seelye, N. 1985. *Teaching Culture: Strategies for Intercultural Communication*. Lincolnwood, Il.: National Textbook Co.

Shapiro, S. 1979. *An American in China: Thirty Years in the People's Republic of China*. New York: New American Library.

Smith, E. and L. Louise, eds. 1979. *Toward Internationalism: Readings in Cross-cultural Communication*. Rowley, MA.: Newbury House Publishers.

Thomas, J. 1983. Cross-cultural pragmatic failure. *Applied Linguistics*, 4:2.

Valdes, J. M. Culture in literature. In J. M. Valdes, ed. *Culture Bound: Bridging the Cultural Gap in Language Teaching*. Cambridge, UK: Cambridge University Press.

Valdes, J. M, ed. 1986. *Culture Bound: Bridging the Cultural Gap in Language Teaching*. Cambridge, UK: Cambridge University Press.

Young, L. 1994. *Crosstalk and Culture in Sino-American Communication*. Cambridge, UK: Cambridge University Press.

钟良弼. 1991. 从“蟋蟀”和“杜鹃”看词语的文化传统。外语教学与研究，第一期.

跨文化交际课教学内容与方法之探讨[①]

提要： 我国开设跨文化交际课程的院校虽不断增加，但无论在本科层次或是在研究生层次，目前都还没有统一的教学大纲。本文首先将美国大学上个世纪80年代中期和目前开设跨文化交际课程的教学内容作一比较，之后将国内出版的各种跨文化交际教材内容作一对比，并就中国与美国跨文化交际教学的异同提出若干看法。作者认为，跨文化交际课程应重视学生的参与，使用个案研究、讨论、电影等多种教法。

我国开设跨文化交际课的外语院校近年来增加迅速，跨文化交际教材也出版多部。但是，跨文化交际课无论在本科层次或是在研究生层次，目前都还没有统一的教学大纲，教学内容基本上由任课教师自己决定。对于有经验的教师，确定教学内容并不构成问题，但对于青年教师这就可能是一个困难。笔者拟在本文中根据国内外的资料，对于本科的跨文化交际课程的内容和教法作一探讨，提出自己的看法，目的在于帮助尚未开课的教师或已经开课的青年教师制订自己的本科层次的教学大纲。学校类型不同、专业不同，大纲的内容也应有所不同，这里谈的主要是外语类院校跨文化交际教学的一些设想。

我们可以从几个不同的角度探讨这个问题。首先，可以考察美国大学过去和现在的跨文化交际课程的内容和方法。其次，可以考察我国出版的跨文化交际教材的内容。最后，就中国和美国的跨文化交际教学作一对比，得出几点结论性的看法。

---

① 原载《中国外语》2006年第6期。

一、美国跨文化交际教学的沿革

1984年Steven Beebe 和Thompson Biggers 在美国大学中就跨文化交际开课情况作过一次调查，在他们所调查的138所美国大学和学院中，17.8%已经开设一门跨文化交际课程，18.1%的学校表示在不久的将来他们将开设这门课程。通常这门课作为选修课开设在三年级，课程内容按重要程度排列如下：

1. Cultural differences and effects on communication
2. Cultural similarities and differences between ethnic groups and cultures
3. Intercultural contacts and contexts
4. Language and culture, bilingualism and translation problems
5. Specific cultural patterns and effects on intercultural communication
6. Nonverbal communication
7. Formation of in and out groups and ethnocentrism
8. Culture shock and cultural adaptation
9. Ethnic groups, subcultures and racial groups
10. Subjective cultural theory
11. Racial, ethnic and national stereotypes
12. Theories of assimilation

使用的教材主要是Samovar 与 Porter 合编的 *Intercultural Communication: A Reader*（占40.9%）和Condon 与 Yousef 合著的 *An Introduction to Intercultural Communication*（占22.7%）。

教学方法按采用多寡排列如下：

1. 讲课
2. 小组讨论
3. 个案研究、学生报告
4. 客座教师演讲

5. 电影
6. 小组报告
7. 角色扮演
8. 实地调查
9. 录像及其他

调查显示，美国大学中使用社会互动的路子（social interaction approach）最多，所谓社会互动指的是通过研究文化差异对于交际产生何种影响以提高跨文化交际能力（Beebe and Biggers 1984）。

美国大学中使用最广的跨文化交际教材是Samovar 与 Porter 合编的*Intercultural Communication: A Reade*r。分析一下这本教材的内容，可以帮助我们了解美国跨文化交际课程的主要教学内容。此书1972年初版，此后每隔几年就修订一次，2005年出版了第十版。每次再版编者都更新一部分内容，新的文章通常占三分之一或更多。我们手头的第五版出版于1988年，第十版出版于2005年。

第五版的四个部分是：

1. Intercultural communication: an introduction
2. Sociocultural backgrounds: what we bring to intercultural communication
3. Intercultural interaction: taking part in intercultural communication
4. Intercultural communication: becoming more effective

第十版的四个部分是：

1. Intercultural interaction: an introduction
2. Sociocultural backgrounds: what we bring to intercultural communication
3. Intercultural interaction: taking part in intercultural communication
4. Intercultural communication: seeking improvement

尽管这两个版本相隔17年，但我们可以看出书的基本格局没有变化，仍然分为四个部分，而且这四个部分的基本内容没有改变，只是有些说法稍作了一些变动。第一部分着重介绍跨文化交际之所以必要以及文化和交际的基本概念。第二部分主要讨论各种文化分歧，包括国与国之间的文化差异、种族之间的文化差异等。第三部分着重跨文化交际的过程，包括语言交际、非语言交际、管理、教育、医疗等。第四部分讨论如何提高跨文化交际的认识和本领。在第五版中cultural contexts（指管理、教育、医疗等）属于第二部分，但在第十版中改放在了第三部分。这样处理似乎更合理一些。如将课本内容细分，大致包括如下的各个方面（Samovar and Porter 1988, 2005）：

1. Introduction to intercultural communication
2. Basic concepts of culture and communication
3. International cultural differences and their effects on communication
4. Domestic cultural differences and their effects on communication（including Afro-Americans, the disabled, gay people, women, the elderly, etc.）
5. Intercultural interaction: verbal processes
6. Nonverbal interaction: action, sound and silence
7. Cultural contexts: the influence of the settings（including business, group, health, education, etc.）
8. Improving intercultural competence
9. Ethical considerations for future intercultural communication

从Samovar 和 Porter的读本内容来看，美国跨文化交际教学的基本内容是稳定的，框架和主要部分并没有大的变化，具体内容则随着时代的发展不断作调整，加进新的内容。例如，亚文化的范围不断有所扩大，从包括黑人文化到包括同性恋以致残疾人文化等。跨国文化差异从美日文化对比扩大到美国—墨西哥文化的对比、美国—伊斯兰国家文化的对比等等。

如果说Samovar 和 Porter的读本在理论框架和主要内容方面十几年来没有本质的变化，在实际教学中却并不是这样的情况。我们查看美国大学今天开设跨文化交际课程的内容，就会发现近年来不少大学在课程内容方面作了许多革新。

这里不妨对加州大学圣芭芭拉分校（University of California, St Barbara）的一份跨文化交际课教学大纲做一研究。课程的名称是Intercultural communication, 课程的主要内容包括（Intercultural communication course at University of California, St Barbara）:

1. Cultural values Ⅰ
2. Cultural values Ⅱ
3. Nonverbal communication
4. Uncertainty reduction
5. Intercultural relationships
6. Social identity
7. Prejudice and discrimination
8. Collective guilt
9. Language and social identity
10. Language planning
11. Intercultural relation in the media
12. Assimilation and pluralism
13. Genocide

大纲说明这门课拟从三个不同角度研讨跨文化交际，即价值观、社会身份和权力。

1～5项主要是讨论价值观和行为规则方面的文化差异，这一理论的依据是如果充分了解不同文化之间的差异，由于文化差异而产生的冲突就会减少或消失。6～9项是从社会身份分析跨文化交际，这一理论的依据是对于社会身份是否处置得当会影响我们跨文化交际能否顺利进行。10～13项是从权力的角度讨论跨文化交际，它的理论依据是跨文化冲突是否出现根本原因是双方在政治和经济权力方面的不同处境，这里涉及强势语言与弱势语言、舆论导向、种族关系、多元文化等问题。

另一份教学大纲来自加州大学伯克莱分校（University of California, Berkeley），课程的名称是The dialogue of diversity: deciphering the cues and codes of intercultural communication, 教学内容包括（The dialogue of diversity course at University of California, Berkeley）：

1. Introduction
2. Basics of intercultural communication
3. Basics of intercultural communication: verbal and nonverbal codes
4. Cultural identity development
5. Influences on priority of cultural identity
6. Diversity of world views
7. Differences in use of power, leadership
8. Simulation of values and beliefs influence on use of personal power
9. Difference in power and control, power distribution
10. Cultural differences in the management and resolution of conflict
11. Intercultural conflict management
12. Facilitating resolution of intercultural conflict
13. "Consumer choice": personal challenges of intercultural communication
14. Intercultural communication competence

从这两份大纲可以看出跨文化交际课程比起20年前有了不小的变化。课程的内容由于社会的变化和学科的发展而变得更加丰富。除了我们熟悉的以往教学中所涵盖的内容之外，文化（社会）身份、权力与交际的关系以及跨文化冲突的解决是新增加的部分。有的内容（如collective guilt, genocide, assimilation and pluralism, difference in power and control, power distribution等）是涉及美国国内民族关系的热点。所谓身份（identity）包括文化身份（cultural identity）、关系身份（relational identity）和个人身份（personal identity）。文化身份可以涉及国籍、民族、地区、性别、性取向、年龄段、职业、政治倾向、各种社会团体（具有相同嗜好或共同经历的团体）甚至涉及暴力、吸毒等非法活动的团体等（Imahori & Cupach 2005:197）。关系身份包括父子、母子、夫妻、好友等关系。而个人身份则是指与其他人相比较而存在的个人的特点（Ting-Toomey 2005:212）。有的学者认为，跨文化交际是一个身份协商的过程，对于自己和对方的身份保持敏感的态度、采取不同的策略，不断协调双方的身份关系才能使跨文化交际取得成功，因此身份在跨文化交际研究中是一个十分重要的题目。

二、我国跨文化交际课程的主要教学内容

我国国内大学开设跨文化交际课程的院校虽然已经为数不少，但是由于没有统一的教学大纲，因此教学内容基本上由任课教师自己决定。国内近年来出版了多种跨文化交际教材，从教材的内容大致可以看出国内教学的主要内容。国内出版的适合本科使用的跨文化交际教材，目前收集到的共有6种[①]，即：

林大津:《跨文化交际研究：与英美人交往指南》，福建人民出版社，1996年（简称林著）

胡文仲:《跨文化交际学概论》，外语教学与研究出版社，1999年（简称胡著）

唐德根:《跨文化交际学》，中南工业大学出版社，2000年（简称唐著）

---

① 贾玉新著《跨文化交际学》、林大津、谢朝群著《跨文化交际学：理论与实践》、胡超著《跨文化交际：E-时代的范式与能力的构建》更适于做研究生教材，故而未列在内。

Linell Davis:《中西文化之鉴》，外语教学与研究出版社，2001年（简称Davis著）

许力生主编:《跨文化交流入门》，浙江大学出版社，2004年（简称许编）

杜瑞清等编:《跨文化交际学选读》，西安交通大学出版社，2004年（简称杜编）

这里列表说明上面几种教材有专门章节论述的教学项目：

教材 有无 项目	林著	胡著	唐著	Davis著	许编	杜编
Introduction to ICC	ˇ	ˇ	ˇ	ˇ	ˇ	ˇ
Culture	ˇ	ˇ	ˇ	ˇ	ˇ	ˇ
Communication		ˇ	ˇ		ˇ	
Verbal process	ˇ	ˇ	ˇ	ˇ	ˇ	ˇ
Nonverbal process	ˇ	ˇ	ˇ	ˇ	ˇ	ˇ
Social organization	ˇ	ˇ		ˇ		
Pragmatic rules			ˇ	ˇ		
Cultural identity						ˇ
Generation gap					ˇ	
Gender difference					ˇ	
Management		ˇ		ˇ	ˇ	ˇ
Values and beliefs	ˇ	ˇ	ˇ	ˇ		ˇ
Intercultural perception			ˇ	ˇ	ˇ	ˇ
Improving intercultural competence	ˇ	ˇ		ˇ	ˇ	ˇ
Training		ˇ			ˇ	

从表中可以看出，以下几项是一半以上的教材作者认为应该教授的内容：

1. Introduction to intercultural communication
2. Culture
3. Communication

4. Verbal process
5. Nonverbal process
6. Social organization
7. Management
8. Values and beliefs
9. Intercultural perception
10. Improving intercultural competence
11. Training

从这里可以看出，国内教师对于跨文化交际课程应该教些什么内容是有共识的，虽有一些差异，但基本上趋于一致。只有少数教材论及文化身份、跨代交际、跨性别交际。

三、中美跨文化交际课程教学内容比较

综合以上各种情况和数据，我们可以得出以下几点看法：

1. 我国大学与美国大学跨文化交际课程教学内容的主要部分是相同的。但我国的教师对于语言与文化的关系以及语用方面的问题比较关注，在不少教材中都予以处理，而美国跨文化交际教材中对此较少注意。这可能与我国跨文化交际课程主要是由外语教师开设有关。

2. 美国教师除了关注国与国之间的文化差异对于交际的影响之外，还关注国内民族间的文化差异以及不同性别、不同年龄段、不同性取向的人群之间的文化差异对于交际的影响。我国跨文化交际课程主要涉及国与国之间文化差异对于交际的影响，例如，讨论中美文化差异、中日文化差异、中英文化差异对于交际的影响等。对于跨种族交际、跨性别交际、跨代交际开始注意，例如，许力生主编的教材中对于不同性别和年龄段的人群之间的交际

展开了讨论，但其他教材涉及这些内容的较少①。

3. 美国传统的跨文化交际课程内容一直比较稳定，但近年来由于跨文化交际理论研究的发展，课程内容也引进了一些新的内容，例如文化（或社会）身份对于交际的影响，权力对于交际的影响等等。目前我国学者对于文化身份和权力与交际的关系尚还没有给予很多注意，只有杜瑞清主编的教材有文化身份这方面的内容。

四、关于跨文化交际课程的教学方法

至于教学方法，从实际教学和目前国内出版的跨文化交际教材可以看出，讲课仍是主要方式。但讲课只能传授知识，对于跨文化交际能力的提高并不一定十分有效。一些教材使用了个案研究讨论（case study）的方法。这种方法强调学生的参与，可以引起他们的思考和讨论，能够有效地提高他们的跨文化敏感和跨文化意识。例如，Linell Davis 编著的教材第4章提供了一个比较典型的请吃饭的例子，先是一对中国夫妇邀请一对美国夫妇吃饭，之后是这对美国夫妇回请，环绕吃饭的习俗和文化内涵自然都十分不同。Davis 在介绍了这一典型事例之后提出了6个讨论题交由学生讨论（Davis 2001:72~73）：

1. How are differences in objective culture, in this case food culture, contributing to the communication difficulties?

2. How do Chinese understandings of the host-guest relationships influence how Liu and Yang entertained Janice and George?

3. How are George and Janice relying on words to make friends

① 近年来我国学术期刊上开始出现有关跨民族交际的文章，例如：丁丽岩，民族文化差异与当代外语教学，《佳木斯大学社会科学学报》2002年第1期；潘其旭，壮族词序顺行结构的A＋B型思维模式与汉族词序逆行结构的B＋A型思维模式的比较研究，《广西民族研究》2002年第2期；张梅，少数民族学生汉语词语理解障碍分析及对策，《语言与翻译》2002年第3期；谭厚峰，侗族语言文化与翻译浅谈，《贵州民族学院学报》2002年第5期。

with Liu and Yang?

4. Can you answer Janice's question?

5. In a role play in class explain the cross-cultural problems to each couple. For instance, explain to Janice and George what Liu and Yang will eat in the days after the dinner party. Try to explain to Janice and George why Liu Lingling and Yang Feng paid attention to their household appliances and asked how much they cost.

6. What advice can you give to both couples to help them further their friendship?

许力生主编的《跨文化交流入门》自始至终贯彻了互动的教学原则，使用了大量的个案和实例。全书总计使用44个实例，使得这部教材变得生动活泼、切实可用。这里举出一个书中的实例（许力生2004:87～99）：

In London's Heathrow Airport, airport staff who ate in the employees' cafeteria complained about rudeness by cafeteria employees from India and Pakistan who had been hired for jobs traditionally held by British women. And the Asian women complained of discrimination. A communication expert was asked to tape talk on the job to see what was going on, and then he had Asian and British employees listen to the tape together.

When a customer coming through the cafeteria line requested meat, the server had to find out if he wanted gravy on it. The British women asked, "Gravy?" The Asian women also said "Gravy". But instead of rising, their intonation fell at the end. During the workshop session, the Asian women said they couldn't see why they were getting negative reactions, since they were saying the same thing as the British women. But the British women pointed out that although they were saying the same word, they weren't saying the same thing. "Gravy?"—with question intonation—means "Would you like gravy?" The same word spoken with falling intonation seems to mean, "This is gravy. Take it or leave it."

Questions:

1. British novelist E.M. Foster put it in his well-known novel *A Passage to India*, "A pause in the wrong place, an intonation misunderstood, and a whole conversation went awry." What do you think of it?

2. Have you ever had any similar experiences communicating with others?

教师讲课之后，在课堂上组织学生讨论这些问题有利于训练学生从不同角度考虑问题，对于跨文化交际中的困难做出合理的分析。这对于提高学生的跨文化交际敏感和认识都是很有益处的。毫无疑问，个案讨论是较好的教学方法，但是，一个实际的困难是本科教学通常都是上大课的方式，学生人数很多，在全班组织活动有时不易做到。克服这一困难的办法是在班上组织小组活动，学生在小组讨论中发表各自的看法、相互切磋，从而提高跨文化交际的能力和敏感。教师可以参考Richard Brislin（Brislin et al. 1986）在*Intercultural Interactions: A Practical Guide*一书中的做法，对于几种可能逐一做出分析和解释，最后得出一个比较合理的选择。

除了个案分析和讨论之外，还可以使用包含文化冲突和跨文化交际内容的电影，例如，《喜福会》《推手》《刮痧》等。这些电影将中西文化的深层冲突以艺术的形象表现出来，为学生展开讨论提供了丰富的素材。可以组织学生先看整部电影，然后将电影分成几个部分，教师就每个部分提出一些思考题，让学生先在小组内讨论，之后小组代表在全班发言，最后由教师作总结。

参考文献

Beebe, S. & T. Biggers. 1984. The status of the basic course in intercultural communication at U.S. colleges and universities. ED

246 513.

Brislin, R., K. Cushner, C. Cherrie and M. Yong. 1986. *Intercultural Interactions: A Practical Guide*. Beverly Hills, CA: SAGE Publications, Inc.

Davis, Linell. 2001. 中西文化之鉴. 外语教学与研究出版社.

Gudykunst, W., ed. 2005. *Theorizing About Intercultural Communication*. Beverly Hills, CA: SAGE Publications, Inc.

Imahori, T. and W. Cupach. 2005. Identity management theory: Facework in intercultural relationships. In William Gudykunst, ed. *Theorizing About Intercultural Communication*. Beverly Hills, CA: SAGE Publications, Inc.

Intercultural communication course at University of California, St Barbara. http://www.comm.ucsb.edu/classes/comm123_f04/home.htm.

Samovar, L. & R. Porter, eds. 1988. *Intercultural Communication: A Reader*. 5th edition. Belmont, CA: Wadsworth, Inc.

Samovar, L. & R. Porter, eds. 2005. *Intercultural Communication: A Reader*. 10th edition. Belmont, CA: Wadsworth Publishing Company.

The dialogue of diversity course at University of California, Berkeley. http://socialwelfare.berkeley.edu/academic/syllabi/sw175ac.htm.

Ting-Toomey, S. 2005. Identity negotiation theory: Crossing cultural boundaries. In William Gudykunst, ed. *Theorizing About Intercultural Communication*. Beverly Hills, CA: SAGE Publications, Inc.

杜瑞清，田德新，李本现编. 2004. 跨文化交际学选读. 西安：西安交通大学出版社.

胡文仲. 1999. 跨文化交际学概论. 北京：外语教学与研究出版社.

林大津. 1996. 跨文化交际研究：与英美人交往指南. 福州：福建人民出版社.

唐德根. 2000. 跨文化交际学. 长沙：中南工业大学出版社.

许力生编. 2004. 跨文化交流入门. 杭州：浙江大学出版社.

从学科建设角度看我国跨文化交际学的现状和未来①

提要： 学科建设包括凝练学科方向、汇聚学科队伍、加强课程建设、创建学科基地、营造学术氛围等内容。在学科方向方面，我国跨文化交际研究长期以来一直偏重于外语教学。进入本世纪以后，研究的范围虽不断扩大，但总的来说，研究领域还不够宽，研究的视野还不够广，学科的参与也比较单一。从学科队伍来看，目前水平参差不齐。大部分为外语专业教师。多数没有系统地学过传播学理论或心理学理论，也没有受过跨文化交际研究方法的系统训练。需要引进在国内外系统学过跨文化交际学的年轻学者，同时需要对于现有的教师和研究人员进行必要的培训。在课程建设方面，需要研究应该开设哪些课程。在学科基地建设方面，已经建立了十多个跨文化研究中心和研究所。目前需要加大投入，以期取得实质的进展。在营造学术氛围方面，在学会领导下每两年召开一次国际研讨会，至今已经召开过八届大会。此外，各地区还召开了小型的会议或专题会议。在学科方向、学科队伍、课程建设、学科基地、学术氛围这几个方面，最重要的是学科队伍的建设，只有有了一支高水平的学术队伍才能够拿出高水平的学术成果，开出高水平的课程，才能建设真正的学科。

学科建设包括凝练学科方向、汇聚学科队伍、创建学科基地、营造学术氛围等内容。所谓凝练学科方向，我的理解是指明确这一学科所从事的研究内容。研究内容应该是独立的、有别于其他

① 原载《外国语》2010年第6期。

学科的一个学术领域。如果研究内容与其他学科雷同或大致相同，就没有建立这一学科的必要。学科内容不能是对于该领域的泛泛的研究，而必须有明确的学术研究方向。汇聚学科队伍指的是从事研究的人员。任何一个学科的建设都脱离不开该学科的研究队伍，要建设一个学科必须把该学科的学术队伍组织起来，包括招聘或选拔学科带头人、培养学术骨干等。创建学科基地指的是成立研究中心、研究基地、研究所等，以从事该学科的研究和教学。营造学术氛围则包括国际国内的学术交流、举办学术会议、学术报告和讲座等。除了以上这些方面，还需要学术平台，包括学术刊物和学术网站等，以推进该学科的研究和学术交流。简而言之，学科建设指的是研究什么、谁来研究、采取什么组织形式、需要什么环境等几个方面。“大学学科建设除这些内容外，还包括专业建设、课程建设、学位点建设、师资队伍建设、校园文化建设等其他类型的学科建设所不具有的内容。”（罗云 2005）

Intercultural communication 引入我国初期曾经有过五六种译法[①]，但近年来大家普遍接受的是“跨文化交际（学）”和“跨文化传播（学）”这两种译法。一般来说，以外语和语言学为背景的学者倾向于前者，以传播学为背景的学者倾向于后者。也有把两种说法合并在一起的做法：“跨文化交际/传播”。跨文化交际学目前尚未列入教育部颁布的普通高等学校本科专业目录和国务院学位委员会制定的学科目录。今后跨文化交际/传播学的归属还很难说清。目前，大部分跨文化交际/传播学研究生在毕业时拿到的是外国语言文学学科的博士或硕士学位，少部分拿到的是新闻传播学学科的学位。尽管跨文化交际/传播学的学科地位目前尚未确定，但这并不妨碍我们从学科建设的角度研究这门学问。我们可以从学科方向、学科队伍（包括师资队伍）、课程建设、学科基地和学术氛围等各个侧面作一探讨。

首先，从学科方向来看，我国跨文化交际研究长期以来一直

① 包括跨文化交际、跨文化传通、跨文化交流、跨文化传播、跨文化沟通等。

偏重于外语教学，与外语教学有关研究占的比重很大。这与跨文化交际在我国的特殊发展历程有关。跨文化交际研究引入我国是在上个世纪80年代初期，深圳大学英语教授何道宽（1983）最先在学术刊物上著文介绍这门新的学科。之后，一批外语教师纷纷发表文章，介绍国外跨文化交际研究的情况、论述文化与语言的关系以及跨文化交际能力的培养等（胡文仲1985a，1985b；何安平1990；赵中源1990）。1995年是我国跨文化交际研究发展中的里程碑，在这一年出现了中国学者写的第一本跨文化交际专著，即关世杰的《跨文化交流学：提高涉外交流能力的学问》。与其他跨文化交际研究者的背景不同，关世杰是北京大学国际政治专业的教师，他的这部专著是从国际政治和传媒的角度所写，与外语教学基本无关。但此后几年出版的跨文化交际专著与关著不同，基本上都是外语教师所著，如林大津的《跨文化交际研究》（1996）、王宏印的《跨文化传通：如何与外国人交往》（1996）、贾玉新的《跨文化交际学》（1997）、胡文仲、高一虹的《外语教学与文化》（1997）、胡文仲的《跨文化交际学概论》（1999）、唐德根的《跨文化交际学》（2000）等。在有关跨文化交际的论文中，与外语教学有关的论文占相当大的比重。根据中国期刊全文数据库资料，1999年在期刊上总计发表有关跨文化交际的论文573篇，其中256篇是与外语教学有关的文章，占总数的44.6%。这类论文涉及词汇、语用、篇章、修辞、表达方式、非语言交际以及在教学中如何融合文化内容等方面。进入本世纪以后，跨文化交际研究的范围不断扩大，跨文化管理、跨文化培训、文化适应以及与大众传媒有关的论文和专著不断增加。从目前的论著和论文来看，我国的跨文化交际大致有以下几个研究方向：

1. 跨文化交际与外语教学
2. 跨文化交际与文化比较
3. 跨文化大众传媒
4. 跨文化管理

5. 跨文化能力的培养与跨文化培训

在这几项中，跨文化管理和跨文化培训占比较小的比重，跨文化大众传媒的比重则在不断提高。在文化比较中，我国的研究在初期侧重于中国与美国在语言交际、非语言交际、行为模式、人际关系、价值观念等方面的文化比较，近年来则扩展到中国与日本、德国、俄罗斯、法国等国文化的比较，甚至还涉及阿拉伯国家的文化。对于国内各民族之间的文化比较也逐步进入研究者的视野，从以下一些论文题目可以看出这一趋势：

张梅（2002）少数民族学生汉语词语理解障碍分析及对策

丁丽岩（2002）民族文化差异与当代外语教学

谭厚锋（2002）侗族语言文化与翻译浅谈

潘其旭（2002）壮语词序顺行结构的A+B型思维模式与汉语词序逆行结构的B+A型思维模式的比较研究

地木拉提·奥迈尔、崔延虎（2003）跨文化交际研究：新疆多民族社会文化研究新视点

宝建东（2010）从跨文化交际角度看英美文化与蒙古族文化

从学科参与的情况来看，在我国的跨文化交际研究中，心理学参与较少，这与美国的情况很不相同。在美国，心理学在跨文化交际研究中影响最大，之后是人类学、社会学、文化学、语言学等。从研究方向来看，我国的跨文化交际研究与美国既有类似之处，也有许多区别。在美国，种族关系、企业管理、跨文化适应、跨文化培训占有特别重要的地位。外语界参与跨文化交际研究较少。在学术会议上，从语言教学的角度论述跨文化交际所占比重很小。应该说，在任何国家，跨文化交际研究都必然和本国的需要相联系，因此，我国与美国的跨文化交际研究方向有所不同也是十分自然的。但国内跨文化交际领域的学者有一共识：我们的研究领域还不够宽，研究的视野还不够广，学科的参与也比较单一。关世杰（2006）指出："参与研究的学者中，学语言学背景的多，学传播学的其次，学心理学、社会学、文化人类学

背景的很少。香港学者苏钥机的研究显示，传播学与心理学联系最为密切。我国跨文化传播研究者跨学科研究不够，限制了研究的深入。”

其次，目前我国跨文化交际学的学科队伍水平参差不齐。目前队伍中大部分为外语专业教师。作为外语教师，大部分没有系统地学过传播学理论或心理学理论，对于社会科学研究方法多数也没有受过系统的训练。进入新世纪以来，才有少数在国内或国外大学拿到传播学博士学位的新生力量参加这支队伍。研究队伍的现状决定了科研方面的情况：从论著和论文来看，一般性的讨论多，有质量的深入研究少；综述议论性的文章多，实证研究的论文少；单一学科的研究多，多学科的综合研究少。我国期刊中，涉及跨文化交际的文章数量增长很快，2000年共刊出859篇，至2009年已经增长至5,812篇。具体增长请看下表：

表一：中国期刊刊载跨文化交际文章数字统计

年代	文章数量	比上一年增长	年代	文章数量	比上一年增长
2000	859		2005	2,748	25.7%
2001	1,151	34%	2006	3,596	30.8%
2002	1,584	37.6%	2007	4,895	36.1%
2003	1,831	15.6%	2008	5,693	16.3%
2004	2,185	19.3%	2009	5,812	2%

来源：中国期刊全文数据库（CNKI）

从文章数量来看，增长很快，似乎是可喜的现象。但是，质量上乘的、使用科学的研究方法所写的论文数量较少，这又是我们感到忧虑的。彭世勇（2005）指出：

我们经常说的‘科研’与采用科学方法进行学术研究在我们自己的跨文化交际研究实践中还不是一回事情。数据分析的结果显示，能真正算得上是科学研究的论文，一共只有42篇，仅占全部论文总数的3.79%。在90篇有关英语教学的论文中，只有一篇算得上是科学研究。在电影和艺术领域里则完全没有科学研究。

彭世勇（2005）进一步指出：

我们对于研究方法的重视还是远远不够的。不少人不知道用科学的方法进行学术研究，不知道科学研究要建立在相关的理论基础之上。只有用科学的方法进行学术研究，我们的研究成果才能走向世界，才能加入到跨文化交际研究的国际大家庭中去，才能对这一学科有真正的贡献。定量方法也好，定性方法也好，应用研究也好，学术研究也好，都要解决和回答跨文化交际中一系列的问题。

学术队伍是根本，只有高质量的学术人才才能产出高质量的学术成果。刘献君（2000）指出："学科建设，关键靠教师，特别是大师级的学者。一个学科，往往学科带头人在，学科在；学科带头人走了，这个学科也就垮了。"目前谈大师级的学科带头人对于我国跨文化交际学来说，可能还为时过早，但我们在汇聚人才方面还是有事可做。一方面需要引进在国内外系统学过跨文化交际学的年轻学者参加我们的队伍，另一方面需要对现有的教师和研究人员进行必要的培训，例如，可以开设长期或短期的培训班，邀请知名的学者对跨文化交际的理论体系和研究方法作系统的介绍和讲解。在语言学和应用语言学领域，多年来我国的几个大出版社作了大量的教师培训工作，取得了很好的效果。目前在主要的外语类学术期刊中，实证研究逐步成为主流，一般性议论已日渐式微。在跨文化交际领域可以效法语言学的做法，持之以恒地培训教师，必能逐步改变目前的状况。

第三，跨文化交际学的课程建设。目前在高校开设跨文化交际学课程的院系逐年增加，但究竟有多少高校开设这门课程还没有确切的统计。作为一个学科，应该开设多少门课程、开设哪些课程、核心课程应该是哪些都是我们应该研究的课题。目前开课比较多的是上海外国语大学跨文化研究中心，他们在多年的教学和研究的基础上开设了多达十门跨文化交际课程。在上海外国语大学的网站①上我们可以查阅到该研究中心在研究生层次开课的情况：

英语专业的跨文化研究方向始于2002年，最初只开设三门课程（跨文化理论与实践，跨文化价值观研究，跨文化研究与培训），从2005年起，该方向的研究生课程达到7～10门，知识基础更加全面。其中五门提供学术基础，便于研究生加深对专业的理解和从事相关研究；另外四门课程让学生了解更多的实用领域，有利于他们把跨文化知识运用到职业生涯中。

中心开设的基础课程包括：

1.《跨文化交际理论与实践》（现更名为《跨文化交际能力》）

2.《跨文化交际基础：历史与现状》

3.《跨文化交流和大众传播重要读物》

4.《跨文化研究方法》

5.《跨文化和本土核心文化，价值和身份研究》

选修课程包括：

1.《文化与翻译》

2.《跨文化教育和培训》

3.《跨文化商务沟通》

4.《跨文化理论与实践》

有的高校建立了跨文化交际系，本科的课程都是按照跨文化交际学的思路设计，目前还属于试验阶段。我们需要在现有开设跨文化交际课程的院校做一调查，在此基础上，逐步明确本科和研究生层次应该开设的跨文化交际课程，包括核心课程和选修课程等。具体到一个学校开设哪些课程则需要结合本校的特点。例如，外经贸类院校可能侧重跨文化管理，新闻学院可能侧重跨文化大众传媒，一般外语类院校可能侧重外语教学和交际方式的比较等。

① 上海外国语大学跨文化研究中心网址：http://sii.shisu.edu.cn.

第四，在学科基地建设方面，在过去的20多年中已经在全国建立了十多个跨文化研究中心和研究所。这些研究中心和研究所是各单位跨文化交际教学和科研的基地，做了大量的工作，使得国内的跨文化交际教学和科研取得了令人瞩目的成就。有的研究所培养了跨文化交际方向的博士生多名。有的研究中心培养了一百多名硕士层次的毕业生。这些博士和硕士研究生已经成为我国跨文化交际研究的一支新生力量。目前的问题是已经建立研究中心和研究所的院校需要加大投入，在课程建设、人才培养、资料收集和科学研究方面取得实质的进展。这需要我们对校内外有关方面做游说和公关的工作，宣传这一学科的重要性和潜能，以争取更多的帮助。图书资料的建设也是研究中心不可或缺的重要工作，外教社、外研社和北京大学出版社引进出版了一批跨文化交际学方面的经典著作，这对于跨文化交际研究是很大的帮助，但总的来说，国内图书资料还比较缺乏。

第五，在营造学术氛围方面，我国跨文化交际领域的学者一直十分努力，在全国的学会领导下每两年召开一次国际研讨会，吸引国内外的学者参加，至今已经召开过八届大会。此外，各地区还召开了小型的会议或专题会议，例如，在2010年6月，在上海召开了跨文化研究学科发展研讨会，这是中德学术合作的一个具体体现。同月，在广州召开了另一个跨文化交际研讨会。年底，上海师范大学还将主办一个高层次的跨文化交际研讨会。跨文化交际领域的学者和国外学者的合作和交流一直十分活跃，不仅会议常常是联合召开，而且办刊方面也争取到其他方面的援助。跨文化交际是一个较容易争取到国外合作的领域，只要我们付出努力，国际交流的前景应该是很好的。除了召开各种会议，我们还需要学术平台——学术期刊，以展开学术对话。目前还没有专门的跨文化交际方面的期刊，但2009年高教出版社出版的《跨文化交际研究》(*Intercultural Communication Research*)第一辑，虽是以书代刊，但这是一个很好的开端。坚持几年，也可能在不久的将来会出现一份专门的跨文化交际方面的学术期刊。与此同时，跨文化交际学者需要在各大学学报和外语类、传播类学术期刊上经常发表自己的研究成果，在学术领域逐步扩大影响。

在凝练学科方向、汇聚学科队伍、加强课程建设、创建学科基地、营造学术氛围这几个方面，最重要的还是学科队伍的建设。只有有了一支高水平的学术队伍，才能够拿出高水平的学术成果，开出高水平的课程，才能建设真正的学科。学科队伍在理论体系和研究方法方面的提高需要时日，自不待言；但从目前来看，最可行、最实际的办法，是大力开展教师培训和在教师中提倡对于跨文化交际经典著作的研读。

参考文献

关世杰. 1995. 跨文化交流学：提高涉外交流能力的学问. 北京：北京大学出版社.

关世杰. 2006. 中国跨文化传播研究十年回顾与反思. 对外大传播，第12期.

何安平. 1990. 文化差异与语用失误. 华南师范大学学报，(社会科学版)第3期.

何道宽. 1983. 介绍一门新兴学科——跨文化的交际. 外国语文教学，第2期.

胡文仲. 1985a. 文化差异种种. 教学研究，第3期.

胡文仲. 1985b. 不同文化之间的交际与外语教学. 外语教学与研究，第4期.

胡文仲，高一虹. 1997. 外语教学与文化. 长沙：湖南教育出版社.

胡文仲. 1999. 跨文化交际学概论. 北京：外语教学与研究出版社.

贾玉新. 1997. 跨文化交际学. 上海：上海外语教育出版社.

林大津. 1996. 跨文化交际研究. 福州：福建人民出版社.

刘献君. 2000. 论高校学科建设. 高等教育研究，第5期.

罗云. 2005. 论大学学科建设. 高等教育研究，26卷7期.

彭世勇. 2005. 中国跨文化交际研究的现状、问题与建议. 湖南大学学报,(社会科学版)第4期.

唐德根. 2000. 跨文化交际学. 长沙:中南工业大学出版社.

王宏印. 1996. 跨文化传通:如何与外国人交往. 北京:北京语言学院出版社.

赵中源. 1990. 跨文化交际与我校的英语教学. 对外经济贸易大学学报,第2期.

跨文化交际能力在外语教学中如何定位[①]

提要： 有关跨文化交际能力的讨论近年来引起了我国学术界特别是外语界的广泛注意。在学术期刊上此类文章近十年内数量增长迅速。在外语专业、大学外语和义务教育的教学大纲或教学要求中都提到了跨文化交际能力的培养，但提法差异很大。教师对于如何培养跨文化交际能力看法也不尽相同。因此，有必要厘清一些基本概念，例如：什么是跨文化交际能力；跨文化交际能力包含什么要素；有哪些培养途径；应该在什么阶段解决什么问题等等。学者的共识是跨文化交际能力包含认知层面、感情（态度）层面和行为层面的能力。跨文化交际能力是一个很高的目标，培养跨文化交际能力是复杂而长期的过程，并非只通过讲课就可以实现。除了学校教育，还需要课外的配合，包括国外学习或工作的经历。反观我国外语教育，似乎存在着把培养跨文化交际能力简单化的倾向；在有的教学阶段要求过高。在大中小学的教学大纲中，对跨文化交际能力如何要求和落实，需要更细致的论证和安排。

有关跨文化交际能力的学术讨论近年来引起了我国学术界特别是外语界的广泛注意，在学术期刊上此类文章数量增长很快。在中国知网中国学术文献网络出版总库以“跨文化交际能力”为主题查询，从1998年1月1日至2002年12月31日这5年中，共有330篇论文发表（包括硕士和博士论文）。从2003年1月1日至2007年12月31日，共有1,972篇发表。从2008年1月1日

① 原载《外国语》2013年第6期。

至2012年12月31日，共有4,970篇发表。近5年论文的总数比起1998~2002这5年增长了15倍。由此可见学术界对于跨文化交际能力的关注和兴趣。在近十年（2003~2012年）期间共有6,942篇论文发表。按学科类别分类，外国语言文字占5,605篇，中国语言文字占765篇，中等教育占501篇，文化占255篇，其他占184篇。外国语言文字占论文总数的80%以上。这些数字说明跨文化交际能力的讨论主要是在外语界展开。从论文的题目和内容可以看出，一般性讨论较多，涉及如何培养跨文化交际能力的论文较多，而对于概念和理论的探讨较少。许力生（2000:17）指出："近年来，这个概念（本文作者注：指跨文化交际能力）在语言教学界（主要是第二语言和外语教学界）似乎有日渐流行的趋势；然而，对与之相关的一系列问题所进行的探讨（特别是有足够深度的探讨）却不多见，可以说还相当薄弱。"许力生在十几年前指出的情况目前仍然存在。

在我国各级教学大纲中，都有涉及跨文化交际能力的论述和规定。例如，2000年公布的《高等学校英语专业英语教学大纲》（以下简称《教学大纲》）在"教学原则"部分作了如下规定："注重培养跨文化交际能力。在专业课程的教学中要注意培养学生对文化差异的敏感性、宽容性以及处理文化差异的灵活性。"（12）"如何培养这种能力则落实在高年级的社会文化课程中"（27）。2007年由教育部高等教育司发布的《大学英语课程教学要求》（以下简称《教学要求》）在"教学性质和目标"部分提出："大学英语是以外语教学理论为指导，以英语语言知识与应用技能、跨文化交际和学习策略为主要内容，并集多种教学模式和教学手段为一体的教学体系。"（1）文件只是把跨文化交际作为教学内容，而对于如何培养跨文化交际能力却没有提及。对于跨文化交际如何落实在教材中也没有更具体的说明。2011年颁布的《义务教育英语课程标准》（以下简称《课程标准》）对于跨文化交际能力的培养提得十分明确，在"课程设计思路"部分这样描述："这一课程体系以培养学生的综合语言运用能力为目标，根据语言学习的规律和义务教育阶段学生的发展需求，从语言技能、语言知识、情感态度、学习策略和文化意识等五个方面设计课程总目标和分级目标。”（5）文化意识的内容被归纳为文化知识、文化理解和跨文化交际意识和能力。

三个大纲（这里暂且把它们都称为“大纲”）对于跨文化交际的提法十分不同，《教学要求》提得最简单，只是把它作为教学内容的一部分。《教学大纲》提出了培养跨文化交际能力的问题，但是，它将培养的任务主要放在外语专业高年级阶段的社会文化课程中。中小学的《课程标准》对于文化、文化意识、跨文化交际能力提得最为具体，但对于跨文化交际能力究竟如何要求似乎没有确定的看法。

三个大纲的设计者对于跨文化交际能力的不同提法可能是由于大纲设计者对于跨文化交际能力有不同的解读，也可能是由于大纲的设计处于不同的时间段，因此提法差异很大。《教学大纲》于2000年发布，《教学要求》于2007年印发，而《课程标准》则是在2011年颁布。如前所述，在这十年中，外语界对于培养跨文化交际能力的关注程度大为提高，谈论跨文化交际能力的文章增加很快，但是，对于在教学中究竟应该如何定位跨文化交际能力却讨论甚少。

跨文化交际能力本身是一个十分复杂的问题，国际学界对于这个问题的讨论持续了半个多世纪。如何培养这种能力更是一个仁者见仁智者见智的课题。有些问题涉及我们对于跨文化交际能力的理解，有些则是因为近年来学术界对于跨文化交际能力的讨论进一步深入，提出了许多新的问题。不论是什么情况，厘清一些基本概念似乎是必要的。例如，究竟什么是跨文化交际能力，应该如何定义；跨文化交际能力包含什么要素；有哪些培养途径；应该在什么阶段解决什么问题等等。

首先，跨文化交际能力（intercultural communication competence）

与跨文化能力（intercultural competence）是否有区别？有的学者把跨文化交际能力与跨文化能力等同，认为它们是同一个概念，例如，杨盈和庄恩平（2007:16）认为，"将跨文化交际能力与跨文化能力对等有利于将我们的观念从语言交际的狭隘视野中解放出来，从而在跨文化交际能力培养过程中，注重语言交际能力的同时，看到跨文化意识、思维能力、非语言交际及交际策略等方面的重要性。"文秋芳（2004:175）认为，跨文化交际能力包括交际能力和跨文化能力两个部分。在她的图表中，交际能力与跨文化能力并列在跨文化交际能力之下，共同组成跨文化交际能力。交际能力包括语言能力、语用能力和变通能力；跨文化能力包括对于文化差异的敏感、对于文化差异的容忍以及处理文化差异的灵活性。这两种处理方法在理论上都是站得住的。鉴于在学术文献中，大部分学者对这两种能力不予区分，本文拟将两种提法视为同一种能力。

Spitzberg（2000:357）对于跨文化交际能力作如下定义："跨文化交际能力广义地说可以理解为这样一种印象，即这一行为在某一特定的语境中是恰当和有效的。"Perry 和 Southwell（2011:455）指出，许多学者都曾对这一术语下过定义，虽然没有一个定义被普遍接受，但是学者们所下的定义和所作的理论概括都承认："跨文化能力指与不同文化背景的人们有效地和恰当地交往的能力。"Johnson et al（2006:530）对于国际商业中的跨文化能力如此定义："国际商业中的跨文化能力乃是个人有效地使用一套知识、技能和个人属性以便在国内或国外成功地与不同国家文化背景的人们一起工作。"我们可以把Perry 和 Southwell的概括作为我们的工作定义和讨论问题的基础。当然，如果我们深究就会发现，人们对于有效（effectiveness）和恰当（appropriateness）可能持有不同的理解，例如，所谓"有效"究竟是从本人的角度看，还是从对方的角度来看？所谓"恰当"是以什么文化作为衡量的标准？这是一些复杂的问题，涉及面广，在本文中我们暂且搁置不谈。（参见

许力生．2001．跨文化能力构建再认识.《浙江大学学报》2011年3期：132～139）

对于跨文化交际能力的具体内容，学者们提出了许多看法。有的学者将跨文化能力细分为各种品质和能力，以清单的形式罗列，包括耐心、容忍、好奇、灵活性、诚实、尊敬对方、敏感、开放、不轻易下结论、自我控制、倾听对方、适应性、移情、社交能力、语言技能等等。有的学者（Spitzberg 1989:245）认为清单上所列的这些特质往往是从并不可靠的少量数据归纳和抽象出来的，并不具有说服力。同时，这些特质可以无限制地罗列下去，而相互的逻辑联系却并不清楚。

在跨文化研究者中，对于跨文化交际能力的主要成分或组成部分（components）有一定的共识。Lustig 和 Koester（2007:69）认为："跨文化能力需要足够的知识、合适的动机以及训练有素的行动。这些要素中的任何一个都不足以独立获得跨文化能力。"也就是说，知识、动机和行动三者结合才能构成跨文化能力。Imahori 和 Lanigan（1989:277）的观点是："跨文化交际能力指的是外来者和本国人在他们的关系中恰当的动机、知识和技能水平，这些要素引导到有效的相互关系。"贾玉新（1997:480）认为："有效的跨文化交际能力至少由基本交际能力系统、情感和关系能力系统、情节能力系统和交际方略能力系统组成。"杨盈和庄恩平（2007:20）认为："跨文化交际能力由全球意识系统、文化调适能力系统、知识能力系统和交际实践能力系统共同组成，它们相互交织、密不可分，共同构成了跨文化交际能力的框架。"张红玲（2007:70）的看法是："跨文化交际能力就可以定义为：掌握一定的文化和交际的知识，能将这些知识应用到实际的跨文化环境中去，并且在心理上不惧怕，且主动、积极、愉快地去接受挑战，对不同文化表现出包容和欣赏的态度。"毕继万（2005:66）认为："跨文化交际能力是在跨文化交际环境中必备的由语言交际能力、非语言交际能力、语言规则和交际规则转化能力以及文化适应能力所组成的综合能力。”尽管学者对于跨文化交际能力包含的要素看法不一，但是，从他们所列的要素中可以归纳出共同的部分，即认知层面、感情（态度）层面和行为层面这三个层面的能力。在认知层面，学者们指出要进行成功的跨文化交际，交际者不仅需要一般文化的知识，还需要具备特定文化的知识，对于本国和其他国家的政治、经济、地理、历史、人文、宗教、习俗等各方面的知识。感情层面，则包括交际者对于文化差异的敏感、对于不同文化的包容、对于自己文化的深刻理解以及对于其他文化的尊重等。在行为层面，主要是指交际者的各种能力，例如，语言能力（这无疑是十分重要的）、非语言能力、变通能力、处理人际关系的能力、心理调适能力、适应环境的能力以及在异文化环境中做事的能力等。

如果我们接受上面所列的认知层面、感情层面和行为层面所包括的主要内容，我们就必定会同意跨文化交际能力是一个很高的目标，并非所有人都可能获得这种能力。在西方国家，跨文化交际能力培训的主要群体包括跨国公司的职员、技术人员、外交官、派遣到海外的人员以及留学生等。Ruben（1989:210）指出，西方国家研究跨文化交际能力的动力主要来自于实际需要，它有着十分实用的传统。具体的目标包括：1）解释海外工作失败的原因；2）预见海外成功的因素；3）研究选派人员的标准；4）设计、实行和测定派出人员的训练和准备。由此可见，从西方（主要是美国）的跨文化交际的历史发展来看，跨文化交际能力的提出最早是和外交官、技术人员、留学生的派出相联系的，这就是为什么Ruben说它有着十分实用的传统。西方国家研究跨文化交际能力的学者主要来自于传播学、心理学、管理学，少部分来自于教育界。

近年来，欧盟国家的学者对于跨文化交际能力加强了研究，其主要动力来自于欧盟一体化的需要。Byram在1995年提出跨文化交际能力包含四个方面的要素：1）知识：包括书本知识和亲身经历获得的知识；2）做事的能力；3）个人的态度与价值观；4）学习的能力（转引自Coperias 2009:245）。之后，欧洲语言共同框架（the Common European Frame of Reference for Languages）接受并认可了Byram 提出的这四条。这四条中有三条与美国学者提出的知识、动机（态度、感情）和行动（技能、能力）相重合，只是多了一条学习的能力。1997年，Byram又增加了一条：对于自己和他人文化的思辨性的判断（Coperias 2009:249）。

培养跨文化交际能力无论在学术界或是在培训机构中都是一个重要的课题。在认知层面，一般采取讲课、阅读有关材料、使用音像制品、网络教育等方式进行。但是，认知并不等于感情和态度的变化，更不等于各种能力的获得。在感情层面，培训采取的方式多种多样，包括典型案例分析、与不同文化背景的人互动、实地体验等。在跨国公司的雇员、外交人员、留学生中，培训机构通过以上各种方式试图提高这些外派人员的跨文化能力，但是，培训是否成功以及在多大的程度上成功，往往很难用科学的方法测定。在能力层面，除了语言能力是比较具体、可以科学检验的能力外，其他能力主要是在实际生活和工作中才能得到培养。集中的讲课和培训对于在异文化环境中处理人际关系能力、变通能力、具体办事能力的培养很难有明显的影响。一位在跨国公司工作过4年、归国后与外籍合伙人创办公司的CEO对于职工培训做的安排比较合理，他在采访时说（杨洋2009:83）："我会分两部分来培训我的员工，一部分是比较理论化的培训……另一部分就是把员工放到一个多元文化的环境里，让他们在实践中提高跨文化交际能力，没有比这更好的办法了。……通过理论可以避免他们犯一些很低级的错误，而更深层次的技能的开发要看在实践环境中的应对。"在跨国公司任职的一位受访者认为（杨洋2009:66），"语言能力只是一个方面，最多占40%，更主要的是对整个的文化背景的熟悉程度和认可程度。"

无论是从文献看，或是根据我们自己的经历判断，培养跨文化交际能力都是一个复杂而长期的过程，不是在课堂上通过讲课就可以获得的。我同意张红玲（2007:121）的看法："外语教学不是培养跨文化交际能力的唯一途径，历史、地理、文学等科目都可以从不同的角度向学生介绍文化知识。实际上，跨文化交际能力的培养仅靠外语教学远远不够，它不仅需要社会和学校大环境的支持，而且也有待于其他学科的密切配合。"张红玲（193）认为，跨文化交际能力的培养应该视为"外语教学的高级目标"。实际上，跨文化交际能力的培养不仅需要对于教学的环节精心设计，而且需要课外的配合，包括国外学习或工作的经历。目前，有些外语院校已经有国内学习和国外学习结合的安排，除了有利于语言能力的培养，对于跨文化交际能力的培养也起着重要的作用。国外的研究证明（Hammer，Gudykunst &Wiseman 1978:382 ~ 394），要做到能够有效地在异文化环境中从事活动，需要具有克服心理压力的能力，需要具有成功交际的能力，需要具有善于建立人际关系的能力等。研究还证明（Holmes & O'Neill 2012:707 ~ 718; Behrnd & Porzelt 2012:213 ~ 223），在异文化环境中生活、与不同文化背景的人接触都是获得跨文化交际能力的重要途径。Byram（2008:84）指出："长期以来，英国高等教育界就认识到高层次的交际能力只有通过实地体验才能获得，对于跨文化交际来说则更是如此。"

以上面的认识为基础，反观我国的各类教学大纲，可以看出大纲的设计者对于跨文化交际能力缺乏统一的认识，要求高低不一，在某些方面甚至存在着简单化的倾向。《教学大纲》早在2000年就提出培养跨文化交际能力的问题，这是难能可贵的，但是，大纲设计者把培养过程落实在高年级社会文化课程上，考虑似乎欠妥。社会文化课程可以给学生提供西方国家地理、历史、文化等方面的知识，有助于培养他们的跨文化交际能力，但前面已经提到认知只是跨文化交际能力的一个层面，只提供知识还难以真正培养跨文化交际能力。跨文化交际能力的培养并非一门或几门课程所能完成，它必须贯彻于教学的整个过程中，外语专业的诸多课程都需要以跨文化的角度来教。即使是教精读的一篇课文也可以（或应该）从文化对比和提高文化意识的角度来教，这是对于教学过程的一个革新。这就是我们所说的教学中的跨文化视角（intercultural perspective），它应该贯穿于各门课程的教学中。除此而外，还需要课外以及实际工作等各方面的配合。《教学要求》认为跨文化交际能力的培养只是教学内容的问题，这也是一种简单化。在教学中培养学生的跨文化交际能力既包括教学内容，也包括教学方法，只是在教材中添加一些跨文化交际的内容并不能有效地提高学生的跨文化交际能力。在一定意义上，方法甚至比内容更重要。《课程标准》对于跨文化交际能力的培养考虑最为周到，设计最为具体，对于文化意识的分级标准有详细的描述，但在实施建议部分，对于跨文化交际能力的提法似乎过于随意，在实施建议的第四部分共有三段文字，出现了三个不同的提法：一处是"培养学生的跨文化交际意识，发展跨文化交际能力"（28），一处是"形成跨文化交际意识和初步的跨文化交际的能力"（28），一处是"让学生在体验跨文化交际的过程中，逐步形成跨文化交际能力"（29）。"培养学生的跨文化交际意识"与"形成跨文化交际意识"不是同一个概念，培养是一个过程，而形成是一个结果。显然，在中小学阶段要求"形成跨文化交际意识"是过高的要求。同样，在中小学阶段要求"形成跨文化交际能力"（即使是"初步的"）也要求偏高。欧洲中小学教师和学生的教学环境和我们有很大的差异，总的来说，外语教师接触异国文化的机会更多，通常都有在目的语文化环境中进修的机会，学生学习外语的条件一般也比我们的中小学生优越，接触外国文化的机会比我们的学生多，但教师仍然认为培养跨文化交际能力在中小学是一个长期而艰巨的任务，在这个阶段只能是打下一个基础（Byram 2008:83）。Coperias（2009:250～251）甚至认为，跨文化交际能力的获得是不可能完成的一个过程，因为不可能预见到学习者在所有场合所有时间需要的所有知识，因此，获得跨文化交际能力是终生从事的活动。

当前，我们首先需要在有关跨文化交际能力的一些基本问题上统一认识。在学术期刊上就跨文化交际能力的一些基本概念以及如何以跨文化视角从事外语教学展开讨论。其次，我们需要研究和论证在教学的不同阶段对于跨文化交际能力如何要求。既不能放任自流，也不能提出过高的要求。就教学大纲而言，在修订的过程中不仅需要考虑在本教学阶段的恰当的要求和安排，而且还需要考虑中小学和大学的衔接。

参考文献

Behrnd, V. & S. Porzelt. 2012. Intercultural competence and training outcomes of students with experiences abroad. *International Journal of Intercultural Relations*. 36:213 ~ 223.

Byram, M. 2008. *From Foreign Language Education to Education for Intercultural Citizenship: Essays and Reflections*. Clevedon, UK: Multilingual Matters.

Coperias, M. J. 2009. Intercultural communicative competence in the context of the European higher education area. *Language and Intercultural Communication*. 9(4):242 ~ 255.

Hammer, M., W. Gudykunst & R. Wiseman. 1978. Dimensions of intercultural effectiveness: An exploratory study. *International Journal of Intercultural Relations*. Winter: 382 ~ 394.

Holmes, P. & G. O'Neill. 2012. Developing and evaluating intercultural competence: Ethnographies of intercultural encounters. *International Journal of Intercultural Relations*. 36:707 ~ 718.

Imahori, T. & M. Lanigan. 1989. Relational model of intercultural communication competence. *International Journal of Intercultural Relations*. 13(3):269 ~ 286.

Johnson, J., T. Lenartowicz & S. Apud. 2006. Cross-cultural competence in international business: Toward a definition and a model. *Journal of International Business*. 37:525 ~ 543.

Lustig, M. & J. Koester. 2007. *Intercultural Competence: Interpersonal Communication across Cultures*. 5th edition. Shanghai: Shanghai Foreign Language Education Press.

Perry, L. & L. Southwell. 2011. Developing intercultural understanding and skills: Models and approaches. *Intercultural Education*. 22(6):453 ~ 466.

Ruben, B. 1989. The study of cross-cultural competence: Traditions and contemporary issues. *International Journal of Intercultural Relations*. 13:229 ~ 240.

Spitzberg, B. 1989. Issues in the development of a theory of interpersonal competence in the intercultural context. *International Journal of Intercultural Relations*. 13:241 ~ 268.

Spitzberg, B. 2000. A model of intercultural communication competence. In Samovar L. A. and R. E. Porter, eds. *Intercultural Communication: A Reader*. Belmont, CA: Wadsworth Publishing Co.

Wen, Q. 2004. Globalization and intercultural competence. In K. Tam and T. Weiss, eds. *English and Globalization: Perspectives from Hong Kong and Chinese Mainland*. Hong Kong: The Chinese University of Hong Kong.

毕继万. 2005. 第二语言的主要任务是培养学生的跨文化交际能力. 中国外语,(1): 66 ~ 70.

高等学校外语专业教学指导委员会英语组. 2000. 高等学校英语专业英语教学大纲. 北京:外语教学与研究出版社,上海:上海外语教育出版社.

贾玉新. 1997. 跨文化交际学. 上海:上海外语教育出版社.

教育部高等教育司. 2007. 大学英语课程教学要求. 北京:外语

教学与研究出版社.
杨洋. 2009. 跨文化交际能力的界定与评价. 博士论文. 国家图书馆馆藏.
杨盈，庄恩平. 2007. 构建外语教学跨文化交际能力框架. 外语界，(4): 13 ~ 21.
许力生. 2007. 跨文化的交际能力问题探讨. 外语与外语教学，(7): 17 ~ 21.
许力生. 2011. 跨文化能力构建再认识. 浙江大学学报，(3): 132 ~ 139.
张红玲. 2007. 跨文化外语教学. 上海：上海外语教育出版社.
中华人民共和国教育部. 2011. 义务教育英语课程标准. 北京：北京师范大学出版社.

跨文化交际研究

试论跨文化交际研究[1]

提要： 跨文化研究是一个十分广阔的领域，它涉及许多方面，既可以是有关文学、历史、哲学思想的研究，也可以是某一个民间传说在各民族文化中不同表现形式的对比。我们在这里讨论的是与人们交际有关的跨文化研究，或者说是对跨文化交际的研究。

现代化的交通运输和通讯手段使各国人民有可能频繁接触，在一定意义上将世界变成了“地球村”。外语学习的重要性空前提高，英语的地位迅速上升，在许多场合起着国际通用语的作用。与此同时，人们也发现，只懂语言并不能解决所有的交际问题，文化是一个不容忽视的重要方面。从上世纪60年代以来，随着社会语言学的兴起和迅速发展，欧美和苏联都加强了对跨文化交际的研究。近10年来，我国语言学界、外语教学界以及对外汉语教学界也都愈益重视语言与文化这一重大课题的研究。

应该说明，跨文化交际研究与1982年以来我国兴起的“文化热”并不是一回事，尽管在某些方面不无联系。“文化热”主要环绕对中国传统文化的再估价，对于儒家、道教、佛教思想的形成、演变以及给予后世的影响探讨研究，以东西方哲学思想、观念形态作宏观对比，但是对于不同文化背景的人们在交际中产生的问题以及如何解决这些问题基本上并未涉及。而这后一个问题恰恰是跨文化交际研究的主要内容。

由于学术背景和研究目的的不同，人们在研究跨文化交际时采取了不同的角度和方法。有的从词汇、语用研究入手，有的偏重

① 原载《语言文字应用》1992年第3期。

非语言交际和交往习俗，心理学家着重社会心理分析，另外一些学者则牢牢抓住价值观念这一中心环节。

一、词汇研究

美国学者Lorand B. Szalay和Glen B. Fisher介绍了使用语义图对词汇的文化内涵作对比的方法。具体做法是让不同文化背景的相当数量的人就同一个词作自由联想，然后将联想的内容加以归类，按照不同人数计算出每个词义的百分比，再根据不同的百分比绘制语义图。例如，一项研究表明，“家庭”一词中，“父母”在美国英语和韩语中所占比重分别为30%和29%，也就是说在这一点上美语与韩语几乎没有差别。但是“亲戚”在“家庭”的词义中所占比重却很不相同，美语中“亲戚”只占7%的比重，而在韩语中却占16%，这意味着在韩国人的概念中，“亲戚”是“家庭”的重要部分，而对于美国人来说，“亲戚”对于一个家庭并不那么重要。这种对比研究方法基于数据，有定量分析，因此较为精确，但调查的设计、执行和计算都需花费很多时间和人力，因此只可能就少量的词做这类对比语义分析。词汇研究的另一个角度是研究词的文化内涵。英国传播学家Raymomd Williams在他的*Keywords: A Vocabulary of Culture and Society*一书中对于130多个富有文化内涵的词逐一分析。他采用的基本方法是追溯词源，研究词义的演变，说明某一词目前具有哪些含义。这种研究方法有许多可取之处，确能帮助我们进一步摸清词的脾性，准确地掌握这些词。但Williams未作跨文化对比，因此不针对中国学生的问题。

国内学者近年来对于词汇的文化内涵加强了研究。许国璋先生的《词汇的文化内涵与英语教学》，邓炎昌、刘润清著《语言与文化：英汉语言与文化对比》，顾亦瑾、吴国华著《语言与文化：俄语语言国情学概论》，吴国华主编《俄语文化背景知识词典》

以及钟良弼的《从“蟋蟀”和“杜鹃”看词语的文化传统》等文章和专著对于词汇的研究采取了文化对比的角度，主要探讨同一词汇在两种文化中具有的不同含义，联系到文化传统、民间传说、使用习惯、心理倾向等。在研究词语的文化伴随意义时，学者主要依靠自己对词语的长期观察，注意这些词语在实际交往和文学作品中是如何使用的，通过大量例证摸清这些词语的内涵与外延。词汇研究必然涉及翻译的问题，其中包括词汇空缺、翻译是否等值等。王佐良先生（1984）指出:“语言学家、文体学家、文化史家、社会思想家、比较文学家都不能忽视翻译。这不仅是因为翻译者的辛苦劳动才使得一国的文化遗产能为全世界的人所用，还因为译者作的文化比较远比一般人细致、深入。他处理的是个别的词，他面对的则是两大片文化。”我国的学者和翻译家已经着手研究英汉翻译、俄汉翻译较为难处理的一些词语，但目前涉及的词汇数量还不很大。

二、语用研究

英国的Jenny Thomas、Alan Maley、美国的Nessa Wolfson等学者的研究都属此类。不同的语言中有着不同的语用规则，把甲语言的语用规则套用到乙语言上往往会造成语用失误，使交际无法顺利进行下去。Thomas的Cross-cultural Pragmatic Failures在这方面是开创性的理论研究，但目前还没有后续的基于大量例证的研究成果。Wolfson对于赞语作了系统的跨文化研究。她发现，在不同的文化中赞语采取不同的形式，甲文化中的赞语在乙文化中可能并非赞语；赞语的使用与人们关系之远近密切相关；不同文化背景的人对于赞语持有不同的态度，并作出不同的反应。Wolfson在这方面的研究在目前是最详尽、最系统的。Maley运用Grice提出的讲话的合作原则（包括量的准则、质的准则、切题的准则以及讲话明了的准则）衡量和分析中国人讲英语时所犯的错误，认为造成这些错误的原因是他们违背了这些准则。他把经常遇到的中国人在交际中的错误提高到理论上分析，这使他的研究具有更广泛的意义。但是，正如有的中国学者（张泽兴1991）指出，Grice的合作原则不能普遍适用于汉语的语言交际，他的合作原则主要基于印欧语言。

近年来，我国研究者对于如何将语用学运用于分析学生跨文化交际中的错误加强了研究（何自然1984，1986；黄次栋1984；顾芸英1986；刘先刚1989；王治奎1990；王得杏1990），提出了一些新鲜的看法，对于如何认识和分析中国学生在跨文化交际中的错误提供了一个新的角度，使这方面的研究更具有条理和理论深度，但目前还没有系统分析中国学生语用错误的论著。

三、非语言交际研究

近三四十年来，这方面的研究有了迅速的发展。在这一领域做出突出贡献的有R. L. Birdwhistell、Edward Hall等。非语言交际包括哪些内容似乎仍未最后划定，但人们普遍认为它包括手势、姿势、体态、服饰、眼神、表情、体距、触摸、音量以及对时间和空间的利用等。表面上看来，似乎中国人与西方人在这方面的差距不如西方人与阿拉伯人、拉丁美洲人之间的差距大，因此，在教学及研究中容易忽略。实际上，中西方在这方面的差别仍然不少，只是较微妙而已。耿二岭著《体态语概说》和布罗斯纳安（Brosnahan 1991）著、毕继万译的《中国和英语国家非语言交际对比》研究了中国人与西方人在非语言交际方面的异同，许多观察细致入微。例如，布罗斯纳安（1991）注意到："英语国家男子借火抽烟时坐着不动，也许只是用手遮挡一下，以防火被风吹灭；中国人要站起来，就是难以站起来也决不偷懒，还要用另一只手帮助对方给自己点烟。"在我国学术报刊上陆续发表了一些有关非语言交际的文章（何道宽1988；孙瑞梅1989；田爱国1989；王逢鑫

1990；杨全良 1990；刘光准 1991），说明我国学者对这一领域的重视；但系统对比的专著还不多见。从目前来看，布罗斯纳安的《中国和英语国家非语言交际对比》是材料最丰富的一本。

四、交往习俗研究

欧美许多有关跨文化交际的专著和文章对各国交往习俗的异同做了对比研究，美国跨文化出版社迄今已经出版了 7 种"交流丛书"（Interact Series），对比美国与另一个国家或地区在文化方面的差别。John Condon 著 *With Respect to the Japanese: A Guide for Americans* 对比了美日两国的文化，其中包括交往习俗的对比。John Paul Fieg 在 *Thais and North Americans* 一书中比较了泰国人与北美人在社会关系、对工作的态度、同事关系等各方面的异同。Richard Brislin 等人著 *Intercultural Interactions: A Practical Guide*，通过实地调查搜集大量文化不适应或文化冲突的材料，从中选出 100 个最典型的例证，逐一分析、讨论、解释，并从中引出一些带普遍意义的结论。在 100 个例证中有相当一部分涉及交往习俗方面的差异。

有关中国人和西方人在交往方面的异同，许多中外学者都有过探讨，这方面的书籍虽不多，但各类文章屡见不鲜。书籍与文章涉及的方面包括称呼、介绍、寒暄、问候、访问、宴请、告别、送礼、祝贺、聚会、交友等（胡文仲 1982，1985，1986；司徒双 1985；杜瑞清 1987；Oatey 1987；欧阳筏苏 1988；吴国华 1989；王宗炎 1991；张维友 1991；陈林华、袁霁 1991）。有些外语教材和会话课本也介绍了一些有关日常交往方面的习俗。由于我国实行开放政策，每年大批人员出国考察、工作、学习，西方国家来华的人数也逐年增加，因此人们通过实际接触了解到中西在交往习俗方面的差异，提高了这方面的敏感性，获得了有关的感性认识。具体材料是大量的，但需要更多的条理性和理论深度。

五、社会心理研究

在英、美、澳大利亚和中国香港，有一批社会心理学家一直从事跨文化心理研究。其中活跃在前沿的有Michael Argyle、Richard Brislin、Stephen Bochner、Michael Bond 等。他们着重研究不同文化背景的人交往时的心理反应和不同的行为模式，研究人们对环境的适应能力、“文化休克”等现象。他们通常采用实验的方式，先提出假设、确定调查的方式，然后挑选出调查对象（包括实验及对照组），通过实验获取数据，在分析数据的基础上得出结论，证明原假设合理、部分合理或完全不合理。这里举一项实验为例。Furnham与Bochner（1982）对于在英国留学的外国学生在社会交往方面所遭遇到的困难作了一项实验。他们的假设有两项：1）留学生在英国社交生活中的困难与他们的文化和英国文化之间的差异有关，差异与困难成正比；2）留学生的社会关系属于两个网，同国籍的关系网作用在于大家认同于同一文化，感情上得以交流；与英国人的关系网作用在于得到实际帮助。调查对象中实验组成员来自伦敦、牛津和剑桥的语言学校，年龄在16～30岁之间、单身、受过中等教育、家庭经济条件中上等、在英国已居留1～5个月，共计150人，分别来自北欧、南欧和东方（包括近东和远东）。对照组成员来自牛津理工学院，在年龄、婚姻状况、教育程度、社会经济状况等方面与实验组相当，他们至少前10年一直在英国居住。调查的方式是填写3种表格，第一种表格上列有40项社交场合，被调查人在每项下标明自己在该场合经历的困难的程度，第二种表格是填写自己最好的朋友的年龄、性别、国籍、职业，第三种表格是在列出的11项活动下填写与自己一起参加活动的同伴的年龄、性别、国籍、职业等。数据说明：1）留学生的文化背景与英国差异大，他们在社交往来方面遭受的困难也大，留学生在英国遭遇到的最大困难是在交友方面；2）留学生的朋友主要是同国籍、同语言的人（占39%）

以及其他外国留学生（30%），英国学生中的朋友较少（只占18%）；3）与英国人的交往目的主要是求得学习上的帮助或解决语言问题。Furnham与Bochner的结论是外国留学生由于和英国人接触少，不易获得在英国从事社交活动的技巧，文化方面的适应能力很难提高，因此产生文化休克现象。他们建议组织针对各种不同文化背景的人的文化训练。

社会心理学研究方法的最大优点在于实验经过精心设计，可以取得数据做定量分析。

六、价值观念研究

人类学家Ruth Benedict对于日本文化的研究以及许烺光（Francis L. K. Hsu）对于中美文化的对比研究均属此类。费孝通的《乡土中国》、《美国和美国人》也都是从研究现象入手，最后归结为价值观念。美国的跨文化交际研究通常都包括这一重要方面。Edward Stewart著*American Cultural Patterns: A Cross-cultural Perspective*以及Condon著*With Respect to the Japanese: A Guide for Americans*都着重分析文化中的传统价值观念。特别值得我们注意的是荷兰学者Geert Hofstede近年来的研究成果。他为IBM主持的调查共进行了两次，第一次从1966~1968年，第二次从1972~1978年。数据来自于IBM在56个国家和地区的分公司和机构，被调查人总数达60,000，调查表被译为20种不同的语言，共计收回116,000个调查表格。调查规模、花费的人力和财力超过了任何一项同类研究。以往关于价值观念的研究缺乏理论框架，基本上是描述性的，对比时所用的材料比较零碎。Hofstede对他搜集的大量材料进行统计分析，最后分离出价值观念对比的四个尺度，即个体主义—集体主义（Individualism—Collectivism）、权力分配的不同差距（Power distance）、愿意承担风险的程度（Uncertainty avoidance）以及“男性”—“女性”（Masculinity—Femininity）。

按照这四个尺度和获得的数据，Hofstede将这56个国家和地区按顺序排列，从表格上可以看出每个国家和地区的确切位置。例如，在“个体主义—集体主义”这一项下，美国的指数是91，高居榜首，其后是澳大利亚（90）、英国（89）、加拿大（80）、荷兰（80）、新西兰（79）等。在另一端，中国香港指数是25，依次递减的是智利（23）、新加坡（20）、泰国（20）、中国台湾（17）、秘鲁（16）、巴基斯坦（14）、哥伦比亚（13）和委内瑞拉（12）。从这些数字可以清楚地看出西方国家和亚洲、拉丁美洲国家和地区在价值观念这一侧面（个体主义—集体主义）的巨大差异。这项调查的目的是为了找出文化背景与公司管理以及个人工作表现之间的关系。Hofstede根据调查结果，向IBM公司提出了若干改善经营管理的建议。此后有的学者按照Hofstede的模式进行过其他调查。不管我们是否完全同意霍氏的四条标准，我们都不能否认他在文化对比研究方面做出了有意义的贡献，他使用的调查方法可资借鉴。

目前我国语言学界、外语教学界、对外汉语教学界都加强了文化对比研究，尤其对文化与交际的关系、对跨文化交际中的种种问题给予了很大的注意。有些专著和不少文章陆续问世，反映了近年来研究的成果。但是，不容否认，目前的研究总的来说还比较零碎，第一手材料数量不大，且缺乏系统性。

为了加快跨文化交际研究的步伐，参照国外的经验和做法，我建议：

1. 协同作战，适当分工。尽管每个学者有自己的研究方向和学术兴趣，不会轻易改变，但若能在了解各个单位、各位学者的研究方向和目前工作的基础上，作一些规划和协调的工作，组织几项较大规模的研究工作，将会推动整个跨文化交际的研究，并较快取得成果。例如，在词汇、非语言交际和交际习俗方面组织较大规模的对比研究是可能的，在一个大题目下面列出若干相对独立的项目，分工合作，做到有分有合。

2. 在跨文化交际的研究中，目前迫切需要搜集相当数量的第一手材料（包括书面和口头两方面的材料）。只有材料十分丰富全面，才能进一步深化我们的认识。实地调查得来的材料会使我们的认识比较符合实际。按照我国的文化传统，在受到赞扬时总要说些自谦（或否定或贬低自己）的话；但是我的硕士生在一项调查中发现，当代青年人中有相当数量的人（约占调查人数一半以上）在听到赞扬时说“谢谢”“还行”或其他肯定的话，而不说否定或贬低自己的话。这与我们的预想大不相同，说明我们的语言、习俗和传统观念在迅速变化。我国的社会语言学家早已注意到汉语称谓在半个世纪中经历了巨大的变化。目前，称谓形式仍在变化中。

3. 在文化对比中，如果能与国外的同行合作，必将使我们的研究具有更广泛的意义，也会使我们的认识更为深入。事实上，有些跨文化交际的研究工作关起门来做会有较大的困难。

4. 传统的价值观念是文化的核心，因此在跨文化交际的研究中不能回避这一问题。不了解美国人的个人奋斗、独立精神和个体主义，就不可能理解他们的行为模式。布罗斯纳安在比较中国和英语国家的非语言交际手段时，牢牢掌握着中西文化聚拢性与离散性这一基本区别，他认为这是理解种种差异的关键。价值观念研究与其他五项研究总的来说是纲与目的关系，但是，就工作的顺序而言，还是先搜集各方面的第一手材料，然后做综合研究为妥，不然很容易流于泛论与空论。

参考文献

Benedict, R. 1946. *The Chrysanthemum and the Sword: Patterns of Japanese Culture*. Boston: Houghton Mifflin Co.

Birdwhistell, R. 1970. *Kinesics in Context*. Philadelphia, Penn.: University of Pennsylvania Press.

Brislin, R., et al. 1986. *Intercultural Interactions: A Practical Guide*. Beverly Hills, CA: SAGE Publications.

Brosnahan, L. 1991. 中国和英语国家非语言交际对比.（毕继万译）. 北京：北京语言学院出版社.

Condon, J. 1984. *With Respect to the Japanese: A Guide for Americans*. Yarmouth, Maine: Intercultural Press.

Fieg, J. 1980. *Thais and North Americans*. Yarmouth, Maine: Intercultural Press.

Furnham, A. & S. Bochner. 1982. Social difficulty in a foreign culture: An empirical analysis of culture shock. In Stephen Bochner, ed. *Cultures in Contact: Studies in Cross-cultural Interaction*. New York: Pergamon Press.

Hall, E. 1959. *The Silent Language*. Garden City, NY: Doubleday Press.

Hall, E. 1966. *The Hidden Dimension*. Garden City, NY: Doubleday Press.

Hofstede, G. 1984. *Culture's Consequences: International Differences in Work-related Values*. Beverly Hills, CA: SAGE Publications.

Hsu, F. 1981. *Americans and Chinese: Passage to Differences*. 3rd edition. Honolulu, Hawaii: The University Press of Hawaii.

Maley, A. 1988. The sad fate of good intentions. In Hu, W, ed. *Intercultural Communication: What It Means to Chinese Learners of English*. Shanghai: Shanghai Translation Publishing House.

Oatey, H. 1987. *The Customs and Language of Social Interaction in English*. Shanghai: Shanghai Foreign Language Education Press.

Stewart, E. 1972. *American Cultural Patterns: A Cross-cultural Perspective*. Yarmouth, Maine: Intercultural Press.

Szalay, L. and G. Fisher. 1979. Communication overseas. In Elise C. Smith and Louise F. Luce, eds. *Toward Internationalism: Readings in Cross-cultural Communication*. Rowley, MA: Newbury House Publishers Inc.

Thomas, J. 1982. Cross-cultural pragmatic failures. In *Applied Linguistics*, 4 (2).

Williams, R. 1988. *Keywords: A Vocabulary of Culture and Society.* London: Fontana Press.

Wolfson, N. 1988. Compliments in cross-cultural perspective. In Joyce Merrill Valdes, ed. *Culture Bound: Bridging the Cultural Gap in Language Teaching.* New York: Cambridge University Press.

陈林华，袁霁．1991．外语教学与学习中的文化问题．外语界，第2期．

邓炎昌，刘润清．1989．语言与文化：英汉语言与文化对比．北京：外语教学与研究出版社．

杜瑞清．1987．英语教学与英美文化．外语教学，第3期．

费孝通．1985．乡土中国．北京：三联书店．

费孝通．1985．美国和美国人．北京：三联书店．

耿二岭．1988．体态语概说．北京：北京语言学院出版社．

顾亦瑾，吴国华．1991．语言与文化：俄语语言国情学概论．郑州：河南人民出版社．

顾芸英．1986．交际能力与语用学原则．外语教学与研究，第3期．

何道宽．1988．非语言交际．载胡文仲编．跨文化交际与英语学习．上海：上海译文出版社．

何自然．1984．语用学的研究及其在外语教学上的意义．现代外语，第2期．

何自然，阎庄．1986．中国学生在英语交际中的语用失误．外语教学与研究，第3期．

胡文仲．1982．文化差异与外语教学．外语教学与研究，第4期．

胡文仲．1985．文化差异种种．教学研究，第3期．

胡文仲．1985．跨文化交际与外语教学．外语教学与研究，第3期．

胡文仲．1986．英语教学中为什么要涉及文化．外国语，第4期．

黄次栋．1984．语用学与语用错误．外国语，第1期．

刘光准．1991．俄语身势语的分类、特点、功能及其他．解放军外语学院学报，第3期．

刘先刚. 1989. 文化翻译与语用学. 山东外语教学，第4期.
欧阳筏苏. 1988. 中国学生典型文化错误分析. 载胡文仲编，跨文化交际与英语学习. 上海：上海译文出版社.
司徒双. 1985. 社会文化因素与外语教学. 外语教学与研究，第3期.
孙瑞梅. 1989. 英语身势语刍议. 山东外语教学，第3期.
田爱国. 1989. Non-verbal communication with a focus on hand gestures. 外语教学，第4期.
王得杏. 1990. 跨文化交际的语用问题. 外语教学与研究，第4期.
王逢鑫. 1990. 非语言交流手段的若干语义问题. 北京大学学报（英语语言文学专刊）.
王治奎. 1990. 语用分析与翻译. 山东外语教学，第3期.
吴国华. 1992. 俄语文化背景知识词典. 郑州：河南人民出版社.
王宗炎. 1991. Some snags in English-Chinese communication. 外语教学与研究，第1期.
王佐良. 1984. 翻译中的文化比较. 翻译通讯，第1期.
吴国华. 1989. 论知识文化与交际文化. 教学研究，第2期.
许国璋. 1988. 词汇的文化内涵与英语教学. 载胡文仲编，跨文化交际与英语学习. 上海：上海译文出版社.
杨全良. 1990. 非言语交际简述. 外语研究，第2期.
张维友. 1991. Increasing cultural awareness in EFL teaching and learning. 外语教学，第1期.
张泽兴. 1991. The CP and the maxims in Chinese culture. 外语研究，第4期.
钟良弼. 1991. 从“蟋蟀”和“杜鹃”看词语的文化传统. 外语教学与研究，第1期.

试论外语教学中的跨文化交际研究[①]

提要： 跨文化交际研究可以采取不同视角，作者认为，结合外语教学的跨文化交际研究应从以下各方面进行：词汇的文化内涵、文学典故、语篇结构、文体特点、语用规则、讲话顺序、非语言交际等。

跨文化交际研究可以采取不同的角度，从大的方面可以从研究价值观念和哲学思想入手，也可以从社会心理研究入手。但是，对于外语教师来说，我认为主要还是要结合外语教学的需要，从与语言教学有关的某些方面从事研究。价值观念的研究无疑是重要的，但我们必须首先掌握大量的材料以后，才能有效地进行价值观念的研究。

我以为，结合外语教学的跨文化交际研究可以从以下九个方面进行：

1. 研究词汇的文化内涵；
2. 研究词汇缺项；
3. 研究有文化内涵的人名和地名；
4. 研究常用的文学典故；
5. 研究语篇结构；
6. 研究文体特点；
7. 研究语用规则；
8. 研究讲话顺序；
9. 研究非语言交际。

① 原载《外语与外语教学》1993年第1期。

● 对词汇的文化内涵的研究

词汇与文化有着十分密切的关系，人类学家早就注意到这一点。爱斯基摩人对于雪做了十分细致的分类，在他们的语言中有许多与雪有关的词。又例如，在我国云南丽江地区纳西族的方言中，母亲的阿注①、自己的父亲和舅舅用同一个词，这反映了这一地区纳西族的婚姻制度：由于一个女子可以有几个阿注，不是一夫一妻制，所以许多孩子不知道生父是谁，孩子常常由舅舅照顾，反映在语言上就是用同一个词表示三种不同的关系（周振鹤，游汝杰 1986:200）。

词汇在长期的使用中其意义或扩大或缩小，同时，有些词由于经常在某些场合使用，逐渐积累了一些联想的意义，也可以称为文化内涵。这部分意义通常在词典上是查不到的，没有大量的阅读很难体会词的确切意义。因此，对于词的文化内涵的研究十分必要。在不同的语言中，词的文化内涵呈现出十分不同的情况。对比英语和汉语可以看到下列情形：

1）英语的词和汉语的对应词指示意义相同，文化内涵也大致相同。例如，英语中的fox具有“狡猾”的含意，汉语中的“狐狸”也有类似的意思。属于这类的还有：

banquet—宴会

festival—节日

bureaucracy—官僚主义

2）指示意义相同，文化内涵部分相同。例如，family在英语中指的是丈夫、妻子和孩子，通常不包括上一代人，但在汉语中却常常包括祖父母，这与我国大部分家庭的构成有关。又比如，birthday party与“生日聚会”似乎相同，但仔细考虑一下，又会发现其中的区别。我们的生日聚会远不如西方的birthday party那样普遍，具体做法也不尽相同。

---

① 阿注指丽江地区纳西族姑娘可以带到家里同住的男性朋友，通常有一个主要阿注，几个次要的阿注。

3）指示意义相同，文化内涵不同或相反。owl在英语中没有不好的意思，相反却可以说as wise as an owl，在汉语中“猫头鹰”常表示不吉利。“龙”在汉语中经常和吉祥的事物用在一起，例如，“龙飞凤舞”、“龙凤呈祥”、“藏龙卧虎”、“生龙活虎”等等。在英语中，dragon指一种凶猛的动物，用来指人常包含贬义，例如，*Collins COBUILD English Language Dictionary* 这样解释：If you call a woman a dragon, you mean that she is fierce and unpleasant. “凤凰”在我国古代传说中是百鸟之王，《史记》中有这样的句子：“凤凰不与燕雀为群。”我们通常使用时，总含有祥瑞的意思。例如，“龙凤呈祥”、“攀龙附凤”等。但在英语中，phoenix是神话中的一种鸟，在阿拉伯沙漠中生活五六百年后自我焚化，并由此得到再生。所以，在用phoenix一词时，常包含“再生”的意思，例如，Religion, like a phoenix, has been resurrected from the ashes of the revolution (*Collins COBUILD English Language Dictionary*). 在英语中，peasant常含有教育水准低、保守狭隘的意思，而在汉语里“农民”却没有这种含义，可能是由于这个原因，*China Daily*现在报导我国农村情况时通常用farmer一词。

4）指示意义相同，但只在一种语言中有文化内涵。例如，中国人对于松树赋予了丰富的文化内涵，松给人以坚定不移、高风亮节的联想，但在英语中pine并没有这种内涵；我们常用“虎”形容勇猛威武，例如，“虎将”、“虎劲”、“虎威”、“生龙活虎”、“藏龙卧虎”、“降龙伏虎”等，因为我们把虎看作百兽之王。在英语中，狮子取代了老虎的位置，*Collins COBUILD English Language Dictionary*对于lion的引申意义是这样解释的：a person or a country that is considered to be strong and powerful, and which other people respect or fear；对于历史上的查理一世常称为King Richard, the lion-hearted，以此说明他的勇猛超群。

- **对词汇缺项的研究**

英语中有一些词很难译为确切的中文，例如，最明显的是

privacy一词，译为“隐私”，或者“秘密”，或者“私事”，都没有把privacy的真正意思表达出来；据说，俄语中也没有合适的对应词（关鉢新1990）。原因大约是我们的价值观念与西方的价值观念不同，传统不同，我们对于privacy不像西方人那么重视，因此，也就没有一个词能包括privacy所表示的那些意思。像hippie，punk固然可以用音译的办法译为“嬉皮士”和“朋克”，但不了解西方文化的人看了这些词还是不知道究竟这是一些什么人。party也是一个难译的词，它既不是“晚会”，也不是“聚会”。晚会上常常有演出，聚会通常有政治或其他的目的。香港人译为“派对”，显然是音译，但更易造成误解。电视剧《编辑部的故事》里把have a party索性说成是“开party”，这显然是因为找不到合适的对应词而采取的办法。

汉语中难找到妥当的英语对应词的情形也很多。例如，中医里有许多说法要译成能懂的英语就很困难，什么“阳虚则外寒，阴虚则内热”，什么“肾亏”“上火”都很难译。主要是因为中医理论与西医理论不同。有些中餐的名词已经进入了英语，例如，chowmein，dim sum，toufu，但大量的中餐菜名还只能是解释性的。涉及我国政治生活的词语有些是极难翻译的，例如，我们常用的“精神文明”一词就颇不好译，译为spiritual civilization似乎忠实，但绝大部分英语国家的人士实际上不懂它到底是什么意思。类似的情形还有很多。

- **对有文化内涵的人名和地名的研究**

Waterloo是比利时的一个地名，由于拿破仑1815年在那里惨败，改变了整个战局。从此，to meet one’s Waterloo 就获得了“遭到决定性失败”的意思。Dunkirk是法国北部的港口，1940年英国军队被德国打败后从敦刻尔克撤退，从此，Dunkirk获得了“仓促撤退”“困难局面”的意思。可以说：to stage a Dunkirk，a Dunkirk for their foreign policy 等。像Cinderella，Shylock，Hamlet，Cleopatra等人名都已经具有固定的文化含义，不了解与这些人名有关的故事和文学作品，就很难理解这些词所代表的意思。有些人名与当代的文化生活有关，例如，Marilyn Monroe代表性感明星，这和梦露在电影中所塑造的形象分不开，与大众媒介的宣传也密不可分。

汉语中这类词语也很多。王佐良先生指出（亨德森1980），“只要我们中国人一用‘江南’二字，表示‘长江’以南的意思，江南秀丽的景色马上就会展现在人们的眼前，在那里可以看到最好看的园林，最漂亮的美人。”

“上海”也是富有文化内涵的地名，说“无锡是小上海”，意思是无锡像上海那样繁荣发达，只是程度上有差别而已。诸葛亮、关羽、张飞、曹操、刘备、贾宝玉、林黛玉对于使用汉语的人来说，每个名字都具有明确的含义，在我们心目中代表相当固定的形象。

● **对常用的文学典故的研究**

在英语中，用Pandora’s box时的意思是某一个过程一旦开始就会带来许多意想不到的解决不了的问题，至于为什么会有这层意思，必须知道希腊神话中有关Pandora’s box 的故事。*Rip Van Winkle*是 Washington Irving写的一篇短篇小说，讲的是Rip Van Winkle一觉醒来世上已经过了20年。Rip Van Winkle常用来表示落伍的人，有时开玩笑指“沉睡的人”，例如，Lawler（1985:60）的*Kid Stakes*一剧中有这样一句话：Why don’t you and Roo go off on your own for once? I’ll get Rip Van Winkle off to bed. A Catch-22 situation的意思是进退维谷、左右为难，但要真正了解它的含意还要回到Joseph Heller的小说 *Catch-22*. George Orwell写过一本小说，题目是*Nineteen Eighty-four*，1949年出版。作者预言到1984年极权主义发展到顶峰，控制了人们的一切活动。这本书的政治含义是明显的，矛头针对当时的苏联。小说出版后影响很大，其中的许多人名和词汇变成了英语的一部分，例如，Big Brother，Doublespeak，Newspeak等。

汉语中的文学典故也十分丰富，例如，空城计、杯弓蛇影、十面埋伏、四面楚歌、东施效颦等。

● **对语篇结构的研究**

目前这方面的研究对比还不多。美国人Robert Norton在韩国教书时发现学生口头能讲清的到了作文时常常表达不清，他原以为是学生的问题。回到美国后，他进一步做了研究，把韩国的散文家和美国的散文家的同类文章作了对比，发现他们在写同类题目时语篇结构不同，美国人通常是从抽象到具体、从一般到个别，韩国人则相反。英汉对比在我国目前还偏重于词语，有的学者(毕继万1993)扩大到句子。个别学者涉及篇章，但总的来说，这方面的研究还开展得较少。

● **对文体特点的研究**

在英语和汉语中，文体都有正式与非正式之分，其间还有许多层次。过去很长一段时间，我们的英文杂志*Beijing Review*的文章采用了过分正式的文体，使国外读者很难读下去，宣传效果不好。英语文体总的倾向是趋于简练、与口语愈来愈接近，这与本世纪以来广播电视的迅速普及有着密切的关系。英语中法律语言是最严格最正式的，用词和句子结构都务求严密，不留漏洞，因此，句子通常较长，词中多音节的源于拉丁语的“大字”较多。但近年来，英语国家中有一批学者在开展简化法律用语的运动(Plain English Movement)。书信也是如此，不仅亲友之间的信件常用谈家常的语气(chatty style)，即使谈公事的信也都简单明了。例如，作者给编辑的一封信可以这样写：

Dear Editor,

Thank you for your letter. Please find enclosed my manuscripts. If there is any inappropriacy in either form or content, please feel free to change it. However, if the change is a major one involving substance, I would appreciate your letting me know beforehand.

Best wishes

Yours sincerely,

Signed

同一封信如果用中文写，文体会有相当的变化：

编辑先生：

大札敬悉，现遵嘱将拙稿寄上，文中内容形式不妥之处甚多，务请斧正，唯改动若牵涉实质问题，烦请事先告知，在此预致谢意。谨祝

编安

签名

比较这两封信的文体，我们可以看出，在同样的情况下，中文似乎要求比较正式的文体，用词也很两样，这与中文书信在一定程度上仍然受到文言文的影响有关。自然，中文书信也可以有不同的写法。

在许多别的情况下，英语和汉语在文体方面也有区别。究竟是哪些方面有差异、为什么会有这些差异，都是值得研究的。

● **对语用规则的研究**

英语中有哪些主要语用规则目前还没有人能够说清，对于中国学生在跨文化语用方面的失误目前文章中大都举例说明，还没有系统的研究。要在原有基础上提高，必须搜集大量例子，加以分析归类，逐步总结出中国学生典型的语言语用失误和社交语用失误。

● **对讲话顺序的研究**

在平时面对面谈话不易发现我们的讲话顺序与英美人有何不同，但在电话上英美人常感到不适应中国人的开头与结尾。在英语国家，受话人拿起话筒先报电话号码或单位名称或自己的名字，

因此，听到我们说“喂”或“Hello”往往不知所措。不少英美人反映中国人有时会突然结束谈话，他们思想上毫无准备，然而我们自己并没有这种感觉。问题可能出在讲话顺序的不同和过渡性的话的缺乏这方面。事实上，不仅开头、结束方式不同，中间的话题的过渡也采取不同的技巧。

如果研究深入，可能会发现中国人的讲话顺序与英美人还会有其他的区别，即使在英国人和美国人之间，也有一些细微的差别。例如，在美国，下级通常讲话更积极主动，抢着讲话以取悦于上级；而在英国，上级在讲话中采取主动，下级要多听。设想一个美国职员和英国老板在一起谈话，其中的问题可想而知。

- **对非语言交际的研究**

美国教师布罗斯纳安和中国教师耿二岭在这方面已经做了不少研究（布罗斯纳安 1991；耿二岭 1988）。目前这一领域正吸引着人们的注意。在非语言交际中，还有一些值得研究的问题，例如，在时间和空间、体态、服饰、音量、微笑、沉默等方面我们和西方人都有区别，这方面的研究比手势和其他研究更少。

总之，环绕语言交际和非语言交际有许多需要研究的题目。对于外语教师来说，研究与语言本身紧密相关的题目容易取得成果。许多教师已经认识到在教外语的同时应该教给学生文化知识，但教师手上缺乏可用的参考书和材料。如果能够在几年内编出几本词典和参考书，说明词的文化内涵，介绍有文化背景的人名和地名以及文学典故，探讨中英文在文体和语篇方面的区别，给教师以实际帮助，那么，跨文化交际研究必将出现新的局面。

参考文献

Brosnahan, L. 1991．中国和英语国家非语言交际对比．（毕继万译）．北京：北京语言学院出版社．

Lawler, R. 1985. *The Doll Trilogy*. Sydney: Currency Press.

毕继万．1993．关于汉英句子结构差异．外语教学，第1期．

耿二岭. 1988. 体态语概说. 北京：北京语言学院出版社.
关鉥新. 1990. 文化差异和不可译性. 外国语，第6期.
亨德森. 1980. 翻译作品犹如“土耳其挂毯的反面”. 翻译参考，第12期.
周振鹤，游汝杰. 1986. 方言和中国文化. 上海:上海人民出版社.

The Revelation of a Cross-cultural Survey[①]

Abstract: The paper reports two investigations made in 1986 and in 1990 among British, American and Chinese teachers. The items under survey include forms of address, greetings, initiating conversations, extent of personal disclosure, table behaviour, leave-taking, giving and receiving presents, touching, eye contact, gestures, concept of friendship, maintaining and saving face, modes of learning, decision-making, etc. The respondents were asked to indicate the degree of difficulty they experienced in those areas. The statistics were then analyzed to find out the areas in which cultural differences were the greatest between the Chinese on the one hand and Britons and Americans on the other. On the basis of the findings the writer makes recommendations on how to impart cultural knowledge and information in FL teaching.

How the survey was conducted

In May 1986 I did a survey among 20 Americans teaching in Chinese tertiary institutions and 20 Chinese teachers who had spent 1~2 years in American colleges and universities upgrading themselves. The survey consists of 46 items, covering a wide range of social and communicative behaviour such as forms of address, greetings, initiating

① 原载《外国语》1994年第1期。

conversations, extent of personal disclosure, table behaviour, leave-taking, giving and receiving presents, touching, eye contact, gestures, concept of friendship, maintaining and saving face, modes of learning, decision-making, etc. (See Appendix 1) In March 1990 I conducted a similar survey among British lecturers who had stayed in China for an average of about 2 years. Some of the less significant items were deleted from the original questionnaire and a four-point scale used. (See Appendix 2)

The respondents were asked to indicate on a scale the degree of difficulty they experienced while living and working/studying overseas. They were urged to write comments on specific aspects of culture they felt most strongly about and many of them did write marginal or full notes. The American teachers were then teaching in tertiary institutions in Beijing while the Chinese teachers were all on the faculty of the English Department of Beijing Foreign Studies University. Forty questionnaires were distributed among British lecturers attending the annual British Council meeting and 18 returned their questionnaires. They taught in universities in different parts of China. Statistics were then compiled for each of the three groups so that comparison could be made. The total for each item was worked out by adding all the points together and the items were then rank-ordered according to the average score.

Statistics of the survey

The areas in which American teachers experienced the greatest difficulty are: (on a 3-point scale)

1) Smoking etiquette 1.9

2) Decision-making and conflict resolution 1.65

3) Crowded commuting 1.45

4) Modes of learning 1.25

Giving and receiving presents 1.25

Audience behaviour during lectures 1.25

5) Extent of personal disclosure 1.20

The areas in which British teachers had the greatest difficulty are: (on a 4-point scale)

1) Queuing or not queuing 3.05

2) Decision-making 2.83

3) Commuting in crowded buses 2.72

4) Smoking in your presence 2.44

5) Modes of learning 2.38

The areas in which Chinese teachers had the greatest difficulty are: (on a 3-point scale)

1) Touching (embracing, kissing, patting, etc.) 1.65

2) Conversational contributions 1.4

Initiating conversations 1.4

3) Modesty and appropriacy in dress 1.35

4) Handling social discomfort and embarrassment 1.3

5) Making friends 1.2

Maintaining and saving face 1.2

From this we can see American and British teachers share a lot in common although the items do not come up in the same order. What both groups found most hard to adjust to seem to overlap and these are: decision-making, commuting in crowded conditions, smoking in one's presence and the Chinese students' mode of learning. What irritated Britons most, namely, non-queuing, also bothered Americans. For them it registered 1.15 points and was next to personal disclosure. The British are among the most queue-conscious people in the world and it is said that even when there are only two Britons, they still queue up. Naturally when they come up against a non-queuing situation, they find it very hard to bear. One British lecturer had this comment to make: "The closest I have come to physical aggression in China is in restraining queue-jumpers." However, queuing or not seems to be the least problem for Chinese teachers while they were in America. It registers 0.3 point and is at the very bottom of the list. This might be because most Americans lined up and therefore never presented a problem. The areas in which the Chinese had the greatest cultural setback do not overlap those of the British or the Americans at all. It is not unusual to find a Chinese male blush when a Western female imprints a social kiss on his cheek or a Chinese girl back away from a harmless hug. But it is still quite an astonishment to find that Chinese teachers of English who had been exposed to Western culture for so many years should put touching at the top of the list.

The areas in which Americans had the least difficulty are the following: (on a 3-point scale)

1) Funeral behaviour 0.05

2) Greetings 0.2

   Visiting the sick 0.2

3) Appropriacy in dress 0.25

4) Elevator behaviour 0.3

   Gestures 0.3

5) Welcoming into one's home 0.35

   Compliments and how to respond 0.35

   Eye contact 0.35

The areas in which Britons had the least difficulty are: (on a 4-point scale)

1) Leave-taking 0.5

2) Appropriacy in dress 0.55

3) Punctuality or the lack of it 0.61

4) Train journey—how to relate to people around you 0.72

5) Thanking or the lack of it 0.77

The areas in which Chinese found the least difficulty are as follows: (on a 3-point scale)

1) Smoking etiquette 0.3

Queuing or not 0.3

2) Introductions 0.35

3) Elevator behaviour 0.4

4) Appointments and visiting 0.45

Funeral behaviour 0.45

Wedding spectator behaviour 0.45

Regrets and apologies 0.45

5) Welcoming into the office, home, etc. 0.5

Leave-taking 0.5

Punctuality and time use 0.5

Comments by the respondents

Since the score is worked out through averaging the points of all the respondents, it tends to give the impression that the difficulty experienced is not very great. However, if we read some of their comments, we will realize how exasperating some aspects of the host culture could be to the sojourners. Here are some of the quotes:

In many cases getting in a line seems meaningless because Chinese will simply elbow their way in at the head of the line.

Both my wife and I have been physically hurt in "not queues" as you would say. I feel it's not the people in the crowd who are to blame but the leaders who haven't organized an orderly system.

Quite often Chinese act like they do not want to make a decision or resolve a conflict; they hope someone will make the decision, or hope the conflict or need of a decision will disappear.

Personal disclosure bothers me very much in terms of wondering how close I can get to someone, especially at work, and then have to wonder how much I disclose will be repeated; possibly misinterpreted around the office.

Giving and receiving presents is one of the cultural differences I resist accommodating myself to. I find my moral training from childhood causes me to react against certain kinds of gift-giving and receiving in the same way I would react to bribe-giving and taking. This is one area in which I continue to make moral judgments.

At MA level I am always trying to make students "do" to learn and I meet a lot of resistance. I know that this is against their experience so I've tried to lead them slowly into "doing".

A favorite essay topic I gave proved to be "A critical evaluation of Saussure's analogy of Language with a game of chess." The students picked out all the favourable comments from various books. One student, dismayed by all my marking pen on his paper, protested what was the point in criticizing the Father of linguistics—he was a respected old man and what's more, was dead. I found that protest very illuminating and realized that he, at least, didn't understand Western academic practices at all.

Implications of the survey

What do we learn from such a survey? Firstly, I think it helps us locate areas of research in intercultural communication. Even such a preliminary survey as I have conducted throws light on what we should focus our attention on in terms of intercultural communication research. Most of the items that have caused the least difficulty to Chinese and Westerners we can ignore for the moment while those that proved to be the greatest stumbling blocks deserve our close attention. Among those items we should also use our discretion and decide which ones are really significant. For instance, there is not much to analyze with regard to commuting in crowded buses and subway carriages. But such areas as decision-making, modes of learning, giving and receiving presents, extent of personal disclosure, table behaviour, conversational taboos, forms of address, making friends, body language, and pattern of thought would make good topics of research.

Secondly, we should try to embody as much cultural information as possible in our teaching of English. As far back as 1945 C.C. Fries pointed out the importance of what he called "contextual orientation". He (1945) says:

"A thorough mastery of a language of practical communication with real understanding demands a systematic observation and recording of many features of the precise situations in which the varied sentences are used. Such a systematic observation and recording must be minute and sympathetic, not for the purpose of evaluation in terms of one's own practices, or of finding the 'quaint' customs, but in order to understand and to feel and to experience as fully as possible".

Those who subscribe to communicative language teaching advocate sociolinguistic competence along with linguistic and strategic competence as the goals of instruction. In recent years a large number of communicatively-oriented textbooks have been published to meet the teachers' needs. But what Stern (1983) said ten years ago is still largely true, at least in China:

"Studies on Western societies, comparable to the studies on tribal societies, are scarce or non-existent. Consequently, language teachers lack the necessary documentation or even an appropriate methodology of enquiry as to what social, cultural, and sociolinguistic data to look for, and where and how to find them. ... The result of this state of affairs is that teachers who generally are untrained in the methods of social science are obliged to rely on their personal experience, background knowledge, and intuitions as a basis for their teaching of culture".

While an increasing number of Chinese teachers of English realize the importance of imparting cultural knowledge, they often find it difficult to decide what bits to teach and where to find reliable information on what they want to teach. In-depth study of such problems should be undertaken to facilitate the teaching of culture.

The best way to conduct research of a cross-cultural nature is to engage in collaborative research with counterparts of Western universities. From the statistics we can see how widely divergent Chinese, American and British teachers' views are on the matter of cultural behaviour. Only through complementary and comparative research done jointly by teachers of two or more countries can it yield true insight. As far as I know, there has been very little done in this respect. I hope before long well-planned bi-national research projects can be launched.

参考文献

Fries, C. C. 1945. *Teaching and Learning English as a Foreign Language*. Ann Arbor, MI: University of Michigan Press.

Stern, H. H. 1983. *Fundamental Concepts of Language Teaching*. London: Oxford University Press.

Appendix 1

SOCIAL AND COMMUNICATIVE DIFFERENCES BETWEEN CHINESE AND AMERICAN PEOPLE

Your assistance will be greatly appreciated as we gather ideas for a handbook of practical information on social and communicative differences between Chinese and American people. Our handbook will be useful to students, educators, scholars, and others from either culture who are living and working temporarily in the other culture. Thank you for sharing with us your knowledge and experience.

Hu Wenzhong

Neal Grove

DIRECTIONS:

Below is a list of many types of social and communicative behaviour. There are three activities that we would like you to carry out with reference to this list:

1) To the left of each item is a scale on which you may indicate the extent to which this type of behaviour caused you perplexity, discomfort, embarrassment, or conflict in your day-to-day dealings with host nationals. For each item, circle the number that designates the extent of difficulty that you have had (or are having):

0 = no difficulty or no experience with this type of behaviour

1 = minor difficulty

2 = moderate difficulty

3 = major difficulty

2) At the bottom of the list are several blank spaces with scales to their left. If there are one or more types of social and communicative

behaviour that have caused you difficulty, but which are not included in our list, please describe the behaviour in the blank space and circle the number that designates the extent of difficulty that you have had (or are having).

3) Items that you have indicated difficulty at levels 2 or 3 are of special interest to us; whatever you have to say about them—either anecdotally or analytically—will be of special help as we complete our project. Please comment on as many of these items as you can by writing on the back of this questionnaire; add additional sheets as necessary. Do not feel that you must write a great deal about every item marked 2 or 3; even a sentence or two may prove useful to our work.

0 = no difficulty

1 = minor difficulty

2 = moderate difficulty

3 = major difficulty

TYPE OF SOCIAL & COMMUNICATIVE BEHAVIOR

0 1 2 3 Forms of address—names and titles

0 1 2 3 Introductions

0 1 2 3 Greetings to/from friends and acquaintances

0 1 2 3 Welcoming into home, office, apartment, etc.

0 1 2 3 Initiating conversations with strangers or mere acquaintances

0 1 2 3 Extent of personal disclosure

0 1 2 3 Conversational taboos

0 1 2 3 Bringing a conversation to a close

0 1 2 3 Conversational contributions (how much one should say in different social groups)

0 1 2 3 Routine courtesies

0 1 2 3 Compliments and congratulations and how to respond

0 1 2 3 Real invitation versus friendly remarks and how to respond

0 1 2 3 Table behaviour

0 1 2 3 Behaviour at a stand-up social gathering such as a buffet dinner or a cocktail party

0 1 2 3 Leave-taking

0 1 2 3 Appointment-making and visiting

0 1 2 3 Elevator behaviour

0 1 2 3 Giving and receiving presents

0 1 2 3 Reciprocity with respect to gifts and invitations

0 1 2 3 Visiting a sick person

0 1 2 3 Funeral behaviour

0 1 2 3 Commuting in buses, subways, etc. under crowded conditions

0 1 2 3 Train journeys—how to relate to people around you

0 1 2 3 Smoking etiquette

0 1 2 3 Spectator behaviour at a wedding

0 1 2 3 Shopping (at a supermarket, shop or a stall)

0 1 2 3 To queue or not to queue

0 1 2 3 In a restaurant: how to order a meal and how to pay

0 1 2 3 Touching (embracing, kissing, patting, etc.)

0 1 2 3 Eye behaviour

0 1 2 3 Conversational distance

0 1 2 3 Gestures

0 1 2 3 Audience behaviour during lectures or other academic presentations

0 1 2 3 Behaviour to show respect or deference

0 1 2 3 Concept of friendship & making friends

0 1 2 3 Understanding and expressing of religious beliefs and sentiments

0 1 2 3 Modesty and appropriacy in dress

0 1 2 3 Concept of time and punctuality and waiting for appointments

0 1 2 3 Decision-making and conflict resolution

0 1 2 3 Handling social discomfort and embarrassment

0 1 2 3 Expected behaviour in class of teachers and professors

0 1 2 3 Modes of learning

0 1 2 3 Expressing regrets and apologies

0 1 2 3 Forewarning of anger

0 1 2 3 Competition and compromise

0 1 2 3 Maintaining and saving "face"

0 1 2 3 ______________________

0 1 2 3 ______________________

0 1 2 3 ______________________

0 1 2 3 ______________________

0 1 2 3 ______________________

Below please print your name and the other information requested so that we may contact you for more details if necessary. Thank you for your assistance.

YOUR NAME ______________________________

PLACE OF RESIDENCE ______________________

TELEPHONE (if available) ___________________

TIMES WHEN YOU USUALLY ARE AT HOME __________

Appendix 2

A SURVEY OF CULTURAL DIFFERENCES BETWEEN CHINESE AND BRITISH PEOPLE

Dear colleague,

We plan to write a book describing behaviour patterns of the Chinese. To do this we need to identify areas that cause the greatest problem to Westerners. We would be grateful if you could indicate the degree of difficulty you experienced on each of the items listed below.

0 = no difficulty or no experience with this type of behaviour

1 = minor difficulty

2 = some difficulty

3 = great difficulty

4 = very great difficulty

Items that you have indicated difficulty at levels 2~4 are of special interest to us. Whatever you have to say about them—either anecdotally or analytically—will be of special help. Do not feel that you must write a great deal about each of those items; even a sentence or two may prove useful to our work.

If there is anything that caused you difficulty but is not included in the list, please feel free to write on the back of the questionnaire or on separate sheets. Thank you for your cooperation.

Yours sincerely,

Hu Wenzhong

Beijing Foreign Studies University

TYPE OF SOCIAL AND COMMUNICATIVE BEHAVIOUR

0 1 2 3 4 A. Forms of address—names and titles

0 1 2 3 4 B. Introductions

0 1 2 3 4 C. Greetings (e.g. use of "where are you going?" as a greeting)

0 1 2 3 4 D. Initiating conversations with strangers

0 1 2 3 4 E. Extent of personal disclosure

0 1 2 3 4 F. Conversational taboos (e.g. asking about one's income, age, etc.)

0 1 2 3 4 G. Bringing a conversation to a close

0 1 2 3 4 H. Conversational contributions

0 1 2 3 4 I. Denial of compliments

0 1 2 3 4 J. Real invitation vs. friendly remarks

0 1 2 3 4 K. Table behaviour (e.g. putting food on your plate)

0 1 2 3 4 L. Leave-taking (e.g. seeing you to the gate)

0 1 2 3 4 M. Punctuality or the lack of it

0 1 2 3 4 N. Giving presents

0 1 2 3 4 O. Receiving presents (declining and not opening the package in your presence)

0 1 2 3 4 P. Reciprocity with respect to gifts and invitations

0 1 2 3 4 Q. Commuting in buses, subways, etc. under crowded conditions

0 1 2 3 4 R. Train journey—how to relate to people around you

0 1 2 3 4 S. Smoking in your presence

0 1 2 3 4 T. Shopping

0 1 2 3 4 U. Queuing or not queuing

0 1 2 3 4 V. Ordering a meal and paying

0 1 2 3 4 W. Touching (embracing, patting, kissing, etc.) or the lack of it

0 1 2 3 4 X. Conversational distance

0 1 2 3 4 Y. Gestures

0 1 2 3 4 Z. Audience behaviour during lectures

0 1 2 3 4 a. Student behaviour during class (e.g. reluctance to ask questions or offer information)

0 1 2 3 4 b. Making friends (easy or difficult? comfortable or possessive?)

0 1 2 3 4 c. Appropriacy in dress on different occasions

0 1 2 3 4 d. Decision-making

0 1 2 3 4 e. Modes of learning

0 1 2 3 4 f. Expressing regrets or apologies

0 1 2 3 4 g. Thanking or the lack of it

0 1 2 3 4 h. Maintaining and saving face

0 1 2 3 4 i. Chinese discoursal pattern

0 1 2 3 4 j. Turn-taking

0 1 2 3 4 k. Chinese self-effacing

0 1 2 3 4 l. Chinese pattern of thought

0 1 2 3 4 m. Chinese respect for age, seniority & authority

0 1 2 3 4 n. Chinese respect for tradition

0 1 2 3 4 o.

0 1 2 3 4 p.

Your name (optional) ______________________________

Male or female ___________________________________

How long have you stayed in China? ___________________

Analyzing the Changing Character and Sophistication of TV Advertisements in the People's Republic of China①

Abstract: This article reports some preliminary findings of a research project comparing the pragmatic and discoursal aspects of British and Chinese TV advertisements and raises some issues concerning the detailed study of textual inferencing. We briefly discuss the changing situation in television advertizing in China in terms of the 'hard-sell/soft-sell' distinction. We then discuss in detail two contrasting Chinese advertisements on the 'hard-sell-soft-sell' continuum in order to characterize what linguistic/pragmatic factors constitute the contrast. Previous authors have characterized soft-sell advertisements mainly by negative contrast with hard sell, but our work led us to try to capture more positive discriminatory features of soft sell. We suggest that, other things being equal, the more nonobvious inferencing which has to be done to understand an advertisement, the more likely it is to be thought of as soft sell. However, most work on inference to date has tended to deal with brief, often constructed examples, and the comparison of patterns of inference in different texts raises difficult issues concerning how to characterize, and thus quantify, inferences. This problem is

① 原载*Text* 1997年第4期。系Mick Short教授与作者在英国Lancaster University合作研究的成果。论文发表时Mick Short名字在前。

particularly acute in data which have linguistic and nonlinguistic information in both the audio and visual reception channels. We do not have elegant solutions to these problems, but hope that our detailed textual analyses will promote more study in this difficult, but crucial, area. Our work also reveals an interesting new kind of repetition phenomenon, inference repetition. Our data shows that the same inference may be made at the same or different moment(s) in different reception channels, and that an inference in one channel can repeat a more direct statement in another channel. This kind of inference repetition can then, in turn, help to characterize the hard-sell/soft-sell opposition.

1. Introduction

This article is a preliminary report on some work the authors have done as part of a larger project comparing the discoursal and pragmatic aspects of British and Chinese television advertizing.① We are comparing 18 British and 18 Chinese TV advertisements matched in terms of advertizing categories. One clear feature which emerges from this comparison is a change which is taking place in Chinese television advertizing. Traditionally Chinese advertisements have taken the straightforward, hard-sell approach. But our data indicate that TV advertizing in China has changed as a consequence of changing

① We would like to acknowledge the help we have received from Kan Qian, Chan Yue Kun and Loong Siu Ling. We used Kan Qian's Ph.D. thesis which pragmatically analyzes British TV advertisements as a comparator, matching our categories of data selection as closely as we could to hers. Chan Yue Kun and Loong Siu Ling each compared three British and three Chinese TV ads from Kan Qian's and our data sets for their M.A. dissertations, exploring the general parameters for advertisement comparison which we discuss in this article. The advertisements we discuss in detail are, however, not the ones which they analyzed.

economic circumstances. Many advertisements are now much more sophisticated and resemble the kind of advertizing which can be seen on European television. The essential impulse for the change which is taking place is that foreign companies are now advertizing on Chinese television in their own right or as part of 'joint venture' business enterprises. Not surprisingly, the Western companies have wanted to import not just their products but also their advertizing techniques. At the same time, it would appear that companies which are entirely Chinese-owned have, by and large, retained the earlier style of advertizing. One obvious reason for this is the expense of producing TV advertisements of the sophistication to which Western audiences are accustomed. For the foreign companies, on the other hand, often all that is involved is the attachment of a new soundtrack to what they have already paid for.

Our Chinese data were selected from the set of advertisements collected from the Beijing television station Channel 6 during a 24-hour period on October 8, 1992. This methodology was used in order to match the Chinese TV advertisements with a British television corpus which was selected from a 24-hour period on Granada TV on December 2, 1988 (Kan 1992 analyzes this data set in considerable detail). Although Beijing Channel 6 now operates on a 24-hour basis, at the time the data was collected, the channel was on air for a total of 18 hours and 20 minutes in every 24. In the period there were 101 different advertisements, some of which were repeated. Our matched set of 18 of these advertisements thus constitutes approximately 18 per cent of the total. The criteria used for choosing the set were (a) to provide a range of foreign or locally sourced advertisements and (b) to match the criteria used in collecting our British data: product versus corporate advertizing, function of advertizing, and, within product advertizing (which constitutes the largest subset), the kind of product being advertized.

2. Hard sell/soft sell

The hard-sell/soft-sell contrast has been with us for some considerable time now (Schudson 1984:77). Wright (1983:266) characterizes hard-sell advertisements as exhorting potential customers to 'buy now', 'do it today' or 'come this weekend'. The equivalent actions for 'soft-sell' advertisements are 'remember a name', 'ask your family' or 'plan to visit' some time in the future. Cook (1992) talks of hard sell as having 'a direct appeal', and says that '...soft selling relies more on mood than exhortation, and on the implication that life will be better with the product...' (10). He also notes that the soft-sell approach is dominant in English language advertizing (175 ~ 176):

'Factual claims and direct persuasion take up less and less space in contemporary ads. Attention is focused away from them to a world where questions of truth, relevance and politeness seem as beside the point as they do in literature'.

Cook, like a number of other writers, also notes a drift in modern advertisements from language towards music and pictures (53), which correlates with the drift towards soft sell.

What then, are the features of hard and soft sell? Hard-sell advertisements are typically characterized by dense repetition, particularly of the brand name, direct statements about the merit and functions of what is being advertized, and direct appeals and exhortations to buy the product. These features may appear in the visual and/or the audio channel. Given the features just outlined, evidence for hard sell will be found at the lexical, grammatical and speech-act levels of language.

One of the most hard-sell advertisements in our data is that for Confucius Family Wine. The fact that it is only 15 seconds long (presumably to control costs) means that there is almost certainly not enough time to adopt a soft-sell approach).[①]

(1) A description of the Confucius Family Wine advertisement

Visual	*Audio*
A big red gate with two Chinese characters ('Confucius Mansion') at the top, and two bronze handles in the middle.	The sound of a gong being struck. Background classical Chinese music throughout the commentary.
The gate opens slowly.	
Dissolve the gate into a black porcelain bottle with a Chinese character on it ('wine') and a yellow carton beside it. The carton has a column of Chinese characters on it ('Confucius Family Wine').	Voiceover: 'Confucius Family Wine is a famous wine of excellent quality in China.'
A silver medal appears in the left-hand corner.	
Cut to a Chinese in a Western suit shaking hands with one of the four formally dressed European-looking men on the right. The Chinese man is holding a piece of paper in his left hand. A gold medal is superimposed on him in the lower right-hand corner.	Voiceover: 'It was awarded an international gold medal at the 29th Brussels Exhibition.'

① This phenomenon will be even more marked for the more recent five-second advertisements appearing in the most expensive advertizing slot, between the news and weather reports at around 7:30 P.M. on CCTV1. These advertisements had not begun to appear until after we had collected our data set.

The camera pans to the left as the Chinese man walks on, takes a piece of paper from the fourth person on the right and shakes hands with him. The gold medal is superimposed on the Chinese who is shaking hands. He nods and turns to walk off.	
Cut to a document. The camera moves down to show the contents and the signatures. A large gold medal with four Chinese characters ('International gold medal') is superimposed on the document in the middle and a smaller medal is superimposed on the document on the left.	
Cut to a box which is being opened. A bottle of wine, a pot and four cups are in the box. Two rows of Chinese characters are below the box ('Shandong Qufu Winery' and 'Distributor: Special Commodity Supply Center of the Second Bureau of Commerce, Beijing').	Voiceover: 'The volume of its export tops the list of Chinese wines.'

The advertisement starts with the opening of a red gate at Confucius's mansion to the sound of a gong. A medal for excellence appears in the corner of the screen, with a wine vat and two bottles of Confucius Family Wine in the centre. This is followed by a shot of four western men presenting a medal to a Chinese man. The voiceover tells us the wine was awarded a gold medal at the 29th Brussels Exhibition. We see a close-up of the medal, with its accompanying certificate in the background. The voiceover tells us that Confucius Family Wine is a famous wine of excellent quality in China, and then we cut to two bottles of the wine to end the advertisement, with the voiceover telling us that more of this wine is exported than any other. In the fifteen seconds the brand name appears four times on the screen for a total of six seconds. The voiceover says the name once and has two anaphoric pronouns referring back to that reference. The voiceover also tells us directly that the wine is excellent, and that it won the medal (which also clearly indicates excellence, and which reinforces, and helps us to interpret correctly, what we see in the action on the screen). The medal and/or certificate which the firm won are on screen for a total of seven seconds, and themselves form a four-part pattern of visual repetition to add to the repetition of the brand name.

Soft sell is not so easy to define in linguistic terms, and most writers merely talk about it as the negation of hard sell. Thus we might expect less brand-name repetition and less direct speech acts. But are there any more positive indications of soft sell? Cook's remarks suggest that a reduction in the amount of language accompanying a TV advertisement may well indicate soft sell, but it would clearly be helpful if we could determine relevant linguistic features as well. In section 5 we will explore the notion of inference in this regard.

Perhaps the most soft-sell advertisement in our data is that for Nescafé, which we analyze in section 3.1. We compare this with an advertisement which seems to us to be hard sell, but not as hard sell as the Confucius Family Wine advertisement already described. Note, then, that we would not want to suggest that Chinese TV advertisements fall into two distinct hard-versus soft-sell sets. Rather, what we observe intuitively in our data is a cline of sophistication which could be said to parallel the cline which runs from hard sell to soft sell. Clearly, locally made advertisements are likely to respond to the new advertisements that come from outside China, and the response from one company to another is bound to vary.

These observations have led us towards an interesting analytical difficulty. If we intuitively feel that some Chinese advertisements are more hard sell and less sophisticated than others, we need some positive measure of soft sell. Defining hard sell and then negating it cannot capture the clinical phenomena which we perceive. As the amount of language used in some of the advertisements can be very small, and as all advertisements tend to be relatively informal, traditional linguistic criteria for formality/informality, like sentence length, sentence complexity, word complexity and accessibility seem inappropriate. One conceivable measure of the position that an advertisement occupies on the hard-sell-soft-sell and 'less sophisticated'-'more sophisticated' clines is the amount of inferential work that viewers have to perform in order to understand the advertisements. Inferences can be made on the basis of either linguistic or non-linguistic information, or on a combination of both. We would like to suggest that, other things being equal, the more inferencing to be done, the more indirect, and hence soft sell, the advertisement is likely to be. Other comparators, including those already mentioned will also be important, of course: brand name repetition, the use of merit adjectives (see Leech 1966:152) and other merit terms, direct versus indirect speech acts, how much use an advertisement makes of voiceovers and visually displayed linguistic material, and the general relationship between linguistic and nonlinguistic information. However, the amount of inference involved appears to be a major indicator of soft sell, as we will see in our following analyses. Moreover, many of the inferences made are on the basis of visual and/or sound information, sometimes in combination with linguistic information, and sometimes not. Others have noticed this phenomenon before (e.g. Forceville 1991; Kan 1992), but although some writers have explored the interaction between visual, musical, and linguistic information in advertisements (e.g. Vestergaard and Schroder 1985; and Cook 1992), little work has been done so far on how well the descriptive methodologies of linguistic pragmatic analysis can be applied to nonlinguistic information or nonlinguistic information in conjunction with linguistic information (but see Kan 1992 for some initial work in this area).

Although we suggest that soft-sell advertisements involve more inference, this does not mean that hard-sell advertisements have none. For example, in the Confucius Family Wine advertisement described above, Chinese viewers are not told that the door which opens at the beginning is that of Confucius's mansion, but infer it from the fact that it is the only door which can be easily related to the product being advertised. This is a relatively low-level inference, and is not very rich interpretatively, in the sense that it does not lead to a significant new way of looking at the incoming data. It is an example of what has been called a 'bridging inference' whereby we fill in a gap in order to make the 'text' (in this case a 'text' including verbal and nonverbal elements) coherent (Kintsch and van Dijk 1983:49 ~ 51).

In the following we offer a detailed analysis of two advertisements as an attempt to capture the intuitively felt distinctions between hard and soft sell previously outlined. Our research is still ongoing and we would be particularly interested to hear from others their response to our analysis and judgements. In section 5 we will outline what we think are the major inferences which viewers have to make in order to interpret the advertisements successfully. However, there is clearly an issue concerning how many inferences one actually has to make for the purposes of understanding. We have concentrated on 'interpretation-rich' inferences and have quantified our findings. But if less 'interpretation-rich' inferences are included (a) the figures would be different, and (b) there would be an issue concerning how to weight the different inferences in terms of their interpretative importance. At present we do not have an established methodology to deal with this important issue and we would welcome the comments of others.

3. The advertisements

In the following we offer a general description, interpretation, and detailed transcription of two advertisements which we will compare for the purposes of this paper. We give this information in the order just mentioned so that the reader can more easily understand the transcription. The first advertisement is probably the most sophisticated in our data set, and is for a brand of coffee, Nescafé. The second is, in our view, less sophisticated and more hard sell. It is not, however, at the extreme end of the continuum, as the comparison would then become rather too obvious to be interesting. The transcriptions and discussion are all in English unless it is necessary to specifically refer to the form of the original Chinese.

3.1 The Nescafé advertisement

The Nescafé advertisement is clearly of foreign origin, but is produced specifically for the Chinese market. It is 42.1 seconds long, and given that Nescafé has been a popular drink in China for about ten years (at least in the cities) for those who can afford it, the objective of the advertisement would appear to be to sustain preference as well as to persuade new purchasers to buy the product. It is one of the longest advertisements we collected, and so is an excellent soft-sell candidate.

It begins with a young couple descending from an ocean liner and being met by other young people on the quay side. The young couple are then taken to the family home, and it gradually transpires that the young man is bringing his new wife to meet his family for the first time. It appears that he has been overseas and met her there. Although the family, and the mother in particular, appear to like the young wife, she at first seems to be somewhat on the edge of the family group. This is not surprising given that she is a newcomer. It then appears that the mother notices that her son's new wife may be feeling left out, and wants to put her at her ease by making some Nescafé. The young couple have apparently brought two jars of Nescafé from overseas. The mother makes the coffee and brings it in. Her new daughter-in-law goes to her, takes the tray from her and distributes the mugs of coffee. The mother asks her daughter-in-law how the coffee is and the daughter-in-law replies that it tastes great. Now, for the first time the family appears to be one united group, all laughing together, and the advertisement ends with a picture of a jar of Nescafé and two red mugs of coffee. Superimposed on the picture is a handwritten caption matching the daughter-in-law's response: 'It tastes great.'

(2) A description of the Nescafé advertisement

Visual	*Audio*
A long-distance shot from the back of a crowd of people standing on a wharf waiting. Some hold up their hands, greeting the passengers. We see a young couple walking down the stair-case of a ship.	A light melody rises and continues until we see the close-up of the older woman.

A medium-range shot of several people. We see a young man wearing a dark-colored coat with a tie and a young woman wearing an orange-colored coat on the left-hand side, and two other young men and a half-hidden woman on the right. The one in the blue shirt has his sleeves rolled up. Part of a white ship is in the background. We then see them turn to leave. The man in the blue shirt has his hand on the arm of the young man who has just arrived. The young woman in grey has her hand on the arm of the newly arrived young woman in orange. The men walk in front and the women follow.

A medium range shot of several people walking away with their backs to the camera. We now see more clearly that the woman in orange is dressed in stylish clothing and that the young man's coat is well cut. She is holding a shopping bag in her right hand, the kind of bag you get from a good department store. The young man with sleeves rolled up is seen carrying a bag on his shoulder and another one in his hand. Part of a stylish modern blue car is in the foreground at the left-hand side. We see green trees all around.

A medium range shot of the young couple standing on the left side and a bespectacled grey-haired man and a kindly middle-aged woman on the right. The older man and woman are looking at the young man.

We see the young man turning his head towards the young woman and touching her arm with his hand. The middle-aged couple turn to look at the young woman.

The older woman extends both hands towards the younger woman and takes her right hand with smiles all over her face. She then straightens up.

Close-up of the older woman smiling. The shot is taken from over the left shoulder of the younger woman. The strap of a bag is seen on her shoulder.

Cut to inside of a house. The shot is taken from behind the older man and the younger man. The young woman faces the camera from across the table. She has a fashionable hairdo and wears lipstick. She sits there by herself.

The shot is taken from across the table. The older man and the young man in the dark coat are in the background. In the foreground the young man in a blue shirt is taking a jar of Nescafé from a paper carton. He is looking at the label on the jar. Another jar of Nescafé is beside the carton, on the table.

Cut to the newly arrived young man talking with the older man and woman. She is holding the young man's left arm.

Cut to a medium-range shot from behind the backs of the young man and the older couple. Across the table the young woman is sitting there alone. Through the open window we see green trees outside.	
Medium range close-up of the young woman sitting with her hands in her lap. She looks poised but a bit uneasy. There is a family photo on the table at her right-hand side.	
Close-up of the older woman. She has a kindly expression on her face and is looking at the younger woman.	Humming of the tune begins, followed by voiceover song:
Dissolve of the older woman's face into a jar of Nescafé, which then dissolves into mugs of coffee. The shot of coffee is taken from above. There are two mugs of black coffee among mugs of creamy-looking coffee.	'Since when have we started enjoying such heart-warming melody?'
Cut to the older woman coming out from the kitchen with a tray of coffee in her hands. The younger woman is seen standing at the right hand side offering to take the tray from her. There is a vase of flowers in the corner of the room.	
Close-up of the older woman drinking coffee from a red mug. There are several red mugs in the background. She raises her head and looks across the table and asks the younger woman:	'How is it?'

Close-up of the younger woman who smiles and says:	'It tastes great.'
Medium range shot of all the people in the room from behind the man in a white shirt. The younger woman is now in the middle. All are drinking coffee from red mugs and seem to be sharing a joke. Their body movements synchronize.	Voiceover song: 'In this harmonious world what leads us is Nescafé.'
Cut to a close-up of a jar of Nescafé with two red mugs. A row of handwritten Chinese characters with a slash under them is seen over the mugs ('It tastes great').	
Cut to a shot of the Nescafé logo as it extends downward.	

The greater part of the story told here is achieved through visual means. The first two-thirds of the advertisement has no linguistic material present. The story is conveyed almost entirely by the visuals and a tune is played while we watch the goings-on. The characters apparently talk to one another, but we do not hear them. The only conversation which is heard in the entire advertisement is the question and answer referred to above. However, there is some more linguistic material in the voiceover in the form of a song. At the point where the mother apparently notices that her daughter-in-law is feeling a bit left out the tune being played is supplemented by a voice which hums the tune for approximately a second and then sings 'Since when have we started enjoying such heart-warming melody?' The words coincide with a dissolve into a picture of a jar of Nescafé. The singing and the tune stop while the two women exchange words and then start up again afterwards with 'In this harmonious world what leads us is Nescafé.'

The question and answer in the women's conversation is thus framed by a question and answer in the song.

We interpret the advertisement to be suggesting, albeit indirectly, that Nescafé plays a harmonizing role in two parallel domains (1) micro (the family) and (2) macro (uniting Chinese people from the mainland and those from overseas). The 'moral' of the advertisement therefore appears to be that consumers should buy Nescafé in order to create harmony both socially and politically. Note that, because the connection between the form of the advertisement and our interpretation of it is indirect, we appear to have the kind of relationship that critics construct when interpreting literary texts, poetry in particular (this appears to support Cook's remark quoted in section 2). This characteristic of more sophisticated advertisements may begin to explain the wish of increasing numbers of observers to view certain advertisements as aesthetic objects.

3.2 The 999 Gastritis Cure advertisement

This advertisement is of Chinese origin and is 30 seconds long. It advertises a cure for gastritis in convenient capsule form which is based upon a formulation from Chinese herbal medicine. This cure has been on the market for some years, albeit in slightly different forms. At the time when the advertisement was shown, the capsule form had recently replaced the granular formulation, which had to be dissolved in water before drinking. Like the Nescafé advertisement, this advertisement would appear to have the function of sustaining preference and drawing in new consumers.

At the beginning of the advertisement we see a darkened room in which an elderly woman is sitting. She is apparently wearing her wedding shoes and she has a red silk flower, which is also associated with weddings, at her throat. The voiceover tells us that time is at a standstill for her and that her husband, who she has not seen for forty years, is coming home. The camera moves to a close-up of a utensil involved in making Chinese herbal medicine and the voiceover says that everything remains the same as if 'grandfather' had left yesterday. We are told that the only difference between now and 40 years ago is that 999 Gastritis Cure has taken the place of herbal medicine. Next, a young boy runs into the room, shouting to her that grandpa is back. The voiceover says that love makes them inseparable as the old woman rises from her chair with a happy and expectant look on her face. The advertisement ends with a display of the pharmaceutical factory's logo and technical details concerning the factory and the medicine displayed on the screen. At the same time, the voiceover says, 'the promise of the 999 Gastritis Cure'.

(3) A description of the 999 Gastritis Cure advertisement

Visual	*Audio*
A shot of the darkened interior of a traditional Chinese house. Light is filtering through the decorated lattice on the door on the right.	In the background a traditional Chinese melody is played on traditional instruments.
The camera moves inwards and pans to the left. An elderly woman is seen sitting in a big rattan armchair. She has her hands together on her lap. She is surrounded by traditional furniture. Over her head is an old clock. Light comes through the window at the back, and lights up her face and the upper part of her body.	Voiceover: 'To grandmother time is at a standstill.'

Dissolve to an old clock, two porcelain vases and a metal crane (bird) on the table.	Voiceover: 'In her mind there is no passing of spring or the coming of autumn.'
The camera pans to a large porcelain jar and moves downwards to the face of the elderly woman. She has her eyes closed.	
The camera continues downwards, and we see a red flower at the throat of the woman. The camera moves further down and reveals a pair of red embroidered shoes.	Voiceover: 'Today the husband she has been longing to see for forty years will be home.'
Dissolve into a close-up of a basket and part of a bamboo pipe with a green leaf lying across it. The camera pans to the right, revealing part of a black pot for brewing Chinese herbal medicine.	Voiceover: 'Everything remains the same as if grandfather had only left yesterday.'
The camera pans further to the right to reveal the pot fully. Dissolve to three packs of 999 Gastritis Cure, a porcelain bowl and a teapot. Two of the packages are standing and one is on its side, half-empty, with some of its capsules lying on a handkerchief. A row of Chinese characters is superimposed on the picture ('Beijing pharmaceutical advertisement registration number [1992] 07-453.')	Voiceover: 'The only difference is that 999 Gastritis Cure has taken the place of the herbal medicine she brewed before.'
Cut to the outer room. A young boy in shorts and a white shirt runs past the camera and into the room where the elderly lady is sitting.	

Medium-range shot of the boy beside a wooden ladder. In the background we can see the elderly woman sitting.	
The boy stops inside the room with his back to the camera. He turns towards the camera, and points past it, crying:	'Grandma, Grandpa's back!'
Cut to a medium-range shot of the old woman, rising slowly from her chair with a happy look on her face. A strong golden light is shining on her face.	Voiceover: 'Love makes them inseparable.'
Cut to the logo of the pharmaceutical factory and four rows of Chinese characters ('The promise of 999 Gastritis Cure in capsules. Nanfang Pharmaceutical Factory, Shenzhen. Please take the medicine under the advice of a doctor. Guangdong pharmaceutical advertisement registration number [1992] 07-182.')	

Like the Nescafé advertisement, this one also refers indirectly to relationships between the mainland and Taiwan in a way which non-Chinese would probably find it difficult to discern. At the time when the advertisement was released, the Taiwan authorities had recently relaxed the rule preventing Taiwanese citizens from coming to the mainland to visit their relatives. Apart from certain select groups, this rule had been in place for 40 years, since the time when the People's Republic of China was founded. The advertisement thus appears to be suggesting that the woman displays her love and concern for her husband by purchasing 999 Gastritis Cure for him.

4. General contrasting features of the two advertisements

There is a clear contrast between the two advertisements in terms of the amount of linguistic information provided. If we add together the speech of the characters and the voiceover material in each advertisement, we get the following totals (expressed in terms of the number of Chinese characters used in the transcription; each Chinese character is a morpheme, and the majority of Chinese words are two characters long):

Nescafé	39
999	96

Given that the Nescafé advertisement is almost half as long again as the 999 advertisement, a true weighted contrast would be 0.92 words per second versus 3.2 words per second. Hence the 999 advertisement has about three-and-a-half times the proportion of spoken characters that the Nescafé advertisement has. When we consider the written mode there are two different kinds: messages displayed across the screen, and the characters printed on the products which are displayed. The Nescafé advertisement has a five-character display towards the end of the advertisement and in addition, three shots of jars of Nescafé. There are eight characters (four large and four smaller) on the Nescafé label, but the size of the characters on display is varied. On one occasion all the characters are very clear, on another only the four larger characters are readable, and in the third instance the smaller four are just readable. This gives us a total of twenty characters on the jars, making up twenty-five in all. The 999 advertisement has fourteen readable characters on a display of two boxes of the medicine in the middle of the advertisement and a screenful of characters at the end of the advertisement. This display has a twenty-character message in large print, and, underneath that, has advice on how to take the medicine, and other technical details, in smaller print. This small print material is readable and constitutes twenty-three characters. The total number of written characters for 999 is thus forty-three. The weighted figure for the Nescafé advertisement is 0.59 characters per second. The parallel figure for the 999 advertisement is 1.43 per second.

Another obvious difference is in the number of cuts and dissolves used in camera work. For the Nescafé advertisement there are sixteen cuts and two dissolves whereas the 999 advertisement has only five cuts and three dissolves. This means that for the former there is one cut/dissolve every 2.3 seconds and for the latter one every 3.7 seconds. The use of more cuts and dissolves is one of the basic new techniques used in making TV advertisements which is borrowed from film making. Commercial film editor Howie Lazrus says:

'The key thing to remember about the vignette commercials is that you can get so much more information into them. In fact, the vignettes more or less originated in response to the switch from 60 second to 30 second spots. They're a wonderful way to pack in information: all those scenes and emotions—cut, cut, cut.'(Arlen 1981; Leiss et al. 1986:141)

Other clear differences are (a) the 999 advertisement only has two characters in the mini-drama whereas the Nescafé advertisement has seven main characters; (b) the characters in the 999 advertisement are dressed traditionally and appear to come from the country whereas those in the Nescafé advertisement (particularly the two visitors) are dressed in much more sophisticated fashion, associated with the city; (c) there are three main scene changes in the Nescafé advertisement but none in the 999 advertisement.

All of these contrasts add up to a faster changing and more

sophisticated presentation for the Nescafé advertisement along with considerably less linguistic information and a faster changing non-linguistic format. These factors alone would appear to be enough to articulate the distinction between the advertisements in terms of their sophistication, but so far we have taken relatively little pragmatic information into account. In the next section we will concentrate on this area by a careful contrast of the inferences needed to understand the two advertisements.

5. Inferences

5.1 General remarks

Inferencing on the basis of linguistic material can come in a number of forms. The term 'inference' comes originally from deductive logic, where inference is used to deduce conclusions which follow necessarily from sets of premises, but in ordinary language most inferences are inductive rather than deductive (see Blakemore [1992:12 ~ 16] for a clear account). The most obvious examples of inductive inference are the implicatures discussed in Gricean approaches to conversational understanding (Grice 1975) and work building on that approach (e.g. Leech 1974, 1983; Sperber and Wilson 1986). For Grice, addressee inferences are, from the addresser perspective, intended implicatures, though Sperber and Wilson and others have pointed out that by no means all addressee-derived inferences are intended by addressers. Kintsch and van Dijk (1983:49 ~ 52) distinguish between bridging inferences (see section 2) and elaborative inferences; this is intuitively appearing, although their distinction is not always easy to make in practical terms when examining texts in detail. Other examples of inferences which understanders can make would be based on presuppositions embedded in sentences and social relations and other information in the form of speech felicity conditions which can be worked out if one is reasonably sure of the speech act value of a particular utterance. One of the difficulties here is that the inferences to be drawn in order for a complete understanding of just one sentence to take place are often numerous and that many of these are very low-level inferences. For example, in a sentence like 'He knew that the policeman had visited his house.' the embedded clause contains a presupposition that the policeman had visited the house which in turn presupposes the existence of a policeman in the house. These sorts of inferences, although important for understanding, are often rather far away from major interpretive moves that individuals wish to make with respect to text, which in any case consists of a myriad of sentences. In the analysis which follows, as we are most interested in the relationship between inferences and textual interpretation we have restricted ourselves to inferences which would seem maximally important for establishing an understanding of the advertisements. For example, in the Nescafé advertisement, the shot of the young woman taking the coffee from her mother-in-law shows that she is at the kitchen door in spite of the fact that the previous shot which included her had her sitting down at a low table. The inference that she must have got up and moved to the kitchen is important in our interpretation of what she has done. She is being more helpful than she would have been if, for example, she had waited until her mother-in-law got to the seated area before taking the tray from her. However, the inference which we have just described has behind it a whole series of other facts which could be spelled out, but which do not appear to bear on our interpretation of her action. For example, in order to move from a sitting to a standing position she must have performed a series of actions where she put one foot in front of another. In interpretative terms these inferences, although we can make them if we think hard about it, do not lead to new interpretative moves. If we counted all such inferences we could well end up with comparative figures which would not illuminate the interpretative process, and, in any case, we could not be entirely sure we had spelled out every single inference that could be made. It is interesting to note that schema theory (e.g. Schank and Abelson 1977; Rumelhart 1980; and see Semino [1995] for textual applications), which in part helps us to explain how we 'fill in' pieces of information which are not explicitly mentioned or shown, tends to work with the higher level, more abstract aspects of situations rather than the sort of 'nitty gritty' inferential work of the kind that we have illustrated above. Clearly there is an issue concerning how one decides which inferences to include. This is a problem which stylistic analysis and other forms of analysis have tended to 'solve' by relating textual description directly to the argument needed to substantiate a particular interpretation. Clearly there is an issue concerning the criteria by which one reaches decision as to which inferences to include and which not. Although we do not have detailed answers to this question we hope that our raising of the problem will stimulate discussion.

Most of the pragmatic work done on the inferring of meaning has been based on linguistic material. It is clear, however, as Grice and others have always acknowledged, that inferential work can be based on nonlinguistic as well as linguistic grounds. Indeed, the remarks by Larazus quoted in section 4 would appear to be based on intuitive assumptions about the relationship between changing camera shots and inference. It is not just that more information can be transferred by pictures than language; it is also the case that the relation maxim enables us to infer a relationship between one camera shot and another. Other things being equal, a scheme which is portrayed with more changes in shot is thus likely to have a higher 'inferential value' than a scene with few camera changes, and this almost certainly explains Lazarus's advice to 'cut, cut, cut'.

A difficulty which arises when applying pragmatic tools for language analysis to the interpretation of visual material is that traditional pragmatics has based inferences which are made on the propositional form of utterances. But visual information does not have a propositional form. We may, of course, be able to present what is seen propositionally, but there is no automatic agreement between the propositional forms which two different people might produce. In any case, it is not automatically clear that our understanding of visual information involves a linguistic account of it. Kan (1992) made some attempt to apply Gricean pragmatics to nonlinguistic information in advertisements by trying to produce nonlinguistic versions of four Gricean maxims. This kind of account has some difficulties attached to it, in particular, in relation to the maxim of quality. Truth and falsity are properties of propositions and do not apply easily to visual presentation of scenes and actions. Similar difficulties apply, though not quite so dramatically to the maxims of quantity and manner because they are often related to particular linguistic formulations. The maxim of relation, however, would appear easier to apply to nonlinguistic material as change is easy to observe in such data and does not so obviously need recasting in propositional form for us to perceive it, even though we have to put things in words to talk about it (as we must clearly do in this article). This in itself would appear prima facie evidence for Sperber and Wilsons' contention that relevance is a more important maxim than the others in the Gricean account. Although we have some reservations about replacing the Gricean account with relevance theory for language understanding, it would appear to be the case that the inferences needed to achieve interpretations of the advertisements we have described are based mainly on the relevance maxim.

Finally, it should be noted that the relevance theorists (e.g. Sperber and Wilson 1986; Pilkington 1990; Blakemore 1992) have pointed out that even when dealing with linguistic material, inferences may not necessarily be determinate (i.e., alternative inferences may be made from the same information, depending upon what contextual knowledge understanders bring to bear) nor of the same weight (both implicatures and other inferences can be strong or weak). Indeed it may be difficult even to work out an adequate propositional form for some inferences. Traditional descriptions of connotation and association may well be examples of very weak inference, as might Blakemore's (1992:156) description of what she calls the 'bite' of a sentence from Thackeray's *Vanity Fair*, compared with a paraphrase which she provides.

What this general discussion of inference shows is that although much interesting work has been written on the subject, there is no clear agreement on how to analyze inference in a systematic fashion (indeed inferential indeterminacy and weakness make it very difficult to achieve such agreement). Part of the problem here may well be that the phenomena which theorists have noticed have been based on small-scale, often specially constructed examples. We would not want to claim that our analyses are ultra-objective either, but we have tried to spell out what we feel are the most important inferences for the understanding of complete texts, and the relation which we explore between inferences and interpretative significance would seem to be an interesting way of exercising some control over this difficult area. Chan (1994) and Loong (1994) make a distinction between immediate inferences of interpretative significance and further inferences based on the more immediate ones, and this seems an interesting approach to the investigating of chains of inference. However, given the difficulties with the analysis of inference already outlined, we have not always felt confident that we could make the distinction with enough certainty, and so have merely listed the inferences which we felt to be interpretively important.

5.2 Inferences in the 999 Gastritis Cure advertisement

Table 1 lists what would appear to be the major inferences to be made in this advertisement and the basis upon which they are made.

There are 19 major inferences which would appear to be directly related to our interpretation of the advertisement. This gives a rate of 0.63 inferences per second. If we examine them more closely, we can notice that a number of the inferences look similar to one another. For example, the inference that the grandmother has little to do with the outside world is an explanation for the fact that she has altered her way of living little, and this in turn would appear to be another way of saying that she lives in and cherishes the past. The inference in D that little change has taken place since her husband left is very much like the inference already mentioned. There is also a close connection between the inference that she remains devoted to her husband in C, the inference that she is expecting his return in the same segment, and the inferences in F that grandpa's return will change her life for the better and that love makes the husband and wife inseparable in spite of the political division in China.

Table 1: Inferences from the 999 Gastritis Cure advertisement

Linguistic and non-linguistic evidence	Inferences that could be made
A. The darkened interior of a traditional Chinese house and the latticed door. The old woman sits still in her chair. Voiceover: 'To the grandmother time is at a standstill.'	1. From its appearance it is probably a household in South China. 2. The old woman has little to do with the outside world. 3. She has kept to her way of living for many years and has altered little.
B. Traditional furniture, old clock, old decorative pieces.	1. She still lives in and cherishes the past.
C. A red flower at the collar and red embroidered cloth shoes. Voiceover:'Today her husband she has been longing to see for forty years will be home.'	1. She is wearing some of her wedding clothes. (In a traditional Chinese wedding the bride wears a red coat, red trousers and a pair of red cloth shoes.) 2. She remembers the wedding and wants her husband to remember it too. 3. She is happily expecting her husband's return.
D. The basket, the bamboo pipe, the black pot. Voiceover: 'Everything remains the same as if grandfather had only left yesterday.'	1. Someone in the family takes Chinese herbal medicine. 2. Little change has taken place since her husband left.
E. Dissolve of the pot into packages of 999 Gastritis Cure. Voiceover: 'The only difference is 999 Gastritis Cure has taken the place of the herbal medicine she brewed for him before.'	1. She has bought 999 Gastritis Cure for her husband because she knows he has gastric problems. 2. 999 is associated with Chinese herbal medicine, and is more convenient than brewed herbal medicine. 3. She takes good care of his health and is a good wife to him.
F. The boy rushes into the room and tells his grandma that grandpa is back; the elderly woman rises expectantly and the room lights up.	1. Grandpa's return will change her life for the better.
G. Voiceover: 'Love makes them inseparable.' Voiceover: 'The promise of 999 Gastritis Cure.'	1. Love makes the husband and wife inseparable in spite of the political division in China. 2. 999 plays an important role in the old woman's expression of love for her husband.

Besides the fact that a number of the inferences made look very similar to one another, it is also the case that many of them appear to be straightforwardly relatable to the voiceover. Thus, in C, the inferences on the basis of the visuals that she is happily expecting her husband to return are very similar to the voiceover saying that the husband she has been longing to see for forty years is coming home. Similarly, in D, the inference based on the presence of the Chinese medicine-making apparatus, that little change has taken place since her husband left, is very similar to the message of the voiceover as well as to inferences previously made. Similar remarks can be made about the information that love makes the couple inseparable in G.

Overall, what we would appear to have here is an advertisement with relatively few high-level inferences based on visual material. Moreover, the inferences that can be made are (a) repetitive of others drawn from the visual content, and (b) repetitive of, and very similar to, the linguistic information provided in the voiceovers. Not surprisingly the patterns we have seen in the inferential part of the data tend to reinforce the points made in section 4. Because the overall meaning of the advertisement is repeated at a number of different levels and is little different from the overt statement made, we have further evidence that the advertisement is likely to be seen as relatively unsophisticated and located towards the hard-sell end of the advertizing continuum.

5.3 Inferences in the Nescafé advertisement

Table 2 presents major inferences that may be drawn from the Nescafé advertisement.

There are 42 major inferences in this advertisement, almost all of which are based upon visual information including movements from one shot to another. Clearly, few inferences can be made on the basis of verbal material, as there is little in the advertisement. There is roughly one inference per second, a rate around twice that of the 999 advertisement. This increase in inferential work is not the only way in which the Nescafé advertisement is more sophisticated in terms of meaning production. The amount of repetition between one inference and another is considerably smaller and there is very little direct fit between the spoken material and the inferences made. These facts, together with the general aspect described in section 3, help to substantiate the feeling that this advertisement is more sophisticated and more soft sell than the 999 advertisement.

Table 2: Inferences from the Nescafé advertisement

Linguistic and non-linguistic evidence	Inferences that could be made
A. The man and the woman arrive by a large and grand-looking ship; he is carrying a suitcase while she has a shopping bag in her hand.	1. They are coming back from overseas. 2. This is a coastal city. 3. They are fairly successful. 4. They are a married couple. (Since there is only one suitcase it must be for both the man and the woman. In terms of Chinese cultural norms a woman will not have such a close relationship with a man unless she is married to him.)
B. The way the young couple are dressed: well-cut dark-colored coat and tie for the man and stylish orange coat and skirt for the woman.	1. The man is successful and the woman is fashion conscious.
C. The young men on the quay place link arms with the young man who has just arrived.	1. They know each other well. 2. Possibly they are brothers.
D. The big, new and foreign-looking car in the foreground.	1. The family is financially well off.
E. Green trees all around.	1. It is a city in the south.

Continued

Linguistic and non-linguistic evidence	**Inferences that could be made**
F. The grayhaired man wearing hornrimmed spectacles.	1. He is an intellectual or a professional. (Many more academics and intellectuals in China wear glasses than working-class people. When they do need to wear them, working-class people wear ordinary glasses rather than horn-rimmed ones.)
G. The older man and woman focus their attention on the young man.	1. He could be their son. 2. The older couple have come out to welcome him home.
H. The young man turns his head towards the young woman and touches her arm with his hand and the older couple turn to look at her.	1. The young man introduces his wife (see A) to his parents.
I. The older woman extends both her hands to the younger woman and shakes her hand, all smiles.	1. The older woman is pleased with what she sees of the younger woman.
J. The younger woman sits apart from the rest of the family.	1. She is new to the family. 2. She does not feel fully integrated.
K.The young man wearing the blue shirt takes a jar of Nescafé coffee from a paper carton and looks carefully and appreciatively at the label.	1. The two jars of Nescafé have been brought back by the young couple as a present. 2. The young man in the blue shirt is delighted at the present.
L. The young woman sits alone with her hands in her lap.	1. She feels uneasy as a newcomer. 2. She is trying to look relaxed.
M.Cut to the younger woman and then cut to the older woman smiling kindly at the younger woman: she looks slightly worried and begins to rise.	1. She likes the younger woman. 2. She is thinking about how to make her feel at case.
N. Dissolve of the older woman's face into a jar of Nescafé.	1. She remembers the Nescafé coffee brought by her son. 2. She wants to serve coffee to make the younger woman feel welcome.
O. Two mugs of black coffee among mugs of coffee with cream or milk.	1. The black coffee must be for the young couple who have been overseas for many years and have sophisticated tastes. (Most Chinese have their coffee with milk and sugar.)

Continued

Linguistic and non-linguistic evidence	**Inferences that could be made**
P. The younger woman stands at the door and offers to take the tray of coffee.	1. She must have risen and walked to the door to meet the older woman. 2. She wants to reciprocate the older woman's kindness. 3. She is a caring person. 4. By offering to serve coffee she wants the rest of the family to feel that she is a member of the family.
Q. The older woman asks the younger woman, 'How is it?'	1. She wants to know whether she likes the coffee. 2. She wants to know whether she has made it right. 3. She wants to make her feel she is a valued member of the family.
R. The younger woman smiles and says, 'It tastes great.'	1. She likes the coffee. 2. She likes the way the older woman made the coffee. 3. She likes the older woman and the family.
S. A shot for the first time of all the people in the room together round the coffee table.	1. She is now fully integrated into the family.
T. All are drinking Nescafé coffee and their body movements synchronize when they laugh.	1. They enjoy Nescafé coffee. 2. They are a happy family. 3. The young wife has now been fully integrated into the family and she is no longer alone.
U. Informally hand-written Chinese characters ('It tastes great.') with a pen stroke below them.	1. These words sum up the feelings of both the advertizer and the public. 2. They are enthusiastic about Nescafé coffee. 3. They are informal and easy-going people and Nescafé suits their style.

Indeed, our analysis would appear to confirm our initial intuition that the Nescafé advertisement is at one extreme of the hard-/soft-sell continuum compared with the other advertisements in our sample.

6. Conclusions

We have pointed out a change that appears to be taking place in Chinese advertizing which we believe that Chinese viewers would intuitively perceive and respond to. Trying to account for the differences between the different kinds of advertisements has led us towards a number of issues which we believe are of some importance in accounting for the meaning and the character of texts in pragmatic terms. This article does not provide a series of ready-made answers. But we believe that it highlights some areas which the burgeoning field of pragmatics needs to address. Firstly, it will be important to extend pragmatic descriptions of nonlinguisitic phenomenon. Indeed it has often been suggested in general terms (e.g. Saussure 1966; Barthes 1964) that language is merely one semiotic system and that the techniques for language analysis should be applicable to other areas of semiotics. There have been some attempts to make this sort of transfer (e.g. the semiotic analysis of dress and the attempt to provide narrative grammars based on an analogue with sentence grammars) but such approaches have been only partially successful. The application of techniques of pragmatic analysis to other meaning systems appears to be potentially more fruitful, particularly in terms of the application of relevance.

Inferential analysis would appear to have a part to play not just in the explication of meaning but in accounting for our intuitions about the straightforwardness or indirectness of texts. Advertizing data would appear to be particularly interesting with respect to the issues we have just referred to as (a) it is a form which involves a combination of linguistic and nonlinguistic data and (b) because issues of directness and indirectness are important to advertizers. However, it is clear that there are no generally agreed methodologies for performing inferential analysis. One way of beginning to give more clarity to this area is to apply explicit inferential analysis to short complete texts in the way we have done here, and then to carry out empirical investigations to ascertain whether native speakers exposed to these texts arrive at the same, or similar, inferential conclusions. This is an avenue which we want to explore in the future, but we would also be pleased for others to take our analyses and test them empirically.

We have concentrated on Chinese data, but we would expect the issues we have raised to be common across languages and across cultures. In any case, it is important that theories of text, which tend to be based quite heavily on English-language data, be tested against and, where necessary, extended to account for, what we find in other languages.

References

Arlen, M. 1981. *Thirty Seconds*. Harmondsworth: Penguin.

Barthes, R. 1964. *Image-Music-Text.* Translated by S. Heath. London: Fontana.

Blakemore, D. 1992. *Understanding Utterances*. Oxford: Blackwell.

Chan, Y. K. 1994. Hard or soft: A cross-cultural pragmatic analysis of inferences in British and Chinese TV advertisements. Unpublished M.A. dissertation. Lancaster University.

Cook, G. 1992. *The Discourse of Advertising*. London: Routledge.

Forceville, C. 1991. The case for pictorial metaphor in advertisements. *Parlance (Journal of the Poetics and Linguistics Association)*, 3 (1): 7 ~ 19.

Grice, H. P. 1975. Logic and conversation. In P. Cole and J. Morgan, eds.

Syntax and Semantics, Vol. 2: *Speech Acts*. New York: Academic Press. 41~58.

Kan, Q. 1992. Towards a pragmatic approach to the analysis of television advertisements. Unpublished Ph.D. dissertation. Lancaster University.

Kintsch, W. and T. A. van Dijk. 1983. *Strategies of Discourse Comprehension*. New York: Academic Press.

Leech, G. N. 1966. *English in Advertising*. London: Longman.

Leech, G. N. 1974. *Semantics*. Harmondsworth: Penguin.

Leech, G. N. 1983. *Principles of Pragmatics*. London: Longman.

Leiss, W., S. Kline and S. Jhally. 1986. *Social Communication in Advertising: Persons, Products and Images of Wellbeing*. London: Methuen.

Loong, S. L. 1994. Soft sell vs hard sell: A pragmatic analysis of British and Chinese TV advertisements. Unpublished M.A. dissertation. Lancaster University.

Pilkington, A. 1990. A relevance theoretic view of metaphor. *Parlance (Journal of the Poetics and Linguistics Association)*, 2(2): 102 ~ 117.

Rumelhart, D. E. 1980. Schemata: The building blocks of cognition. In R. J. Spiro, B. Bruce and W. Brewer, eds. *Theoretical Issues in Reading Comprehension: Perspectives from Cognitive Psychology, Linguistics, Artificial Intelligence and Education*. Hillsdale, N J: Lawrence Erlbaum. 35 ~ 58.

Saussure, F. de. 1966. *Course in General Linguisitics*. Translated by W. Baskin. New York: McGrath Hill.

Schank, R. C. and R. Abelson. 1977. *Scripts, Plans, Goals and Understanding*. Hillsdale, N J: Lawrence Erlbaum.

Schudson, M. 1984. *Advertising, the Uneasy Persuasion: Its Dubious*

Impact on American Society. London: Routledge.

Semino, E. 1995. Schema theory and the analysis of text worlds in poetry. *Language and Literature*, 4 (2): 79 ~ 108.

Sperber, D. and D. Wilson. 1986. *Relevance: Communication and Cognition*. London: Blackwell.

Vestergaard, T. and K. Schroder. 1985. *The Language of Advertising*. Oxford: Blackwell.

Wright, John S., Winter, Willis L. and Zeigler, Shariyn K. 1983. *Advertising*. 5th ed. New Delhi: Tata McGraw.

From Divergence to Convergence

—On Language Use and Communication in Chinese Mainland and Hong Kong①

Abstract: The paper begins with a discussion of the differences in language use between Chinese mainland and Hong Kong. It then gives an overview of foreign language teaching in Chinese mainland since the 1950s. It concludes with speculations on the role of English in post-1997 Hong Kong and recommendations for English language teaching in Chinese mainland and Hong Kong.

Introduction

It is a great pleasure for me to be invited to address this assembly of academics, professionals and leading figures from the media and business community. I thought it might be necessary for me to say a few words to introduce myself. I have been teaching English for more than thirty years. Most of the time I have taught at a university, i.e., Beijing Foreign Studies University, but I have also taught elsewhere. I taught English by radio in the last days of the Cultural Revolution, and in the first days of the "open door" policy presented the BBC English teaching programme *Follow Me* on television. I have also worked on syllabus designing and materials development. So I have been very much involved in the teaching of English. As language is closely tied

① Paper presented on December 16, 1996 at the Seminar on Cross-cultural Communication in Transitional Hong Kong hosted by the City University of Hong Kong.

up with culture, I often have had to deal with cross-cultural issues in teaching. In time intercultural communication has become an area of my academic interest. I was among the first on the mainland to offer intercultural communication as part of an MA programme. I have also been involved in research and training of a cross-cultural nature.

Although I have been to Hong Kong several times, I do not think I have an accurate understanding of language use here. I will therefore dwell mostly on the language use and communication issues in Chinese mainland and on that basis draw some parallel between the mainland and Hong Kong.

Existing divergence in medium and style of communication between Hong Kong and the mainland

Because of historical reasons the basic situation in language use varies a great deal from the mainland to Hong Kong. On the mainland Mandarin (or Putonghua) is the official medium of instruction at schools except for the years 1966 ~ 1976 when local dialects returned to the classroom. English is a foreign language taught as a subject. At home one finds a large variety of dialects although Mandarin is promoted as the standard and widely used in the mass media.

The picture in Hong Kong is very different. Cantonese is the medium of instruction at primary schools whereas English is the declared instructional language in over 90 per cent of its secondary schools.[①] English is the language used in government, law, and

① "Today (1987), English is the medium of instruction for 9.05% of pupils in primary schools and is taught as a subject to pupils in the remaining primary schools in which the medium of instruction is Chinese. In secondary schools, at present, English is the declared medium of instruction of 91.11% of children enrolled in all types of Hong Kong secondary day and evening schools and English tutorial classes." Quoted from Gillian Bickley. Plus ça change, plus c'est la même chose: Attitudes towards English language learning in Hong Kong—Frederick Stuwart's evidence. In *World Englishes*, 9(3):298.

business whereas Cantonese is used in most homes. There is one thing in common, however, and that is, in writing both Hong Kong and the mainland use standard Chinese although even in that domain there exist some differences. At discourse level one finds too a number of obvious differences. For example, on such issues as how a piece of news is presented to the public, what is an effective advertisement, and how an interview is conducted, etc. a number of differences exist.

Recent developments in language use and communication in Chinese mainland

Since Chinese mainland started opening its door to the outside world in the late seventies, there have been significant political, social and economic changes which have affected language use and communication in general. I will first take up some of the changes in the use of Chinese, especially in its vocabulary. Then I will discuss the spread of English on the mainland and its ramifications. Finally I will briefly take up the issue of changing values and beliefs that have occurred in Chinese mainland.

For a long time the Chinese language used in Hong Kong and on the mainland each followed its own course and developed fairly independent of each other. With increasing contact between Hong Kong and the mainland, however, some of the words and expressions peculiar to Hong Kong dialect have gradually made their way into Mandarin. An obvious example is the term “dishi” (的士), a transliteration of the English word “taxi”, which was used in Hong Kong for decades but was not used by Mandarin speakers on the mainland. Then it spread to Guangzhou where people started using it in the expression “da dishi” (搭的士). When it emigrated to Beijing, a homophone was used and a new expression coined (打的). The character "da" soon became an active morpheme and entered into as many as twelve expressions.

Another character which originated in Hong Kong and has gained currency on the mainland is the word "chao" (炒, to stirfry). Fifteen years ago most Mandarin speakers would not know what "chao youyu" (炒鱿鱼, literally to stirfry squid, but has come to mean "to sack" figuratively) means, but now "chao" has entered into many collocations. You can "chao" almost anything ("chao" may mean to speculate in or to capitalize on or to push up the price artificially, depending on the context.). For example, in "chao gupiao" (炒股票), "chao dipi" (炒地皮), "chao waihui" (炒外汇), and "chao meijin" (炒美金), the morpheme "chao" means to speculate in something while in "chao xinwen" (炒新闻) it means to capitalize on some piece of news or to make news of something that is not really newsworthy.

Terms of address have been an interesting topic for many sociolinguists. The rapidly changing norm in the use of address terms in Chinese mainland has especially drawn attention from a number of linguists. Terms which were used on the mainland until 1949 such as "xiansheng" (先生, Mr), "taitai" (太太, Mrs), and "xiaojie" (小姐, Miss) regained their currency in recent years. This is partly attributable to the influence of Hong Kong dialect on Mandarin. "Laoban" (老板, boss), which used to have a strong derogatory meaning because of political movements on the mainland, has become a complimentary term among some people and vendors sometimes use it with the intention of winning a potential customer. It is extended well beyond business circles and, among some, has come to mean a leader in a research project or someone who wields great power.

It has been calculated that more than 600 Hong Kong expressions have entered into Mandarin in recent years (陈建民 1994). Of the 600 odd expressions, 100 are from business, 77 from finance and economy, 48 from food and drinks, 47 from entertainment, 45 from politics, 44 from science and technology, 20 from communications, 19 from marriage and the family and 11 from education. Eighty-nine expressions have to do with modern concepts, 81 are related to terms of address and 19 related to sex.

As to why there is such an influx of loan words into Mandarin, there may be many reasons. One reason is that for some of the new concepts and things there were already expressions available in Hong Kong dialect whereas there were as yet no Mandarin equivalents. Hence the borrowings. For instance, "diannao"(电脑, computer), "caidian" (彩电, colour TV), "xinyong ka" (信用卡, credit card), "ershou huo" (二手货, used goods), "kuaican" (快餐, fastfood), "gongguan" (公关, public relations), "fuyinji" (复印机, copier), "weibolu" (微波炉, microwave oven), "liansuodian" (连锁店, chain store), etc. In some cases it is not a matter of lack of equivalents. There are expressions available in Mandarin, but people believe that the Hong Kong expressions serve their purpose better or are more fashionable. For instance, the cashier's place used to be called "shoukuanchu" (收款处), but now big department stores have changed them into "shouyintai" (收银台), believing that this somehow would make the place look more modern. Instead of "gongtongde kanfa" (共同的看法) or "yizhide yijian" (一致的意见), now more and more people start using "gongshi" (共识, mutual understanding). Instead of saying "cuowude renshi" (错误的认识, mistaken ideas) newspaper articles now use "renshishang de wuqu" (认识上的误区, problem areas in one's understanding). However, in some cases the same characters may refer to different concepts. "Taikong ren" (太空人), for instance, means spacemen in Mandarin whereas it refers to those who work in Hong Kong but whose wife and children have emigrated to some western country. "Xuewei" (学位) in Hong Kong means places in a school or a university, but it refers to academic degrees on the mainland. "Yisheng" (医生) refers to doctors of both Chinese and Western medicine on the mainland, but in Hong Kong it refers to doctors of Western training only. More recently some professionals have given up their jobs in a government office or a college and joined the business world. This is called "xiahai" (下海). The same expression in Hong Kong, however, means women becoming prostitutes or taxi dancers.

This trend of Mandarin borrowing from Hong Kong dialect is an ongoing process and some scholars see this as a channel for the Chinese language to absorb fresh expressions and expand its word stock. Tian Xiaolin (田小琳), editor of the Hong Kong journal *Putonghua* says, "To borrow from other languages is an important means to enrich one's own vocabulary. Why not take Hong Kong as a key base for such borrowings? It may well serve as a window on the world. Of the extensive borrowings a selection can be made and what is appropriate for the entire nation may then be retained in the basic vocabulary."

As to how Mandarin has affected Hong Kong dialect in recent years it seems no systematic study has been undertaken. Mr Chen Jianmin, research fellow at the Institute of Applied Linguistics, the Chinese Academy of Social Sciences, recently did an investigation among Hong Kong civil servants and students of the Baptist University. He designed a questionnaire which consisted of five parts. Each part has in it a number of statements containing some expressions peculiar to Mandarin. The respondents were asked to indicate whether they understood it or not, and to identify the correct meaning. The results of the investigation serve as an indicator of whether Hongkongers understood or accepted those Mandarin expressions and to what degree.

It has been found that Mandarin expressions such as "jinzhang" (紧张, in short supply), "huibao" (汇报, to report), "piping" (批评, to criticize), "biaoyang" (表扬, to praise), "zhuajin" (抓紧, to take a grip on), "jiantao" (检讨, to criticize oneself), "xiahai" (下海, to go into business), and "wushamao" (乌纱帽, one's official post) have been accepted by most respondents while expressions like "daimaozi" (戴帽子, to label someone as...), "dagunzi" (打棍子, to attack someone using untenable pretexts) and "taijiaozi" (抬轿子, to curry favour with some superior) are still beyond the understanding of most Hongkongers.① In general it is safe to say that in comparison with the number of loan words in Mandarin from Hong Kong dialect, the number of borrowings from Mandarin in Hong Kong dialect is very small.

Next I would like to review briefly how foreign language teaching evolved on the mainland since 1949. As you will know, before 1949 English was the No.1 foreign language except for the period of Japanese occupation during WWII. After the founding of the People's Republic, however, Russian took the place of English and became the most important foreign language to learn. The Russian Institute in Beijing alone at its peak had more than 7,000 students. Russian was offered as a subject at secondary schools and colleges. Many teachers of English had to abandon English and start learning Russian so that they could teach it. Russian was taught in evening schools as well as by radio. In addition there was a mushrooming of crash courses in Russian. A pay raise was offered as an incentive to civil servants who had learned Russian. English was still offered at schools and colleges, but it was looked upon as an "imperialist language" which many students would not want to learn.

After China and Russia fell out in the early sixties, the language

① 陈建民先生的调查结果目前尚未公布，不久将在他的一本著作中发表。

teaching situation changed drastically and English again became the major foreign language and teachers of Russian had to be "recycled" to become teachers of English. But because of a shortage of teachers of English both English and Russian were offered at secondary schools and colleges as a subject. In the mid-sixties as a result of China's extending foreign relations Japanese, French and Spanish received more attention than before and a greater number of students majored in those languages at universities and foreign language institutions. English, however, still retained its predominant position in all foreign languages taught.

When China started opening its door to the outside world in the late seventies, the teaching and learning of English entered a new phase. People looked upon English as a window through which to view the world. English became a subject second only to their majors among science and engineering students and they had to spend an enormous amount of time studying English and passing the Band 4 tests. Some universities made it their regulation that students who fail to pass the Band 4 tests are not eligible for BSc or BA degrees.

Short term courses in English were offered at many universities and English teaching became a commercially viable business. When *Follow Me* was broadcast on CCTV in 1982, one million copies of the book were sold out within a couple of months. Other English teaching programmes later appeared on TV including *Family Album U.S.A., Follow Me to Science*, and the more recent *Look Ahead*. There are no reliable figures of how many people are learning English nationwide but one indicator is the printrun of popular English textbooks. The set of English textbooks compiled by Professor Xu Guozhang in 1962 has undergone three editions and scores of impressions, totaling more than 1,300,000 copies. There are now in cities like Beijing, Shanghai and Guangzhou private bilingual kindergartens and schools where English is taught side by side with Chinese. There are also schools where the instructors are all Americans like the New Bridge English Language School in Beijing and spoken English is given priority. It was speculated at one time that the "English Fever" would gradually peter out, but it seems the opposite is true.

The motives for learning English are manifold. Some science and engineering students learn English so that they can have access to the latest information in western countries, especially in America. Others learn English to get a good score in TOEFL and GRE so that they may have a chance to study overseas. Still others need English to apply for a job in joint venture enterprises and companies. Those with a good command of English are often the ones who get the jobs.

Recently the Internet has been made publicly available. In Beijing alone there are six or seven internet service providers in competition. A year ago one had to pay 1,000 *yuan* in order to have an email account. Now it is down to 100. More than a dozen universities now have their own intranet and provide Internet services at an inexpensive rate. The number of Internet users is still very small—about 60,000 compared with the 200,000 in Hong Kong (崔德勋 1996). Although there is talk about using Chinese on the Internet, current users are all using English to communicate with each other and with the outside world. Next I will show you a few specimens which I have extracted from my email.

Specimen 1:

From: "Ari Manninen" <MANNINEN@cone.jyu.fi>

To: wzhu@ns.east.cn.net

Date: Mon, 14 Oct 1996 11:00:02 EET

Subject: Thanks to you

Dear Sir,

Thank you for your email. I was glad to hear that journey back to home went nicely.

Yes, I am happy to say that the seminar really was a success. The participants gave praising feedback. Your excellent contribution was mentioned in many papers in which they evaluated the seminar.

However, it is never easy to convince experienced participants that a seminar is an excellent one. There seems always be a special threshold which must be crossed before the participants admit that this seminar is really a good one. In this case your presence clearly delivered the right message to the participants. It was obvious to everybody that this seminar is "a real thing" where the outstanding academics and practioners are helping the participants to understand intercultural communication.

Thank you very much for your excellent contribution to our seminar.

I look forward to be in co-operation in future seminars.

All the best wishes.

Sincerely

Ari

Specimen 2:

Date: Mon, 14 Oct 1996 20:16:39 +0900

Message-Id: <199610141116.UAA13092@daisy.sipeb.aoyama.ac.jp>

To: wzhu@ns.east.cn.net

Dear Professor Hu,

Thank you for your response. We have plenty of time to discuss your trip here.

I will initiate the discussion. In the meantime, I would like you to know that I was very happy to meet you at Harbin and that I am hoping our relation will enhance joint research on ways to promote Chinese-Japanese communication.

Honna

Specimen 3:

Received: (from root@localhost) by ns.east.cn.net (8.6.11/8.6.11) id OAA29901 for users; Fri, 8 Nov 1996 14:20:49 +0800

Date: Fri, 8 Nov 1996 14:20:49 +0800

From: gengzan

Apparently-To: users

Dear users,

NOTE: On Sunday morning Nov 10th, the Beijing Telegraph Building will partly shut down the power supply for system maintenance. Our service will not be avaliable from 8:00 ~ 12:00 A.M. [*sic.*] We are sorry for the unconvenience [*sic.*].

East Telecom.

Consulting number: 62552584, 62627809

Nov 8th, 1996

Specimen 4:

Dear Wenzhong,

During the conference period, I would certainly like to meet as many specialists in Australian studies as possible, in order to know the field better. As for the post-conference visits, I'll see what Dr Carter can arrange for me, but it seems only feasible for me to follow your advice that, besides visiting your campus, I take a look around Beijing.

Since the ACC as a group has booked at the Sheraton Hotel for the 26th and 27th, would you please make reservation for us (Dr Carter and myself) to stay on campus for the 28th and 29th—as he indicated earlier?

Thank you very much and looking forward to seeing you and Professor Wu.

Ching-Hsin

I have given four specimens above. The first is from a Finnish seminar organizer to a Chinese seminar participant, the second from a Japanese professor to a Chinese professor, the third from an Internet service provider in Beijing to its users, and the fourth from a Chinese professor in Taipei to a Chinese professor in Beijing. All these look normal enough as communication goes, but what deserves our attention is English is not a native language to any of the writers, nor is it native to those the messages are addressed to. Strictly speaking English is used as an international language in the first and second specimens and as a second language in the last two specimens. (I am using "second language" here in the British sense rather than in the American.) In the first two instances English has to be used as it is the only language understood by both parties. In the other instances, however, the situation is different. Normally, if it had not been for the Internet, the writers would have used Chinese instead of English. This means the Internet has "forced" some Chinese to use English as a medium of communication among themselves. In other words the role of English has changed from being a foreign language to that of a second language. As the number of people using the Internet is still very small, we cannot exaggerate the significance of what is happening. But this is a phenomenon worth our attention and the impact this may have on language use in Chinese mainland in the long run is something we need to watch.

Since Chinese mainland is involved increasingly in international business and more and more joint venture and foreign-owned firms and enterprises are set up, we notice a drive towards globalization in terms of business practice and etiquette and communication style. The typical Chinese-style dining has been gradually replaced by Western-style dining on formal occasions and buffet lunch and dinner is becoming more fashionable. The Foreign Ministry has decreed that strong spirits be banned at state banquets. Instead port wine and beer or soft drinks are served.

Ron and Suzanne Scollon in their book *Intercultural Communication: A Discourse Approach* point out that the Utilitarian discourse system is the preferred style in Western business communication. They sum up the characteristics of the Utilitarian discourse system as being anti-rhetorical, positivist-empirical, deductive, individualistic, egalitarian and public (Scollon & Scollon 1995:107). They maintain (114 ~ 115):

"In the two hundred years since it first began to be developed, the Utilitarian discourse system has come to the position of the central and dominating discourse system throughout the western world. The forms of discourse preferred by this discourse system are the deductive rhetorical strategies of beginning a discourse with one's topic, and the use throughout of politeness strategies of involvement. The essay is the prototypical discourse form in academic or intellectual circles, and the press release or the business letter are the corresponding forms in general professional written communication. In spoken communication the C-B-S [clarity, brevity and sincerity] style is the preferred style. Say what you have to say, nothing more; you might lose money."

In recent years many books on international business and trade negotiation have been published in Chinese mainland. Some are better written than others, but the general thrust is towards a better knowledge of international practices in business communication. One of such books (刘厚元等 1993:280) offers the following advice:

"Do not say anything that has nothing to do with the topic on hand. In negotiations it is inappropriate to express opinions on irrelevant topics, and your counterparts may feel averse to it.

Do not beat about the bush when stating your case. Ambiguity is a hindrance to successful negotiation.

It is necessary to pay attention to accuracy in your presentation. No matter whether it is giving information in writing or oral response to a query, if you do not have a clear understanding of the situation, you may postpone giving a reply or explain it truthfully. Do not say anything you are not sure of. Otherwise your honour is in jeopardy, which may weaken your position in negotiating."

It is obvious that some of the advice given here is in conformity with the requirements of the Utilitarian discourse system. This of course does not mean that the Chinese negotiators have all changed their style and learned to use the UDS, but it is nevertheless an indication of a shift that is taking place.

With increasing contact between Chinese mainland and the western world some of the practices and values are undergoing a change. It is well known that one of the traditional Chinese virtues is modesty and that the Chinese are in the habit of belittling themselves in face of praise or simply denying a compliment. Any cultural guide to China would tell you that. But a recent investigation reveals that while some stick to the old practice, a sizable number of people, especially young people, have switched to the western practice of accepting the compliment and thanking the complimentor. Five of my MA students taking the Intercultural Communication course each did a survey of people's response to compliments. There is variance in their statistics, but the general tendency is unmistakable. Liu Guangyou (1989) has the following to report: In response to compliments 17% of his respondents will say "thank you", 51% will say something to acknowledge the compliment, 27% will try to deny that they deserve the compliment and 5% will smile.

This is not only a change in communication style; it shows too a change in values. When Liu Xiaoqing, the film star, was interviewed, she was asked the provocative question: "Who do you think is the best film actress in China?" Traditionally she should have given somebody else's name, or avoided saying anything. Instead she said outright: "I think I am." This aroused some controversy. Some thought she was too conceited, others thought she was justified in saying what she wanted to say. A survey was conducted among the students in the Chinese Department of a university in Shanghai and one of the questions asked was: "Who do you adore most?" The answer that gets the highest score is "myself" (王润生、王磊 1986:82~83). In 1987 the East West Centre of Hawaii and Fudan University in Shanghai jointly conducted a survey of cultural values among Chinese mainland. It is based on a sample of 2,000 people in the greater Shanghai area. 1,199 live in metropolitan Shanghai, 304 in two country towns and 497 in 20 farming villages. It was the first time such a survey was ever undertaken in China. It has been found that some of the traditional Chinese values have changed or are changing (朱谦 1995:351~361). While family relationship is still firm, family disputes are on the rise. Hard work is still held up as a virtue although in practice it varies. Materialism is on the increase while interpersonal contact has decreased. 56% of the urban dwellers do not speak to their neighbours while 28% in rural areas do not. Obedience to one's elders is challenged by about two-thirds of the respondents. The "golden mean" is likewise discarded by a large number of people as a moral principle. But on the other hand the lack of advertuous spirit is still prevalent among the respondents. Only 2% of them think it is an important quality.

What the future may hold for language use and communication in Chinese mainland and Hong Kong

The importance of Mandarin is likely to increase in post-1997 Hong Kong while Cantonese will probably remain as an instructional language in primary schools and the language of the home and the street. Professor Huang Kunyao (1995) of the Chinese University of Hong Kong maintains that Cantonese should retain its place as a medium of instruction in schools and universities although Mandarin is also a legitimate instructional language. Which one to use is up to individual teachers. He also holds that Mandarin should be taught in primary schools although he has reservations about whether simplified characters should be introduced or not. In numerous cities and towns on the mainland local dialect has co-existed with Mandarin without much of a problem for scores of years and I do not think the co-existence of Cantonese and Mandarin in Hong Kong would be a problem after 1997.

The Sino-British joint declaration stipulates that Hong Kong will keep Chinese and English as the two official languages after 1997. The extensive use of English in government, business and law is one of Hong Kong's assets as services industry becomes more and more important in Hong Kong's economy. However, the level of English proficiency in the workforce is reported to be low and leading newspapers in Hong Kong have published articles and editorials openly complaining about this (Angel M.Y. Lin). Angel Lin has made an excellent analysis of the public discourses on this "language problem" in her journal article and proposed an alternative model of education. Whatever differences there may be in the assessment of the current situation, it seems the teaching of English will continue to be a focus of attention and an important part of education in Hong Kong.

Compared with the level of English attained in Hong Kong, the general level of English proficiency on the mainland is much lower. On October 26, 1994 Vice Premier Li Lanqing met with the Chancellor, vice-chancellors and senior professors of Beijing Foreign Studies University. At this meeting he pointed out that one major obstacle to the "open door" policy in China is language. Although much effort was expended on English language teaching, many people still could not communicate in English. He stressed that professors at Beijing Foreign Studies University should make a study of this situation and try to find ways and means to improve it.

Except for a few select ones most secondary schools in Chinese mainland fail to produce students who can use English communicatively. Grammatical analysis and translation still dominate many of the classrooms and English remains one of the most difficult subjects for the students. Most of the college students only manage to obtain a reading knowledge of English after their four years of study and if they wish to speak the language they need to have special instruction or put in time themselves. This accounts for the large number of spare time English classes which operate on a commercial basis. While it is true that the general level of English has risen in recent years, English proficiency of most secondary and university students still leaves much to be desired.

To improve the teaching of English from primary schools upward in a land with 1.2 billion people is a Herculean job. Many aspects need to be taken into account including the training of teachers, the modernization of teaching methodology, the provision of good textbooks and other resources. On these thousands of articles and dozens of books have been published and I am not going to dwell on them. What I propose should be done is to take some drastic measures to increase the whole nation's exposure to English. In this connection several things could be done. For instance, one of the eight national TV channels could be turned into an all English channel. Major cities could have all English broadcasting service for at least one of their stations. Besides *China Daily* other English language newspapers could be published to cater to different needs and tastes. Road signs and shop signs in major and coastal cities should be in both Chinese and English. English clubs and English corners could be organized in cities big and small so that those learning English will have a chance to practice what they have learned. Other activities could be planned along these lines. This proposal of mine may give rise to doubts and apprehension among some people. Wouldn't this mean a flooding of American or British culture in Chinese mainland? Wouldn't this undermine the traditional values of the Chinese?

It is time we revised our views on English as a language. We should not take English as only the language of the British, the Americans, the Australians, the Canadians and the New Zealanders. We must recognize it as an international language. The number of people who use English in Asia today is larger than the number of people whose native tongue is English. Almost thirty years ago Randolph

Quirk said that notions such as English is the Englishman's gift and the language remains fundamentally "ours" are parochial and naive. He pointed out that such notions "do not even remotely correspond to linguistic realities and they can do nothing but harm to the cause of human relationships and international harmony." Larry Smith's (1983) views are even more clearly stated when he says:

"All people, native as well as non-native English speakers, who use English internationally, are exposed to several different varieties of English: American, British, Canadian, Filipino, Indian, Singaporean, etc. Although they will want to know a great deal about other people and other cultures they should remember that they can only be themselves. English is a means to communicate to the rest of the world their identity, culture, politics, religion, and 'way of life'. One doesn't need to become more Western or change one's morals to use English well in international situations. English can and should be denationalized."

The tradition in English language teaching has been to gear it to British or American culture. But if we make a distinction between ESL, EFL and EIL as Larry Smith proposed, we may be able to design a syllabus and develop materials better suited to the needs of our learners to most of whom English is an international language. Educators in both Chinese mainland and Hong Kong are faced with the task of how to achieve a higher level of English proficiency among their students though their problems may vary in both kind and degree.

In conclusion I would say that although differences would still remain in medium and style of communication between Chinese mainland and Hong Kong, after 1997 the gap would tend to narrow instead of widening further. English would not only retain its important position, but should be made more available to a larger section of the population in view of the rapidly globalizing process of world economy. We are citizens of the world as well as citizens of the People's Republic of China.

参考文献

Lin, A. M. Y. Analyzing the "language problem" discourses in Hong Kong: How official, academic, and media discourses construct and perpetuate dominant models of language, learning, and education, to be published in a forthcoming issue of *The Journal of Pragmatics*.

Liu, G. 1989. Tendency of young people's responses to compliments in Beijing. Unpublished MA thesis.

Scollon,R. & S. Scollon. 1995. *Intercultural Communication: A Discourse Approach*. Cambridge, Mass.: Blackwell Publishers.

Smith, L, ed. 1983. *Readings in English as an International Language*. New York: Pergamon Press.

陈建民. 1994. 普通话对香港词语的取舍问题. 语文建设通讯, 第43期.

崔德勋. 1996. 我国网络市场调查报告. 计算机世界. 1996年11月11日.

黄坤尧. 1995. 香港语文教育的思考. 建设中国文化语言学. 北方论丛.

刘厚元，李玲萌，孙艳军编著. 1993. 对外交往与经贸谈判. 北京：中国青年出版社.

田小琳. 香港流通的词语和社会生活（原文复印件系从陈建民先生处借阅，目前已无法查到此文出处）.

王润生，王磊. 1986. 中国伦理生活的大趋向. 贵阳：贵州人民出版社.

朱谦. 1995. 中国大陆当今文化价值之探索. 中国人的观念与行为. 天津：天津人民出版社.

Indirectness Revisited

—On the Communication Style in Two Types of Chinese Letters[1]

Abstract: Many scholars in the field of intercultural communication believed that the Chinese have a preference for indirectness in their communication. To test this supposition the writer collects two types of letters as data: letters from learners of English to a professor, and letters from contributors to the editor of an academic journal. Through an analysis of the data, it is found that the Chinese use both the inductive and the deductive styles in writing letters although there is a general preference for them to use the inductive style. The deductive style seems to be used slightly more frequently than the inductive when the social distance between the addresser and the addressee is relatively small and the impositions relatively light. On the other hand, the inductive style seems to be used much more frequently when the social distance between the addresser and the addressee is relatively large and the imposition relatively heavy.

Introduction

Indirectness as a communicative device is available to people of many races and languages. Brown and Levinson (1987) and Tannen (1989) have related indirectness to politeness strategy. We can cite

---

① Paper presented at China's 2nd Symposium on Intercultural Communication (October 11 ~ 14, 1997).

numerous examples in English in which indirectness is employed either to defer to authority or to reduce the weight of imposition or in general to avoid a face-threatening act. On the other hand, there are many references in the literature of intercultural communication to a clear Chinese preference for indirectness in their communication. Kaplan (1966) describes oriental communication style to which Chinese communication certainly belongs as "turning and turning around in a gyre". Gao, Ting-Toomey and Gudykunst (1996:285) name five major characteristics of the Chinese communication process and the first one is *hanxu* (implicit communication). According to them "*hanxu* dictates a style of communication that emphasizes nonverbal behaviour and an indirect mode of communication." They relate *hanxu* to the Chinese desire to preserve group harmony. Douglas Murray (1988), who used to be the president of China Institute, has this comment to make about Chinese communication style: "Our problems of mutual comprehension stem not only from cultural norms, but from more particular traits of thought and communication. The indirection that permeates Chinese speech, even in English translation, can be particularly disconcerting to Americans." Engholm (1994) makes a similar comment: "Chinese communicate less directly and less explicitly. Having originated from agricultural village societies, they communicate in a manner conducive to what intercultural communication pundits call an implicit social environment.... In such groups, much of what needs to be communicated can simply be implied rather than stated explicitly." Shapiro (1979) after living in China for more than thirty years still has difficulty understanding the Chinese way of communicating: "It took me a long while to learn the [Chinese] custom of starting with a little polite palaver, then sidling up to the problem and circumlocuting all around it, before actually identifying it and diffidently suggesting a solution." Young (1994) traces Chinese indirectness from Confucius through the eight-legged essay to present-day communication of Hong Kong businessmen. She believes that "the rhetorical norms which native Chinese and native English speakers must know and recognize are fundamentally different." Ron and Suzanne Scollon (1995) hold that the differences one might observe between Asian and Western patterns for the introduction of topics are not really a matter of east and west, since both patterns are used widely in both societies. They point out that which style to use depends on the relationship between the participants and what type of politeness strategy is used. If one wishes to use the politeness strategy of involvement, one tends to use the deductive style. If one wishes to use the politeness strategy of independence, one tends to use the inductive style. They agree that Asians, and Chinese among them, seem to use the inductive style more than Westerners because of cultural reasons.

Hypotheses

Intuitively I agree with most of the observations cited above. As a matter of fact in *Culture and Foreign Language Teaching* Gao Yihong and I wrote we point out that one of the major differences between Chinese and Western rhetorical styles lies in the Chinese preference for a roundabout way of presenting the main ideas (1997:110 ~ 112).

My hypotheses for the present study are:

1. Inductive style (i.e. delayed introduction of the main idea, or theme) is the preferred mode of communication in Chinese letters and the percentage of the letters using such a style should be high.

2. There may be a difference between the two types of letters selected as data in the choice of the inductive or the deductive style.

Data Collection and Analysis

To my knowledge researchers of Chinese communication style have mostly used oral material as data (Young and the Scollons). Occasionally some Chinese writing material is used, but systematic collection of data for analysis of communication style is scarce. There are two studies of Korean writing style (Norton 1987; Kim 1996). One deals with essays while the other concentrates on editorials in students' newspapers.

What I use as data are letters written in Chinese.① I have chosen two types of letters: letters from learners of English to a professor, and letters from contributors to the editor of an academic journal. Altogether 60 letters are selected with an equal number in either category. Letters to the editor are classified as Type-A letters and accordingly marked as A01, A02... to A30. Letters to the professor are classified as Type-B letters and marked as B01, B02... to B30.

To determine whether the inductive or deductive style is used I have used the theme summary notion introduced by Tirkkonen-Condit and Lieflander-Koistinen (1989). If the theme summary is in the first one-third of a letter, it is considered to be in the beginning. If it is in the second one-third, it is considered to be in the middle. If it is in the final one-third, it is considered to be in the end position. This seems to be a very neat formula, but when applied to actual examination of data

① One of the letters is written in both Chinese and English.

problems arise. Some of the Type-A letters are very short and consist of only two or three sentences. It is impossible to divide such letters into three parts. In such cases I have classified them as having their theme summary in the beginning.

Example 1: A03—With theme summary in the beginning

Dear Editor,

How are you?

I am submitting to you my essay "Relevance: the cognitive reality of pragmatic rhetoric". My supervisor Mr He has read and approved it. *I would appreciate it very much if you would take time to read and comment on it and if possible, publish it in your journal. Thanks.*①

Yours sincerely,

ZJA

In general it is not difficult to identify the theme summary, but in some cases it is hard to determine whether it is in the beginning or the middle position. The judgment is often based on common sense rather than on an exact numerical word count. To avoid subjectivism I have asked two Chinese informants to read the letters and identify the theme summaries independently. Their conclusion is basically the same as mine.

My initial findings are: Of Type-A letters (i.e. letters to the editor) 17 have their theme summary in the beginning, 5 in the middle and 8 in the end. Of Type-B letters (i.e. letters to a professor) 23 have their theme summary in the end and 4 in the beginning and 3 in the middle.

① The italics which are mine indicate the theme summary of each letter.

Table 1

Type of letters	Position of theme summary		
	Beginning	**Middle**	**End**
Type-A	17	5	8
Type-B	4	3	23
Total	21	8	31

Of the 60 letters slightly more than half (31) place their theme in the end. However, if we add up the figures in the second and third columns we have a total of 39, i.e. about two-thirds of the letters have their theme delayed either until the middle or the end. This seems to confirm hypothesis No.1 although the percentage is not as high as might be assumed. But if we examine the figures more closely, we find there is a major difference between the two types of letters in regard to whether the inductive or deductive style is used. Only four Type-B letters adopt the deductive style, but among Type-A letters we find a predominant 17. Although it was hypothesized that there may be some difference between the two types of letters, I did not expect such a major divergence.

We will apply Brown and Levinson's (1987) theory to the analysis of the data and try to account for such a divergence. They point out that three sociological factors are involved in determining the kinds of politeness strategies used. They are: the relative power of the hearer over the speaker, the social distance between the speaker and the hearer, and the ranking of the imposition in doing the face-threatening act. Combining Brown and Levinson's theory with the Scollons' in relation to the inductive and deductive style we work out a scheme of analysis as follows:

Table 2

Power	Distance	Weight of imposition	Preferred style
less	larger	greater	inductive
more	smaller	smaller	deductive

In terms of power we would assume that the editor holds more power over contributors than the professor over students as the editor has the authority to decide whether to use the contributors' articles or not. The professor of course also has some authority over students, but it is not so crucial. We would expect contributors to use the inductive style more than the deductive, but the figures show otherwise.

In terms of the social distance between the addresser and the addressee, we find that 24 of the contributors "know" the editor to some extent. Various types of relationship are shown in the contents of the letters: from being friends (in some cases, friend of a friend), acquaintances (in person or through correspondence) to professional contacts. On the other hand when we read Type-B letters, we find 29 of the addressers have no personal relationship with the addressee (the professor) whatsoever. This indicates that the social distance between the addresser and the addressee in Type-B letters is much greater than in Type-A letters.

In terms of the weight of imposition on the addressee we arbitrarily divide the letters into two kinds: those requests which require much effort on the part of the addressee (I+) and those which do not (I–). Letters which ask the editor to publish their articles are all labeled as I+ and we find 16 are in this category. The rest of the letters ask for very small favours such as asking the editor to return their manuscripts, or to change a typographical error in their original manuscripts, or merely to express thanks to the editor for something he did. As for Type-B letters

10 inquire about the MA or doctoral programme of Beijing Foreign Studies University and ask for help in preparation for the exams, 15 ask for general assistance in learning English or to help buy books and tapes, one seeks recommendation for a job overseas, 3 make inquiries about joining an association, or attending a conference or the site of a particular examination. One wrote merely to extend good wishes. Only the last 4 mentioned can be classified as I– while the rest are all in the category of I+. When we consider the fact that it is the editor's job to reply to contributors and that it is not the professor's job to answer questions from candidates to a graduate programme or to go to bookshops to hunt for books the addresser needs, we will see the weight of imposition is much greater in Type-B letters than in Type-A letters.

Table 3

	Social distance		**Weight of imposition**	
	larger	smaller	greater (I+)	smaller (I–)
Type-A letters	6	24	16	14
Type-B letters	29	1	26	4

Earlier we pointed out that there seems to be incongruity between power relationship and the use of inductive/deductive style. We found it hard to explain why many contributors chose to use the deductive style instead of the inductive. After we analyzed the contents of the letters in regard to social distance and weight of imposition, we found in general the social distance between contributors and the editor is much smaller than that between learners of English and the professor. In terms of weight of imposition on the addressee it is much greater in Type-B letters than in Type-A letters.

The smaller social distance and weight of imposition on the addressee seems to override the power factor. For we may argue that if the social distance between the contributor and the editor is relatively small and the imposition relatively light, the power relationship between the contributor and the editor will not be the same as a "pure" editor-contributor relationship, in which case the former holds much more power over the latter. This may explain why the percentage of Type-A letters using the deductive style is surprisingly high as compared with Type-B letters.

Since the social distance between the addresser and the addressee is relatively large and the imposition heavy as in Type-B letters (plus the fact that the relationship between learners of English and the professor is not exactly symmetrical), we would expect all the writers of Type-B letters to adopt the inductive style. But the fact is four of them chose to use the deductive. How do we account for this? All these four letters make inquiries about graduate programmes of a university. Among them B01 deserves our special attention. It is written in both English and Chinese. Since the English version is essentially a translation of the Chinese original we will examine it and try to find out if there is any reason why the deductive style is used.

Example 2: B01—With theme summary in beginning position.

Dear Professor X,

I have the intention to be a post-graduate in Beijing Foreign Language University in 1998.

I majored in English Language at Northeast Forestry University and received a B.A. in 1995. Although I stepped into society, I never give up studying English. From Jan. 1996, I have been working as a secretary in a joint venture, which is one branch of the Seventh Chemical and Industrial Corporation in the world—Rhone Poulent

Group. I have made an improving [*sic.*] in listening and speaking comprehension through this [*sic.*] two years working experience.

In order to make a further study of English Language, I decide to attend the entrance examination to post-graduate [*sic.*] in 1998. But I'm not sure whether I have reached the level of enrollment to BJ Foreign Language University. I hope I could get your instruction for the exam if it is possible. My interest is in Literature. Now I have two difficulties about passing the exam. Firstly, some reference books about English and American Literature are not available in Qingdao. Secondly, I can't obtain the pasted [*sic.*] test paper in recent years. Literature is a wide subject. I wonder where I should emphasize on the reviewing? Would you mind guiding me at some aspects?

Professor X, I hope this bold letter didn't bother you. I will be very grateful to you for your any suggestion in any respects. Otherwise if you don't mind perhaps you can introduced [*sic.*] me to other professors. Thanks a lot.

Best regards.

Yours sincerely,

LXZ

It is interesting to note that LXZ has been working in a joint venture as a secretary. We know that a secretary in a joint venture is expected to write according to the convention of Western professional communication. So LXZ may have developed the habit of using the deductive style in official correspondence and it is logical to assume that she has transferred this style to her writing when addressing a university professor. But we do not have such a neat answer for B05, B06 and B15, which all have their theme summary in the beginning.

In the case of A10 and A14 the social distance is small (both writers know the editor personally) and the imposition light (one asks about the deadline for a particular issue and the other about requirements for one type of article), yet the writers of the two letters still chose to use the inductive style. In the case of A10 the writer did not tell us the motive of his writing until the end of his two-page-long letter.

Conclusion

The data show that the Chinese use both the inductive and the deductive style in writing letters although there is a general preference for them to use the inductive style. In approximately two-thirds of the letters examined the theme summary is delayed until the middle or the end of a letter.

The deductive style seems to be used slightly more frequently (56.6%) than the inductive when the social distance between the addresser and the addressee is relatively small and the imposition relatively light. On the other hand, the inductive style seems to be used much more frequently (86.6%) when the social distance between the addresser and the addressee is relatively large and the imposition relatively heavy.

Although our data do indicate general tendencies, what is postulated above does not apply to every case. There are other factors which may affect the choice of one or the other style. In some cases it may be simply a matter of personal choice.

The conclusions drawn here have to be tentative since we have only examined a small sample of 60 letters of two types. If we wish to draw more general conclusions about Chinese writing style, we need to have a larger sample of a greater variety.

References

Brown, P. and S. Levinson. 1987. *Politeness: Some Universals in Language Usage.* Cambridge: Cambridge University Press.

Engholm, C. 1994. *Doing Business in Asia's Booming "China Triangle"*. Englewood Cliffs, N. J.: Prentice Hall.

Gao G., S. Ting-Toomey and W. Gudykunst. 1996. Chinese communication processes. In Michael Harris Bond, ed. *The Handbook of Chinese Psychology*. Hong Kong: Oxford University Press.

Hu, W. & Y. Gao. 1997. *Culture and Foreign Language Teaching*. Changsha, China: Hunan Education Press.

Kaplan, R. 1966. Cultural thought patterns in intercultural education. *Language Learning*, (16):1 ~ 20.

Kim, K. 1996. A Comparison of rhetorical styles in Korean and American student writing. *Intercultural Communication Studies*, 6(1):115 ~ 150.

Murray, D. 1988. Face-to-face: American and Chinese interactions. In Samovar and Porter, eds. *Intercultural Communication: A Reader*. 5th edition. Belmont, CA: Wadsworth Publishing Co.

Norton, R. 1987. *AFS Occasional Papers*, No.12.

Scollon, R. & S. Scollon. 1995. *Intercultural Communication: A Discourse Approach.* Oxford, UK: Blackwell Publishers.

Scollon, R. & S. Scollon. 1991. Topic confusion in English-Asian discourse. *World Englishes*. 10(10):113 ~ 125.

Shapiro, S. 1979. *An American in China: Thirty Years in the People's Republic of China*. New York: New American Library.

Tannen, D. 1984. *Conversational Style: Analyzing Talk Among Friends*. Norwood, NJ: Ablex Publishing Corporation.

Tannen, D. 1989. *Talking Voices: Repetition, Dialogue, and Imagery in Conversational Discourse*. Cambridge: Cambridge University

Press.

Tirkkonen-Condit, S. and L. Lieflander-Koistinen. 1989. Argumentation in Finnish versus English and German editorials. In M. Kusch and H. Schroder, eds. *Text, Interpretation, Argumentation*. Hamburg, Germany: Helmut Buske Verlag. 173 ~ 181.

Young, L.1994. *Crosstalk and Culture in Sino-American Communication*. Cambridge: Cambridge University Press.

Appendix 1: A list of coded letters with their positions of theme summary, and indices in social distance and weight of imposition:

Coded no. of letter	Place of theme summary			Social distance	Weight of imposition
	Beginning	Middle	End		
A01	/			–	–
A02			/	–	+
A03	/			–	+
A04	/			–	–
A05	/			–	+
A06	/			–	–
A07			/	–	+
A08		/		+	+
A09	/			–	+
A10			/	–	–
A11			/	+	+
A12	/			–	–
A13	/			–	–
A14			/	–	–
A15	/			–	+
A16	/			–	+
A17	/			–	–

Continued

Coded no. of letter	Place of theme summary			Social distance	Weight of imposition
	Beginning	Middle	End		
A18	/			+	+
A19	/			+	–
A20		/		+	+
A21			/	–	+
A22		/		–	–
A23		/		–	+
A24	/			+	–
A25	/			–	–
A26	/			–	+
A27			/	–	+
A28			/	–	+
A29		/		–	–
A30	/			–	–
Total	**17**	**5**	**8**	**6+/24–**	**16+/14–**
B01	/			+	+
B02			/	+	+
B03		/		+	+
B04			/	+	+
B05	/			+	+
B06	/			+	+
B07			/	+	+
B08			/	+	+
B09			/	+	+
B10			/	+	+
B11			/	+	+
B12			/	+	+
B13		/		+	+

Continued

Coded no. of letter	Place of theme summary			Social distance	Weight of imposition
	Beginning	Middle	End		
B14			/	+	+
B15	/			+	+
B16			/	+	+
B17			/	+	+
B18			/	+	+
B19			/	+	–
B20			/	–	–
B21			/	+	+
B22			/	+	+
B23			/	+	+
B24			/	+	+
B25			/	+	+
B26			/	+	–
B27			/	+	+
B28			/	+	+
B29		/		+	+
B30			/	+	–
Total	**4**	**3**	**23**	**29+/1–**	**26+/4–**

Appendix 2: Examples of letters with theme summary in different positions

A13—With theme summary in beginning position

Dear Editor,

[I am sending you] "*An overview of research on grammaticalization*". *Please feel free to change anything you think unsuitable.*

I have long been wanting to write on this topic. At my institute those who work on historical grammar and those who study modern Chinese grammar are all eager to learn about what happens in this field. I have collected a lot of material and consequently when I started writing it grew longer and longer.

In August we are going to Harbin to attend the seminar on linguistic research overseas. You are welcome to join us. Moreover this seminar is in a way related to Japan.

Yours sincerely,

SJX

A02—With theme summary in end position

Dear Editor,

How are you?

Please pardon me for taking the liberty to write to you.

Last November I attended the annual conference on foreign language academic journals, but did not have a chance to meet you as you were not able to come. At the time I was sharing a room with Mr Lo and in our conversation he frequently mentioned your work, which filled me with admiration.

I now submit to you my essay, which I hope you will not hesitate to revise. I would appreciate it very much if you could take time from your busy schedule to let me know what you think.

If you happen to come to Chongqing, do come to visit me. Please give my regards to your colleagues and my apology for not writing often enough.

Yours sincerely,

WZ

B03—With theme summary in middle position

Dear Professor X,

How are you? Please pardon me for bothering you while you are so busy. But there is one thing on which I need your help.

I am a lover of English, but for a long time I have not been able to study English systematically. Now I am staying at home on sick leave and it occurred to me that I should take it up seriously. I went to the Foreign Language Book Store in Yinchuan, our provincial capital and had a look. I found *Gateway to English* which you edited suits my level. But the store had no tapes. *Could you please tell me where I can get the tapes through mail order and how much I need to pay? Besides,* Gateway *has only two volumes. Is there supplementary material to accompany them? Can I get both the books and the tapes through mail order?*

I am almost thirty years old, but learned English only at secondary school. I like it very much and it will be useful for future work. So I want to begin from the beginning and I wonder if the book is right for me.

I look forward to hearing from you.

Thanks.

Yours sincerely,

FSP

B22—With theme summary in end position

Dear Professor X,

My name is Li Jie. I am an MA student at Dalian Foreign Language Institute. It will be another year before I graduate. My field of study is American Literature and my supervisor is Professor Wang. During the period of my study I find myself enthralled in my specialization. I am interested in both linguistics and literature. There is only one year before my graduation and I have a feeling of regret. I feel I have not learned enough and that I am still far from my goal. I wish I could have a chance to study further.

My classmates told me that Beijing Foreign Studies University accept PhD candidates and that exams for a second foreign language include both German and French. French is my second foreign language. I hope I will have a chance to study at your university. I know competition is keen and that there may be many difficulties for me. But I am ready to have a try. I am too far away from Beijing and know hardly anything about Beijing Foreign Studies University. *I am not clear what books I should read and what kind of preparations I should make.* I am getting a bit worried. You are an eminent professor in this country and I take the liberty of writing to you. I am not sure whether this letter will reach you. *If you do get it, I hope you will take time out of your busy schedule to write me a reply and give some instructions to one who thirsts for knowledge*. Many many thanks.

Sincerely yours,

LJ

Stability in the Midst of Instability

—On the Changing Values of Chinese Mainland[1]

Abstract: Within the past one hundred years China has undergone tremendous political, social and economic changes. The question is to what extent these changes have affected traditional Chinese values. This paper addresses three value orientations of Chinese mainland: collectivism, filial piety and devotion to friends. It is argued that the Chinese, especially Chinese young people, are moving along the collectivism-individualism continuum towards individualism and social investigation results seem to support this argument. Filial piety is a cornerstone of Chinese moral education. Although the interpretation of filial piety varied from time to time, it is still upheld as one of the essential values of the Chinese. Parental authority has waned and there is now more equality in the family. Older people also exhibit a tendency to depend more on their spouses and themselves than on their children. As for making friends the Chinese concept is very different from the Western one. They prefer a more committed and lasting kind of friendship than, say, the Americans. However, with the increasing tempo of life interpersonal relationship in general seems to have become more loose.

China is one of the few countries in the world which have witnessed such vast and penetrating social changes within the past one

① Miegunyah lecture delivered on May 14, 2003 at Melbourne University.

hundred years. The last Manchu emperor was toppled in 1911 followed by the founding of the republic. The Japanese invaded and occupied a large part of China for eight years. There was then civil war between the Kuomintang and the Communists followed by the founding of the people's republic. Soon after I enrolled myself in the Beijing Foreign Languages Institute and started learning English. After undergraduate and postgraduate studies I became a teacher of English in 1957. I witnessed the rebuilding of the country as well as the series of political movements which took place in the 1950s. But the worst came in 1966 when the Cultural Revolution started. Universities were closed down for seven years and national economy was on the verge of collapse in the late 1970s. After the Gang of Four was overthrown China started its long march towards modernization. In 1978 China began to reform and open its door to the outside world. China shifted to market economy and in the last decade her economy has been growing at the rate of 7% ~ 8% annually. China ranks the first in Asia and the second in the world in attracting overseas investment and more than 400 of the 500 largest corporations in the world now have branches or representative offices in China.

A question social scientists like to ask is: have the enormous social changes affected traditional Chinese values? If so, to what extent?

The study of value orientation is nothing new. It could be dated back to the 1930s when Florence Kluckhohn and Fred Strodbeck studied five adjacent communities in the United States and investigated their cultural orientation for a period of 15 years. Then there was Rokeach's value survey and Schwartz's value studies. We are all familiar with Dutch scholar Geert Hofstede's study of IBM employees' work-related values in forty countries and regions, which culminated in the seminal work *Culture's Consequences* published in 1981.

Canadian psychologist Michael Bond and his group did investigation in 22 countries and isolated a value dimension peculiar to Eastern culture, which they called Confucian dynamism. Sha Lianxiang, social psychologist and communication scholar, of the Renmin University of China headed a research project in 1987 and studied how traditional Chinese values evolved in the last one hundred years. Their research project consisted of two parts. Part One was combing through books and records and collecting Chinese and Westerners' views on the Chinese around the turn of the last century. These were compiled into a book entitled *Chinese National Character, Volume One.* (Sha 1989) On the basis of their first book they unfolded another project, which was to investigate what contemporary Chinese thought they were like. Their research findings were published in 1990 under the title of *Chinese National Character, Volume Two.* (Sha 1990) Still another large-scale social investigation was undertaken by Godwin Chu and Yanan Ju. Both of them are ethnically Chinese and both had their origins in Shanghai. At the time of their investigation Ju was a professor of Fudan University in Shanghai and Chu was working at East-West Center in Honolulu. Their investigation was carried out in 1985 and their data collection sites were Shanghai, one of its suburbs Qingpu, and some villages nearby. Their research findings were finally published in 1993 in a book entitled *The Great Wall in Ruins.* In addition to these there were other smaller scale investigations such as the one undertaken by Chen Xiangming among Chinese students studying in America. Her work was published under the title of *Sojourners and "Foreigners": A Study of Chinese Students' Cross-cultural Interpersonal Contact in the United States* (1998). In my paper I will be using some of the data in these value orientation studies.

In this paper I will mainly address three aspects of value changes among Chinese mainland. First we will examine how the Chinese are moving along the collectivism-individualism continuum. Secondly, we will discuss filial piety and try to find out the changes that have taken place in this basic Chinese value. Finally, we will study the friendship pattern among the Chinese and take a cursory look at their general interpersonal relationship.

Scholars all agree that the Chinese are collectivist in terms of cultural orientation. The Chinese tend to put the interests of their group before their personal interests. Here "group" may refer to one's family, one's clan or one's country. In the old times it was the wish of many Chinese to become mandarins so that they could reflect glory on their family and ancestors. In the days of the people's republic people were taught to put national interests first and be ready to sacrifice one's own for the sake of the country. There was a comparative study of American and Chinese children in terms of cultural values (Domino & Hannah 1987). They were told to complete unfinished stories and the analysis of the results shows that Chinese children tend to bring in more people for the solution of their problems whereas American children tend to rely on themselves. Scholars pointed out that you could tell whether it is collectivist culture or individualist culture by inspecting hospital wards. If there are a lot of visitors and the patient is happy with it, then it must be people belonging to collectivist culture. Chinese hospital wards are normally full of visitors, and even after visiting hours it is often hard for the nurses to persuade the visitors to leave. Scholars have also pointed out that collectivists are more concerned about external expectations in their behaviour pattern while individualists care more about their personal wishes. If we accept this as a yardstick, then the Chinese definitely are collectivist in orientation, for to them as is well-known "face" concerns often weigh heavily on their minds.

What is the situation now? Han Xiulan (1998) points out, "During the last decade, the economic reform in China has a determining influence on Chinese values. It is reorienting the Chinese values in three main ways, namely towards individualist values, realist values, and multidimensional values." Young people, in particular, wish to realize their ambition and prove their worth. One investigation undertaken in Chongqing (Li 2002) shows that in terms of their goal in life college students put their career (29.2%) and family (20.5%) before working for the country (14.4%). Another investigation is even more revealing. This was done among 353 graduate students of Zhejiang University in 2000. The survey question is: "Where do you wish to go to work after you graduate?"

	Male students (%)	Female students (%)
Coastal cities	53.79	47.62
Oveaseas	25.32	23.81
Special economic zones	11.72	19.05
Other places	5.17	4.76
Border areas and faraway places	2.07	4.76
Inland areas	1.72	0.00

This chart shows that over 90 per cent of the graduate students plan to work overseas or in economically advanced areas in China and very few people wish to go and work in economically backward places although these are exactly places they are needed most. There is not only brain drain to western countries from China. Inside China itself coastal and economically advanced cities and provinces are draining much of the human resources of the less advanced areas.

I participated in a few cross-cultural training sessions for foreign-owned companies some years ago. At a session for General Motors employees I found that most of the Chinese participants had worked for three or four foreign companies before joining GM. That is, within ten years or so most of them had changed jobs three or four times, which is very different from the situation in the 1950s ~ 1970s. Whenever they found the terms offered by another company better than the one they were working for, young professionals would quit their current job and join another company. There have been so many job transfers among Chinese employees that it has become one of the headaches for managers of foreign owned companies. They often complained that Chinese employees had little dedication to their company and cared only about their personal interests. As a matter of fact, the same phenomenon exists in Chinese companies as well. In Zhongguancun, known as China's Silicon Valley, change of jobs for young IT professionals is the order of the day. The name card you got from someone last year might not be a valid one this year. All these examples show young professionals today have no qualms about choosing the best jobs for themselves.

The story of Yao Ming is another example showing how Chinese young people's values have shifted. Yao Ming is one of the best and tallest basketball players in China. He is 2.36 metres in height and used to play for the Shanghai Orient Basketball Team. Last year he was recruited by Houston Rockets and plays center on the team. His annual salary is now four million dollars and his income in advertising for the past year has reached ten million. His success story is now known to all Chinese and he has become an idol for Chinese youngsters. The headlines in a recent Xinhua News Release says: "The Chinese Youth Adore Lei Feng and Yao Ming Alike." But it is apparent that Lei Feng and Yao Ming are totally different in their value orientation and they became famous for entirely different reasons. However, today they are placed side by side as models for Chinese youth.

Does this mean that the Chinese have all become individualists in cultural orientation? Certainly not. The Chinese, especially young Chinese, are definitely moving towards individualism, and to realize personal ambition through one's own efforts is the dream of most young people in China. But this does not mean they have pulled up their roots and turned into individualists overnight. One can cite numerous examples to show that the Chinese are still more group-oriented than most Westerners. Brosnohan (1991), an American interculturalist, studied the differences between Americans and Chinese in the field of nonverbal communication. His conclusion is the Chinese nonverbal behaviour stems from their collectivist orientation. He made many interesting and insightful observations in his book. He found Chinese people could stand around two chess players at a street corner and make continuous comments on the players' moves. He noticed neither the players nor those standing around would take any offence. He observed that when a person was reading a newspaper in a train his fellow passenger—a total stranger—could be reading the same newspaper. When the owner of the newspaper had finished reading and the stranger had not, the latter could ask the former to wait until he had caught up. Brosnohan found this very amusing. As a matter of fact, I must have observed the same phenomenon many times, but never thought it was culturally significant.

One year I had my apartment refurbished by the Sanchu Interior Decoration Company. As the work progressed I found the manager, foreman, carpenters, plasterers, plumber and labourers all came from the same province—Hubei, which is what Chu stands for. I asked the manager: "Why did you have to bring all your workers from Hubei?

Why don't you employ the locals?" He said, "How can I trust them? How can I trust outsiders?" Evidently he regarded people from another province as outsiders and he would not trust them. You can't imagine an American company employing people from Pennsylvania or Texas alone. So in some respects the Chinese remain as collectivist as before although some sections of the society are showing signs of more individualist tendencies.

As Triandis points out, in any society there are allocentric as well as idiocentric people. That is, there are individualists within a basically collectivist society and there are collectivists within a basically individualist society. In present-day China younger people seem to be moving faster towards individualism than other sections of the society.

Next I will address the second issue—filial piety. Filial piety is one of the most important values in Chinese culture. Some scholars (Yue 1995:125) claim that Chinese culture is a culture based on filial piety and that Chinese society is rooted in it. It is at the very top of Bond's list of 40 Chinese value items. The Chinese word xiao (孝) is a word with very heavy cultural loading and very hard to translate into another language. "Filial piety" in English is rather an unusual word combination rarely used in ordinary communication whereas xiao in Chinese is a frequently used word.

What filial piety embodies and what it actually means to people varied from time to time and the differences could be enormous. When asked by his disciples, Confucius said filial piety meant providing for one's parents and respecting them (Zhang Dainian 1989:173). Confucius stressed the reciprocal nature of the father-son relationship: the former should be benevolent while the latter should be filial. Many of the sayings related to filial piety can be traced to Confucius. For instance, "one should not hurt oneself because one has inherited everything from one's parents"; "one should not travel far when one's parents are alive", etc.

In the Southern Song Dynasty (1127 ~ 1279) when Confucianism was reinterpreted by scholars Cheng Hao, Cheng Yi and Zhu Xi and many of Confucius' teachings were stretched to their limit, filial piety began to assume a new meaning. Blind obedience to one's parents was preached and Zhu and his disciples asserted that "no parents could ever be in the wrong".

Throughout the ages filial piety was inculcated as an important part of moral education for all Chinese and exemplary personages and deeds in filial piety were recorded in history along with the best examples of chastity in women. For education of the masses there were popular stories of how children sacrificed themselves for the welfare of their parents known as Ershisi Xiao (Twenty-four Stories of Filial Piety). Many of the stories preach what may be termed "foolish filial piety".

In feudal times punishment was severe for those who were unfilial to their parents. In the Tang Dynasty the law stipulated punishment for the kinds of offences committed. For instance, one could get 3 years imprisonment for entertaining during the period of mourning. In the Qing Dynasty an unfilial son could be put to death by law (Wang Yupo 1984:55).

When the last Qing emperor was overthrown in 1911, filial piety came under attack along with many feudal morals, customs and beliefs. One of the most vehement critics was Chen Duxiu, who pointed out that filial piety as the core of traditional Chinese family system was detrimental to one's independence and self-respect, stifling one's free will, depriving one of his equal rights before the law and fostering one's over-reliance (quoted from Yue Qingping 1995:124). However, during the major part of the last century filial piety was still upheld as one of the essential moral qualities for the Chinese although blind obedience was no longer practised and parental authority was in general reduced.

At the time when I was a child one of the first things I learnt was I should be obedient to my parents and perform filial duties to them. To be filial was universally approved while to be unfilial was condemned all around. Today whether a person is filial to his or her parents is still regarded as one of the yardsticks to measure him or her. Sha Lianxiang's survey reveals that loyalty and filial piety ranks second in her list of 14 items with very high endorsement (Sha 1990).

Value items	Mean score	Standard deviation
Integrity	4.05	1.561
Loyalty and filial piety	3.92	2.020
Benevolence	3.87	1.532
Rationality	3.75	2.170
Diligence	3.10	2.362
Enterprising spirit	2.91	2.182
Readiness to help	2.33	2.571
Golden mean	0.01	3.448
Pragmatism	–0.63	2.553
Material aspirations	–2.77	2.769
Lack of public spirit	–3.58	2.102
Submissiveness	–3.69	2.356
Jealousy	–3.83	1.976
Deceit	–3.83	2.025

Chu and Ju's (1993:354 ~ 355) research findings in 1985 reveal that in spite of the regression during the Cultural Revolution family relationship in Chinese mainland remains stable. Parental benevolence and filial piety is one of the few traditional values still affirmed by people (63%) and the majority (close to 80%) hold that grown-up children should care for their elderly parents. 83% of those under survey think that they should support their parents if they are in financial difficulty. But they also pointed out that parental authority is considerably reduced compared with the past.

An investigation was conducted in a university in Hunan Province. 202 students were used as subjects among whom 109 were males and 93 were females (Yao Limin 1998:111). Here is what they found:

Endorsed items	No. of students	Percentage
One should be filial to one's parents at all times	144	71.3
Filial piety is necessary, but it should be in keeping with the times	32	15.8
Filial piety is necessary, but it should be practiced within the children's constraints	17	8.4
Filial piety is necessary, but it depends on how the parents treat their children	8	4.5
Filial piety is out of date in a modern society	0	0

From this we can see unconditional endorsement of filial piety among university students counts as much as 71.3 per cent and conditional endorsement is less than 30 per cent. None thinks that it is out of date.

As Bond (1986:147) stipulates, filial piety generally is understood as embodying the following aspects: honouring of ancestors, respect for parents, obedience to parents and financial support of parents. We will now examine what changes have taken place in these aspects.

Ancestral worship, according to Chu and Ju's survey, is basically non-existent in the larger Shanghai area. Only 3% believe that people should observe the rites of ancestral worship. In China today only a small number of families have kept family records. The Confucius family has kept uninterrupted genealogical records for more than seventy generations, but that is an exception rather than the rule. Few ordinary people today would know anything about their ancestors, to say nothing of worshipping them. In recent years in some rural areas, however, there seems to be a revival of rituals related to ancestral worship. Pretentious temples have been built in some villages in honour of their ancestors and clan influence and power seems to be growing.

As for respecting one's parents and obedience to them, in general we can say parental authority has waned although parents still command a lot of respect among their children. To be filial to one's parents is part of school education and is listed as one of the requirements for primary and secondary school children. In their Shanghai survey Chu and Ju asked in their questionnaire: "Generally speaking, when you ask your children to do something, do they talk back?" This question was answered by 1,340 respondents whose children were old enough to talk back. 33.9% said their children hardly ever talked back. 51.1% said sometimes they did. 15% complained that their children talked back under most circumstances. To Westerners these figures would suggest there is still a large measure of inequality in Chinese families. But to those who are familiar with traditional Chinese culture this marks significant progress.

To the question "If your children (not yet grown up) behave badly (such as smoking, drinking), what would you do?" 73.5% of the respondents said they would advise their children. 18.4% said they would resort to spanking if talking proved to be of no use. Only 3% considered outright scolding or spanking to be a healthy way of education. 5.1% thought they should do nothing and let their children learn the lesson themselves.

Dealing with adult children, the parents' attitude seemed to be more lenient. The questionnaire asked: "If you have a son, will you let him find his own mate, or will you find one for him?" An overwhelming majority of the respondents (90.3%) said they would let the son find his own mate. Very few people (5.9%) would try to find one for him. To the question "If you have a daughter and she wants to marry someone who is a bad character, what will you do?" 37.6% said they would express their opposition firmly and 30.9% said they would try to persuade their daughter not to do it. But there was a sizable minority (29.6%) who were so liberal as to be willing to let the daughter make her own decision (Chu and Ju 1993:71~72). In this case the younger respondents were more liberal than the older ones. 42.9% of the young group said they would let their daughter make their own choice while only 22.5% of the older group took this liberal position.

As for providing for one's parents, there is a vast difference between China and the West. In Western countries elderly people depend on their pension or social welfare for their livelihood. In other words it is the duty of the society to provide for the elderly. But in China a large part of the elderly population in rural areas is not covered by social welfare and they have to depend on their children for financial help. Article 15 of Chinese Marriage Law stipulates that adult children have the obligation to provide for and financially assist their parents. If they don't, theoretically the parents could take their children to court. In one case an elderly farmer by the name of Zhang sued his two sons and daughter for not providing financial help and he won the case (Zhong Ruiping 2001:18).

In China the general trend is the size of the family is getting smaller. Population censuses show that the average size of a Chinese family has shrunk from 4.33 in 1953 to 3.44 in 2000 per household. But it is still fairly common to have married children living with their parents. For instance, in 1995 over sixty per cent of senior citizens were living with their children in Beijing (Du and Shen 1997:14):

	No. of senior citizens	Percentage
On their own	2,439	7.4%
Living with one's spouse	8,788	26.6
Living with married children	6,739	20.4
Living with married children and grandchildren	13,067	39.5
Living with grandchildren	2,041	6.2

This contrasts sharply with the low coresidence rate (12.3%) in the US (Rindfuss and Raley 1998:205). In China's rural areas it is fairly common for adult children to live close to their parents if they do not live under the same roof. In this way they can take care of their parents and the relationship is often a very close one.

An investigation conducted in the Shanghai area shows that most of the elderly people (49.36%) expect assistance from their spouse and a lot fewer expect help from their sons (23.76%) and daughters (14.83%). 56% of the elderly hope to live with their children, but 41% wish to live on their own and 3% wish to stay in old people's homes (Chen Chaoxian 1998:272). In major cities of China seniors' homes are a new business and you see advertisements of those nursing homes in the papers every day. This is a major departure from traditional Chinese beliefs that in old age you depend on your children for livelihood and assistance.

China's economic reform and open policy has prompted much greater population migration and job mobility than before. Close to a hundred and fifty million rural people now live and work in the cities and towns and there is also greater geographical and job mobility for urban people. As a result, there are now a lot of empty nesters both in the cities and in the countryside. As a matter of fact, the Chinese term "kongchao jiating" is a direct translation from the English empty-nestors. An increasing number of elderly people now accept the fact that they live on their own and no longer expect their children to take care of them.

Some scholars (Ho 1996:163) believe that "people holding filial attitudes tend to adopt a passive, uncritical, and uncreative orientation toward learning; to hold fatalistic, superstitious, and stereotyped beliefs; and to be authoritarian, dogmatic, and conformist." Whether this is the case remains to be proved. But it is true that filial piety is related to greater power distance in society as it implies respect for age, seniority and rank in general.

In the next section, I will take up another important Chinese value, yiqi (义气), which has to do with the concept of friendship and friendship pattern. Yiqi is again a culturally loaded word and hard to render into another language. Maybe mateship in Australian English is closest to it although their implications are definitely different. In Sha's list of 14 value items there is xiayi (侠义, readiness to help and righteousness). She further explains that xiayi includes such notions as relying on friends for help, rendering assistance when your friend is in difficulty or danger, and readiness to sacrifice yourself for your friend.

Whenever people talk of friendship, they inevitably think of the famous tale related to Liu Bei, Guan Yunchang and Zhang Fei. They lived in the time of the Three Kingdoms (3rd century). This was a time of social unrest and chaos and warlords were fighting each other for power. Liu, Guan and Zhang met and became good friends at once. They decided to further cement their friendship by becoming sworn brothers. So one night the three came together in a peach orchard and went through the ritual. Liu became the eldest brother, Guan the second brother and Zhang the youngest brother. They vowed that they would die on the same day of the same month of the same year to show devotion to each other. They went through many perils in the course of organizing their own forces and finally set up their own kingdom in present-day Sichuan. Later Guan fell into the hands of their enemy Cao Cao, who recognizing his worth as a military commander did everything possible to win him over. But as soon as Guan learnt where his eldest brother Liu was he left Cao Cao along with all the glory and comfort that had been offered him. The story of the three brothers' devotion to each other has been used as a moral lesson throughout the ages and Guan especially has been idolized. You find temples honouring Guan in many parts of China. In the United States you find ethnic Chinese societies organized along family lines. Those with the same surname used to join the same society believing that in the ancient past they were members of the same clan. There was one such society among ethnic American Chinese, but they bear four different surnames Liu, Guan, Zhang and Zhao (Wu Jingchao 1991:225 ~ 226). The first three surnames apparently had their origin in the famous tale of the three sworn brothers and the last one Zhao was the surname of a general who was known for his valour and devotion to Liu. From this we can see what a tight grip traditional Chinese value has on the Chinese Americans.

The Chinese concept of friendship is: the more lasting and the more committed, the better. The best kind of friendship is bufen bici (not making a distinction between you and me). The most popular saying on friendship is "be ready to plant daggers in your chest for a friend". To Westerners this sounds like what members of a mafia might say to each other. And I wouldn't know how many people in China would actually do that for a friend, but such is the ideal of perfect friendship. There is another saying related to friendship, which is "Friendship between gentlemen is as plain as water", which is the opposite of the above. However, to most Chinese they prefer the "dagger" type of friendship to the "plain water" type.

Trust is of paramount importance among friends. If a friend of yours borrows money from you you should never ask for a receipt. As a matter of fact, it is rarely mentioned when the money will be returned. Otherwise your friend would think you do not trust him or her.

This kind of relationship is extended to neighbours and acquaintances. In rural areas when someone knocks on the door and you ask, "Who is it?" the answer is normally, "It's me", and the name of the person is not given. You are supposed to know from the voice who this is. In the cities because of housing shortage people often shared a common kitchen or corridor and the relationship between neighbours often became very close. Good neighbours could often become good friends.

Ideally the Chinese society should be like a family with members caring for each other. From very young children are taught to respect the elders and address them using kinship terms. For instance, a child would be taught to address an elderly female neighbour as nainai (granny) and a male neighbour of about his parents' age as baibai or shushu (uncle) when he or she has just started to talk. Today this practice of using kinship terms to address non-kin people seems to have spread. It is fairly common to hear one shop assistant address another as "Sister Liu" or "Sister Wang". Even policemen address their colleagues as "Brother so-and-so". No matter whether it is real or not, most Chinese would like to see the society as a warm, nurturing place very much like a family.

During the Cultural Revolution there were cases of friends being betrayed. People were coerced to inform on their friends and colleagues and as a result people became wary of trusting anyone but their own family. But for those who stood together through the same hardships and crises during the Cultural Revolution their friendship would become even firmer. This type of friendship resembles the kind of friendship forged on the battle field.

Today young people still crave for the traditional "dagger" type of friendship. According to the investigation done among Chinese students studying in America, they have high aspirations for friends and find it hard to make friends among Americans. Those under survey all say it is difficult to define the word "friend". A friend is not an acquaintance, a classmate, a colleague or someone from the same home town. He is someone who maintains constant interaction with you and has long-lasting and close relationship with you. He is sensitive to and concerned about your feelings and has intimate emotional exchange with you. In times of difficulty you can depend on him and in non-material matters you share a lot with him (Chen Xiangming 1998:216). Normally it takes a fairly long time to acquire such a friend. When these Chinese students came to America they found it very hard to find the kind of friends they wanted. Many of them after staying in America for quite a few years still do not have what they call "real friends".

Another comparative study shows that Chinese and American young people have different standards for choosing friends. When asked what type of classmates they would choose as friends, American high school students indicate that they select as friends classmates who are cheerful, enthusiastic, good-looking, friendly, and sociable. When Chinese high school students are asked the same question, they indicate that they make friends with those who are humble, altruistic, honest, hard-working, tidy, good at schoolwork and amiable. The contrast here is striking. Americans emphasize sociability and those attributes that make for easy, cheerful association while the Chinese emphasize deeper qualities, focusing on moral virtues and achievement. These characteristics are essential components to long-term relationships which require loyalty and sacrifice (Bond 1991:62).

Today people in China still cherish true friendship and prefer a more close personal relationship with others. But in urban areas interpersonal relationship in general has become more loose. People visit each other much less frequently than before. It seldom happens that people just come together to chat. Mostly people meet for some specific purpose. People don't just drop by. They make appointments beforehand. Neighbours are the same. You have to ring your neighbour before you make the visit. I remember some years ago I met in Canberra a young woman from Beijing who married an Australian diplomat and settled in Australia. I asked her how she found life in Canberra. She said everything was fine except for interpersonal relationship. She mentioned in particular her relationship with her neighbour. She said, "When I want to visit my next door neighbour I have to ring her. How odd." She felt it was very strange neighbours could not just knock on the door and walk in. Now the same thing is happening in Beijing. You can't just knock on your neighbour's door and visit him or her even though you live in the same apartment building or on the same floor. With telephones installed in every home people expect neighbours or friends to ring them beforehand. If it is a good time, you are welcome. If not, perhaps you have to make an appointment.

People working in the same unit used to get housing from the work unit and your neighbours are often your colleagues or at least people from the same unit. People know each other if not by name at least by face. But now more and more people buy their own housing and people living in the same building are more often than not total strangers to each other. People living in the same building may not know each other's name for years and they may never talk to each other. An investigation shows that almost half of the sample (47.5%) reported that they hardly ever chatted and seldom spent leisure time with their neighbours. But there is a huge difference between villagers and urbanites. Even though villagers lived in more sparsely populated areas, they interacted with their neighbours much more frequently than urbanites did. As many as two-fifths of the villagers (40.3%) said they chatted and spent leisure time with their neighbours almost every day compared with only 19.8% in the cities (Chu and Ju 1993:93 ~ 94).

Several factors account for this. The tempo of life has become faster for most people and competition in most fields is fierce. For business people time is money. People cannot afford to spend time chatting. Another factor is the decrease of trust among people. With crime rate rising in the cities, people fear that interaction with people they do not know well may involve a risk. Still another factor is that people are becoming more independent and conscious of their privacy. They tend to share less with their neighbours and friends than before.

Value orientation in a society is on the whole fairly stable and changes only slowly. But when the society is in a social turmoil or in a period of rapid transformation, values tend to change more quickly than at ordinary times. The past one hundred years, especially the past two decades, have witnessed pervasive and soul-stirring transformations in China. As a result, traditional Chinese values have altered to varying degrees. But our data have shown that the changes though significant have not been able to shake the foundation of the Chinese value system. Here I quote what some American scholars (Pan et al. 1994:18) said to conclude this paper: "All cultures are changing, and even the most abrupt changes do not imply wholesale discontinuity."

References

Bond, M. H, ed. 1986. *The Psychology of the Chinese People.* Hong Kong: Oxford University Press.

Bond, M. H. 1991. *Beyond the Chinese Face: Insights from Psychology.* New York: Oxford University Press.

Brosnohan, L. 1991. *Chinese and English Gesture: Contrastive Nonverbal Communication.* Translated by Bi Jiwan. Beijing: Beijing Language Institute Press.

Chen, C. 1998. *Population and Social Welfare Studies*. Changsha, China: Southwest University of Finance and Economics Press.

Chen, X. 1998. *Sojourners and "Foreigners": A Study of Chinese Students' Cross-cultural Interpersonal Contact in the United States*. Changsha, China: Hunan Education Press.

Chinese Connection. 1987. Chinese values and the search for culture-free dimensions of culture. *Journal of Cross-cultural Psychology*, 18(2): 143 ~ 164.

Chu, G. and Ju, Y. 1993. *The Great Wall in Ruins: Communication and Cultural Change in China*. Albany, NY: State University of New York Press.

Domino, G. and M. T. Hannah. 1987. A comparative analysis of social values of Chinese and American children. *Journal of Cross-*

Cultural Psychology, 18(1), 58 ~ 77.

Du, P. and Shen, Q. 1997. An analysis of the family structure of Beijing senior citizens. In Department of Population, Beijing Bureau of Statistics, ed. *Population of Beijing 1995.* Beijing: China Statistics Press.

Gong, H., et al. On graduate students' views on job selection and gender difference: The current situation and change. *Tertiary Agricultural Education*, No. 6.

Han, X. 1998. *Values, Coping and Mental Health: A Cross-cultural Study of Chinese and Swiss.* Verlag Dr. Kovac.

Ho, D. 1996. Filial piety and its psychological consequences. In Michael Harris Bond, ed.. *The Handbook of Chinese Psychology.* Hong Kong: Oxford University Press.

Hofstede, G. 1980. *Culture's Consequences: International Differences in Work-related Values.* Abridged edition. Beverly Hills, CA: SAGE Publications.

Hofstede, G. and M. H. Bond. 1988. The Confucian connection: From cultural roots to economic growth. *Organizational Dynamics,* 16(4): 4 ~ 21.

Li, S. 2002. An investigation of college students' values in Chongqing. In *Journal of Chongqing University.* National Bureau of Statistics. 8(3): 112 ~ 114.

Pan, Z., et al. 1994. *To See Ourselves: Comparing Traditional Chinese and American Cultural Values.* Boulder, CO: Westview Press.

Rindfuss, R. and R. K. Raley. 1998. Intergenerational contact in the United States and Japan. In Karen Oppenheim Mason, et al., eds. *The Changing Family in Comparative Perspective: Asia and the United States*. East-West Center, Honolulu.

Sha, L., ed. 1989. *Chinese National Character I.* Beijing: Renmin

University of China Press.

Sha, L., ed. 1990. *Chinese National Character II*. Beijing: Renmin University of China Press.

Wang, Y. 1984. *Patriarchal System in History*. Beijing: People's Press.

Wu, J. 1991. *Chinatown*. Translated by Zhu Sheng. Tianjin: Tianjin People's Press.

Yao, L.1998. An investigation of university students' views on filial piety and family education. *Liaoning Higher Education Research*, No.3.

Yue, Q. 1995. Filial piety and modernization. In Qiao Jian and Pan Naigu, eds. *Chinese People's Beliefs and Behaviour Pattern*. Tianjin: Tianjin People's Press. 123 ~ 136.

Zhang, D. 1989. *A Study of Chinese Ethics*. Shanghai: Shanghai People's Press.

Zhong, R. 2001. Non-inheritance of parents' property does not imply non-provision. *Rural Development Forum*, No.17.

Zhu, Q. 1995. An exploration of cultural values in present-day Chinese mainland. In Qiao Jian and Pan Naigu, eds. *Chinese People's Beliefs and Behaviour Pattern*. Tianjin: Tianjin People's Press. 351 ~ 361.

论跨文化交际的实证研究[1]

提要： 跨文化交际学自上个世纪80年代引进我国以来，取得了很大的成绩。据不完全统计，已经发表了两千多篇论文，出版了30余部专著和教材，开课的学校逐年增加。但在跨文化交际研究中，实证性研究薄弱，这方面的论文在已发表的论文中只占很小的比例，而一般论述和思辨性文章居多。作者将1999~2002年间我国学术刊物上发表的跨文化交际论文与同一时期美国International Journal of Intercultural Relations 发表的论文相比较，发现实证性研究的论文在美国刊物上占主导地位，而我国刊物上基于实证研究的跨文化交际论文只占不到百分之一。作者呼吁我国的跨文化交际研究者应大力加强实证研究。

我国自80年代初期从国外引进跨文化交际学以来取得了令人瞩目的成就，据不完全统计，专著和教材已出版30余部，论文和文章累计发表有两千篇以上。据中国期刊全文数据库统计，在文史哲、教育和社科项下，涉及跨文化交际的文章近十年共发表2,285篇。[2]

年代	篇数	年代	篇数
1995	23	2000	237
1996	38	2001	317
1997	61	2002	388
1998	77	2003	479
1999	124	2004	541

① 原载《外语教学与研究》2005年第5期。
② 中国期刊全文数据库网址：http://www.cnki.net/index.htm.

文章的内容涉及跨文化交际与外语教学、跨文化交际与对外汉语教学、跨文化交际能力的培养、跨文化交际与翻译、跨文化交际中的语用失误、非语言交际、词汇的文化内涵、跨文化交际与修辞、经贸领域的跨文化交际等。从语种来看，涉及英语、汉语的文章占大多数，但涉及日语、俄语、德语、法语的文章也有所增加。一个可喜的现象是有的学者开始把眼光投向我国少数民族的语言和文化，从跨文化交际的角度对比汉语与少数民族语言，对比汉族文化与少数民族文化。例如，张梅的《少数民族学生汉语词语理解障碍分析及对策》(2002:67～69)、丁丽岩的《民族文化差异与当代外语教学》(2002:117～118)、谭厚锋的《侗族语言文化与翻译浅谈》(2002:58)、潘其旭的《壮语词序顺行结构的A+B型思维模式与汉语词序逆行结构的B+A型思维模式的比较研究》(2002:38～53)等。我国跨文化交际学者通常以中外文化作为比较的对象，很少涉及国内民族之间文化比较，但从跨文化交际的本义来说，民族之间的交际(inter-ethnic communication)也应该是它的一部分。例如，在美国，研究白人与黑人之间在交际方面的各种文化差异、欧洲裔美国人与拉丁裔美国人之间在交际方面的文化差异一直是跨文化交际研究中一个十分重要的方面。

总的来说，与国外的跨文化交际研究情况相比，我国的跨文化交际研究偏重于语言教学。这是20多年来一直存在的情况，虽然学者们一再呼吁其他学科的参与，但是至今没有实质性的改变。发表的论文质量不断提高，研究人员的队伍持续扩大，开课的学校逐年增加。但是，从学科建设的角度来看，理论建构的工作还有待加强，研究范围还需进一步拓宽，特别是研究的模式需要大力改进。演绎性、思辨性的文章居多数，而系统收集数据做出分析研究的文章为数很少，许多文章都沿袭这样的路子：某个观点或理论＋一些例证＋结论。例证虽然真实可信，但通常都不是系统收集的，因此存在一定的随意性。

我们查阅了1999～2002年中国期刊全文数据库：在文史哲、

教育和社科项下，共查到涉及跨文化交际的文章1,066篇，其中基于数据统计的文章只有6篇，占总数的5.6‰。实证类论文所占比例如此之低，可能与CNKI数据库所收论文来自社科、教育的各类期刊，包括一些质量并不很高的各种学报有关。但即使如此，也仍然可以大致反映我国跨文化交际研究的概貌。

为了与国外的研究情况对比，我们又查阅了International Journal of Intercultural Relations（IJIR）在1999～2002年间发表的文章。IJIR是美国跨文化交际方面有权威性的学术刊物，创办于1977年，当时是美国影响最大的跨文化交际学术组织SIETAR（Society for Intercultural Education, Training and Research）的季刊，主编是Dan Landis教授，原执教于美国密西西比大学心理学系，退休后执教于夏威夷大学，但仍继续担任期刊主编。期刊的宗旨是（IJIR 1999）："推动对群体之间关系的理论、实践和研究的认识和了解。期刊内容包括理论进展、对于训练技术的实地评价、对于文化差异和共同点的实证式的讨论，以及对于新的训练方式的批判性的描述等。对于理论、实践和实地研究设计相结合的稿件将给予最优先的考虑。"从这段宣言可以看出期刊内容的涵盖面是相当宽的，也可以看出刊物对于实证研究的重视。1999～2002年这四年间IJIR共计发表了151篇文章，书评未计在内。依据内容来分，151篇文章大致属于以下五类：

类别	数目	所占比例
综述	3	1.99%
理论与研究方法	11	7.28%
文化比较	42	27.82%
文化适应与跨文化训练	49	32.45%
专题	46	30.46%
总数	151	100%

这里所说的专题包括诸如以色列的多元文化、海军中纪律处

分是否平等、白人学生种族主义态度的结构、香港回归后香港人的身份认同等。在文章中，文化适应与跨文化训练所占比重最大，占了大约三分之一。这符合美国跨文化交际研究总的情况。事实上，美国的跨文化交际研究始于跨文化训练。早期，David Hoopes（1972，1973）等编写跨文化交际方面的教材就是为了给派往亚非拉地区的和平队员使用。由此可以看到美国重视跨文化训练的传统一直延续至今。文化比较方面的论文也占很大的比例(27.81%)。

从文章的性质来分，可以看出实证性的研究占大多数：

类别	数目	所占比例
实证性	110	72.85%
论述性（包括理论探讨、综述等）	36	23.84%
其他	5	3.31%
总数	151	100%

实证性研究既有定量研究，也有定性研究，但多数属于定量。“实证研究通常包括两类：即质的研究和量的研究。根据传统观点，实验法属于量的研究的代表，而观察法和访谈法则属于比较典型的质的研究。”（龙立荣、李晔2000 : 129）这里所说的实证研究包括一般性调查（survey）、个案研究（case study）、民族志式的研究（ethnographic study）、准实验法（quasi-experimental method）、实验法（experimental method）等。实验法和准实验法在IJIR文章中使用最多，基本上都是采用“假设—检验”的模式，研究报告大致都是这样的写法：介绍课题和研究背景（文献综述）—提出假设—确定研究对象—介绍研究方法（理论框架）和实施过程—对数据进行分析—提出结论和今后研究方向。这种方法原是自然科学的研究方法，之后运用于社科研究，包括语言学研究和外语教学研究。“实证研究的核心或关键环节是‘假设—检验’。实证原则对假设的要求是：假设应是对两个或两个以上概念间假想关系的一种可验证的判断。”（蔡乐、赵巍 1994 : 11）

我们对于作者的学术背景也做了分析。作者的学术背景是这样确定的：如果只有一个作者，以他或她所在系或单位的学科为依据。如果论文是多个作者撰写，以第一作者所在系或单位的学科作为统计依据，例如，IJIR 1999第4期613页有一篇文章，题为Anxiety in intergroup relations: a comparison of anxiety/uncertainty management theory and integrated threat theory，作者共有3人，第一作者是Walter G. Stephan，第二作者是Cookie White Stephan，第三作者是William B. Gudykunst。第一作者是美国新墨西哥州立大学心理学系的教师。在统计时就把作者的学术背景列为心理学。有的文章作者的学术背景在文中没有标明，则列为"不详"。"其他"包括未列入心理学、传播学、工商管理、教育类的学科，如人类学、政治学、行为科学、社会学、语言学、医护、国际研究等。下面是作者的学术背景分析：

学术背景	人数	所占比例
心理学	46	30.46%
传播学	30	19.87%
工商管理	22	14.57%
教育	9	5.96%
其他	34	22.52%
不详	10	6.62%
第一作者总数	151	100%

从这个表格中可以看出，心理学和传播学的学者在美国的跨文化交际研究中是主力，这两个学科的学者的文章在IJIR中占了一半以上。这证实了William Hart（1999 : 587）在几年前的分析，即在美国跨文化交际研究中心理学的影响占首位，传播学占第二位。实证研究在心理学中历来受到重视，正如张爱卿（1994 : 44）所指出的："实证论和现象学是当今心理学的两大方法论基础，现代心理学的具体研究都来自这两大基础。……客观性研究已成为

心理学所奉行的基本原则。”IJIR的主编Dan Landis是心理学家，作者的很大一部分又都是心理学家，因此，这一学术期刊中实证研究占的比重大也在情理之中。

我们没有对美国其他跨文化交际学术期刊中实证性文章所占比重做调查，不能说对IJIR的调查完全代表美国跨文化交际研究的情况。但是，从国外社科类学术刊物总的情况来看，实证类论文大多占主导地位。因此，应该说这一调查具有一定的代表性。

有人可能提出异议，认为我国的跨文化交际研究者主要来自外语界，不应该与美国的跨文化交际学者相提并论。由于学术背景不同，研究的范围和题目可能会有一定的差异，但是，实证性研究的普遍意义却不可怀疑。事实上，在我国外语界关于实证性研究的讨论已经持续相当长一段时间。

多年来，在我国外语教学和语言学研究中，也是思辨性的文章和经验总结占主导地位。桂诗春、宁春岩（1997:14 ~ 20）几年前调查了国内外语类学术期刊《外语教学与研究》、《外国语》、《外语界》和《现代外语》在1993 ~ 1995年间刊登的文章共755篇。他们发现基于数据统计的文章仅60篇，占总数的7.94%；而不依赖数据的文章占603篇，占总数的79.86%；随意举证的文章92篇，占总数的12.18%。他们认为（15）:“研究人员没有足够的方法支持他们的研究，54%的人使用的是简单的思辨性的方法，随机性很大。这些研究方法的成果难登大雅之堂。……究其原因，最根本的一条是我国外语工作者缺乏语言学研究方法的必要的训练，或是原来所掌握的方法已经老化，未能更新。”高一虹等在2000年对于1998年在华北参加三个学术会议的高校英语教师共168人进行了调查，他们发现对于量化研究人们的态度差异很大，从全面认同到深度抵触。“在观念上，将外语教学看成客观现象（29.2%），认同实证主义研究目的（20.2%）的人在三成以下。有一成多的人对绝对‘客观’持怀疑态度（11.9%）。在对研究的态度上和实际进行的研究中，量化研究的排位都是倒数第二，总体上看，调查对象对量化研究的认同有限。”（2000:69）近年来，我国外语教学研究方面总的趋向是实证性研究越来越受到重视，外语类学术期刊上量化研究的成果的比例有所提高，各种实证研究的专著不断问世。

在跨文化交际研究方面，有一些教师和学者做了实证性的研究，前面提到的中国期刊全文数据库中几篇都是实证类的文章。在著作方面，应该特别提出的是高一虹（2000）的跨文化交际方面的专著《语言文化差异的认识与超越》是在实证研究的基础上写出的。书的上篇“认识语言文化差异”共六章，涉及语义、语法、语篇、语用、体态语和语言态度六个方面，都是使用实证方法所作的研究，材料扎实，很有说服力。下篇的四章大致属于思辨类论述。莫藤森编选、关世杰、胡兴翻译的《跨文化传播学：东方的视角》一书也主要是介绍了实证性的研究成果。编者（1999:3）在序言中说明：“在传播文化比较学领域里占主导的探索范式是社会学。本书中大多数文章体现的是一种社会科学方法。这种方法运用定量分析，而不是民族志式的或定性分析。尽管这种方法并非未受到批评，但是在传播学领域，读者广泛的、受到重视的期刊发表的是社会科学研究类型的文章。”这方面的研究成果还有一些，在这里无法一一提到，但是，总的来说，在我国跨文化交际研究方面，实证性研究比起我国外语教学方面的情况还要更差一些。从上面所列的数字已经可以看出，两者在论文总数中的比重相差很大（外语教学与语言学研究 7.94%；跨文化交际 5.6‰）。

外语教学与语言学研究方面的情况大致如此，跨文化交际研究的情况已如上述，那么，跨文化交际研究是否有其特殊性，不能与外语教学研究或其他社科研究相提并论呢？早在20年前，跨文化交际方面的学者就指出，实证研究对于跨文化交际同样重要。“并不存在跨文化交际的研究方法。有的是社会科学研究方法，它们已经而且将会运用到不同文化背景的个人之间交际现象的研究。”他们还认为：“尽管这里没有推崇某种特殊的方法，但是我们敦促大家严格地使用常规的研究方法。我们认为，跨文化交际学在寻求答案方法需要同样严格的程度，当然，灵活性和对于复杂多样的研究环境的适应性肯定也是需要的。”（Korzenny and Korzenny 1984:92）

回顾跨文化交际学的发展史，我们可以看到影响大的学术成果都是基于踏实的研究工作，实证性的研究占了很大的比例，其中既有定量研究，也有定性研究。一项影响深远的研究是荷兰学者Geert Hofstede（1980）在上个世纪70年代初期对于IBM公司在40个国家和地区的雇员在与工作有关的价值观念方面所作的研究，这项研究的基础是IBM公司在1968年和1972年所做的两份调查，共收回116,000份调查表。Hofstede所作的研究基于这些材料。他分离出了与工作相关的四个价值取向，即个体主义—集体主义；对权力距离的态度；对不确定因素的回避态度和男性主义—女性主义。翻开*Culture's Consequences: International Differences in Work-related Values*一书，可以看到作者列举了大量的调查数据。这项研究成果的影响之所以延续至今，与它是基于可靠的大量的调查有着密不可分的关系。截至目前也还没有任何一项有关价值观的研究在规模上超过Hofstede。我国学者沙莲香（1989，1990）对于中国民族性的研究同样是基于大量的文献调查和实地调查。他们的课题“中国人民族性格与中国社会改革”是“七五”国家重点科研项目。在文献调查阶段，沙莲香课题组花费了大量的人力和财力收集、整理并分析各历史时期著名学者关于中国人民族性格的主要著作和观点。在此基础上，他们又进行了全国性的抽样调查，抽样地区多达13个省市，调查对象涵盖了农民、工人、市民、个体劳动者、干部、教师、研究人员、医务人员、学生等各个阶层。问卷设有32个问题，涉及600多个变量。在对大量数据统计处理的基础上，课题组对于中国人的自我意识、行为取向和性格结构提出了有说服力的看法。在定性研究方面，突出的例证是Hall（1966）对于空间（space）的研究和费孝通（1985a, 1985b）对于中国人和美国人的民族性的研究。他们的著作中虽然没有大量的数据，但是，他们细致深入的民族志式的研究以及入木三分的分析对于后人的研究一直起着巨大的影响。

我们这里强调实证性研究，并不是否定其他类型的研究，例如思辨性研究。有的学者（龙立荣、李晔 2000:131）认为："实证研究并不能解决全部问题，在许多情况下，对复杂问题的研究还是需要思辨研究予以补充。而受实证研究的影响，思辨研究也在朝具体化方向发展。"从国内跨文化交际研究的总的情况来说，目前需要特别强调实证性研究，原因很简单，实证性研究是研究工作的基础，而我们做的实在太少了。

参考文献

Hall, E. 1966. *The Hidden Dimension*. Garden City, NY: Doubleday.

Hart, W. B. 1999. Interdisciplinary influences in the study of intercultural relations: A citation analysis of the *International Journal of Intercultural Relations*. *International Journal of Intercultural Relations*, 23: 575 ~ 590.

Hofstede, G. 1980. *Culture's Consequences: International Differences in Work-related Values*. Beverly Hills, CA: SAGE Publications.

Hoopes, D. S., ed. 1972, 1973. *Readings in Intercultural Communication*. Vols.I, II & III. Pittsburgh: Intercultural Communication Network.

International Journal of Intercultural Relations. 1999. Vol. 23, No. 4.

Korzenny, F. & B.A.G. Korzenny. 1984. Quantative approaches: An overview. In William B. Gudykunst and Young Yun Kim, eds. *Methods for Intercultural Communication Research*. Beverly Hills, CA: SAGE Publications.

蔡乐，赵巍．1994．社会学的实证研究辨析．社会学研究，第3期．

丁丽岩．2002．民族文化差异与当代外语教学．佳木斯大学社会科学学报，第1期.
费孝通. 1985a. 美国与美国人. 北京：北京三联书店.
费孝通. 1985b. 乡土中国. 北京：北京三联书店.
高一虹. 2000. 语言文化差异的认识与超越. 北京：外语教学与研究出版社.
高一虹，吴红亮，李莉春. 2000. 关于外语教学研究方法的调查. 外国语，第1期.
桂诗春，宁春岩. 1997. 语言学研究方法. 外语教学与研究，第3期.
龙立荣，李晔. 2000. 论心理学中思辨研究与实证研究的关系. 华中师范大学学报（人文社会科学版），第5期.
莫藤森编选. 1999. 跨文化传播学：东方的视角. 关世杰，胡兴译. 北京：中国社会科学出版社.
潘其旭. 2002. 壮族词序顺行结构的A＋B型思维模式与汉语词序逆行结构的B＋A型思维模式的比较研究. 广西民族研究，第2期.
沙莲香. 1989. 中国民族性（一）. 北京：中国人民大学出版社.
沙莲香. 1990. 中国民族性（二）. 北京：中国人民大学出版社.
谭厚峰. 2002. 侗族语言文化与翻译浅谈. 贵州民族学院学报，第5期。
张爱卿. 1994. 试论实证论在心理学发展中的基石作用. 南京师范大学学报，第1期.
张梅. 2002. 少数民族学生汉语词语理解障碍分析及对策. 语言与翻译，第3期.

跨文化交际动态、培训与书评

跨文化交际学在美国①

提要： 文章首先分析了跨文化交际学在美国兴起的原因，继而详细介绍了美国大学开设跨文化交际学课程的情况和跨文化训练的主要内容及方式。文章分析了从事跨文化交际研究的学者的学术背景，最后指出美国的跨文化交际研究和教学对于我国的可资借鉴之处。

跨文化交际学这个词译自英语intercultural communication，早期也称为cross-cultural communication。它起源于美国，目前在欧洲大陆、加拿大和澳大利亚已广泛使用。

跨文化交际是普遍、长期存在的一种现象，并不是20世纪才出现的，但作为一门学问它的历史却很短。在美国，人们通常认为Edward Hall 1959年出版的*The Silent Language*标志着跨文化交际学的开端。在此之后，Robert Oliver出版了*Culture and Communication*（1962），A. Smith出版了*Communication and Culture*（1966）。这三本书都是环绕文化与交际的关系展开论述的。而在60年代中期之前，学者们在讨论交际时很少涉及文化的影响（Molefi 1979:15）。从60年代起，在美国的一些大学里开始开设跨文化交际学这门课程。60年代中期，在匹兹堡大学的一批学者组织了研讨会，形成了一个研究中心，David Hoopes主编、出版了《跨文化交际学读本》（1971，1972，1973，1974），在当时教材甚缺的情况下，读本在教学中起了举足轻重的作用。

1970年对于跨文化交际研究来说是一个转折点。在这一年，

① 原载《外语研究》1994年第1期。

国际传播协会（the International Communication Association）正式承认跨文化交际学这一领域，并在协会下面成立了跨文化交际分支。言语传播协会（the Speech Communication Association）在协会之下也成立了跨国与跨文化交际委员会，并确定1970年为“跨文化与跨国言语研究交际年”。跨文化交际学从此确立了自己的地位，开课的大学日益增多，文章和专著迅速增加。

跨文化交际学的产生是为了适应美国的实际需要，这种需要体现在三个方面（Hoopes 1981:10）：

1. 战后美国人大批到海外生活、工作和学习，遇到许多问题。例如，美国和平队队员在派到亚洲和非洲工作时，在适应当地环境和文化习俗方面曾经遇到很大的困难。跨文化交际学的任务之一是帮助训练美国人在国外能更有效地从事活动。

2. 美国大学中的外国留学生数目达数十万之多，每年还有大批留学生抵达美国，如何帮助这些留学生适应美国的生活和学习环境也是跨文化交际学的一大任务。

3. 60年代以来，美国民权运动蓬勃发展，如何处理好各种族和各民族之间的关系愈益成为重要的课题。跨文化交际学在这方面也有许多工作需要做。

从这里可以看出，跨文化交际学在美国从诞生起就是一门为了解决实际问题而不着重理论探讨的学问。这无疑具有它的长处，但也包含了它的局限。从它此后二十多年的发展来看，研究实际问题有余，而探讨理论不足，似乎成了这门学科的一个突出的弱点。

目前在美国大学中普遍开设了跨文化交际学课程。这里的一份材料报告了上世纪70年代末和80年代初美国大学中这门课程的开设情况，迈阿密大学的两位学者在1983年调查了138所大学的传播学系的开课、教材、教师、作业、考试等方面的情况，写出了调查报告。他们的结论是（Beebe and Biggers 1984）：

最重要的发现是在过去几年中这门课程在几个方面都有所发展。Barna和Jain曾经估计，1978年有200所大学在开设这门课程。假如我们的样本具有代表性，所有美国大学中的17.8%至少开设一门跨文化交际学课程，那么，目前大约有275所大学在开设此课。这就是说，在过去6年中，这门课增长了37.5%。被调查的大学还说明，在过去几年中，选修这门课的学生人数增加了。这一势头还将继续，因为18.1%的学校表示最近他们将开设跨文化交际学课程。

不同的大学在不同的年级开设这门课程，但在三年级开设的最多，占57.6%，大部分学生都是选修，占80%。选修这门课的学生来自不同专业，包括传播学、言语交际、新闻学、教育学、商业管理、社会福利、医护等。教学方法按使用多寡排序，最多的是讲课，其次是小组讨论，以下是案例研究、客座演讲、电影、小组报告、角色扮演、实地调查、录像等。

教学内容按重要程度排列如下：

1. 文化差异及其对于交际的影响
2. 不同民族和不同文化之间的共同点和差异
3. 跨文化接触及场合
4. 语言及文化，双语教育及翻译问题
5. 特殊的文化模式及其对于跨文化交际的影响
6. 非语言交际
7. 内圈和外圈的组成以及民族中心主义
8. 文化休克和文化适应
9. 民族、种族和亚文化
10. 主观文化理论
11. 对不同种族、民族和国家的成见
12. 融合理论

在有些学校的研究生层次也开设了跨文化交际学课程。到70年代末，已达到60多所大学（Kitao 1985）。研究生课程的教学目标包括：

1. 教给学生一套统一的术语与定义

2. 要求学生深入考察跨文化交际中遇到的某些特殊问题

3. 使学生能与不同文化背景的人作广泛接触

4. 使学生了解克服文化障碍目前使用的方法

5. 给予学生机会，使其能够就他所感兴趣的文化做调查、分析和报告（Smith 1976）

关于跨文化交际学究竟应该包括什么内容，我们可以从有些学者的论述中得到启发。Richard Porter（1982）曾列出八个方面，即态度（包括世界观、价值观、民族中心主义、偏见、成见等）、社会组织、思维模式、角色规定、语言、空间的组织与利用、时间观念、非语言表达。几年后，Larry Samovar在另一篇文章中归纳为三个方面，即观点（包括价值观、世界观和社会组织）、语言过程（包括语言及思维模式）和非语言过程（包括非语言行为、时间观念和对于空间的使用）。其基本内容并未改变，但角色规定一条略去。这说明他们深深受了Marshall Singer（1976）的所谓文化无非是观察问题的角度的影响。心理学家Michael Argyle（1988）认为跨文化交际中主要的问题或困难有6个方面：1）语言，包括礼貌用语；2）非语言交际；3）社会行为的规则，包括赠送礼物等；4）家庭和同事的关系；5）做事的动力或动机；6）思想观念，包括受政治和宗教影响产生的观念。Argyle在这里提到了波特和萨莫瓦所没有提到的社会行为准则以及宗教观念。但从总的方面来看，对于跨文化交际学的内容他们的看法基本上是一致的。

除了学校里的正式课程以外，还有许多种跨文化交际训练。有的针对出国工作人员的需要，有的针对新移民和留学生的问题，还有的是专为企业谈判人员所设计。

训练的基本方法有六种：

1. 提供信息的训练：通过演讲、小组讨论、看录像、阅读等手段为被训练人员提供有关另一种文化的信息。

2. 解释性的训练：被训练人员阅读有关另一种文化环境中可能出现的问题的材料，在材料的末尾对于出现的问题提供几种解释，被训练人员从中选出一个答案。教师与被训练人员一起讨论为什么某一种解释是正确的。

3. 提高跨文化意识的训练：通过研究本国的文化行为和价值观，使被训练人员了解文化的特点以及跨文化关系的一些基本概念，从而提高被训练人员的跨文化意识。

4. 改变认知行为的训练：将一些行之有效的学习原则运用于跨文化交际，例如，要求被训练人员说出在本国有哪些活动是自己喜欢的、哪些是很不喜欢的，然后讨论如何在另一文化环境中多做自己喜欢的事，避免自己不喜欢的情况发生。

5. 身临其境的训练：人为地制造一些环境让被训练人员参加其中的活动，可以采取全部模拟的办法，也可以组织被训练人员进行实地作业，或者扮演角色去体会在新的文化环境中应该如何行动。美国国务院对于和平队队员进行过这类训练。

6. 实际交往训练：邀请目标国的人员到训练班上与学员交往，使学员在国内获得与另一种文化背景的人交往的经验（Landis & Brislin 1983）。

在1974年专门研究跨文化交际的组织——跨文化教育训练和研究学会（简称SIETAR）——在美国成立。[①]

从1977年起开始出版学会的刊物——《跨文化关系国际期刊》（*The International Journal of Intercultural Relations*）。目前学会除美国会员外，其他国家也有会员。会议的规模愈来愈大。从会议的内容看，主要注意力仍在实际问题方面，理论研究较少。

---

① David Hoopes在*Multicultural Education*一书中写道：The Society for Intercultural Education, Training and Research was established in 1975 to bring together people in a variety of disciplines with a special interest in intercultural relations. 但Kenji Kitao却在他的文章中说：In 1974, the first professional organization on IC, The Society of Intercultural Education, Training and Research（SIETAR）held its first conference in Gaithersburg, Maryland. 在这里我采取了后者的说法。Kitao不仅说明了时间，而且说明了开会的地点，似乎更确凿一些。

参与跨文化研究的有四方面的学者，大量的是传播学系的教师，其次是文化人类学家和社会心理学家，社会语言学家虽也参加，但并不起很大的作用。传播学方面有William Gudykunst，John Condon，Young Yun Kim，Larry Samovar，Richard Porter，Michael Prosser，Nemi Jain等。文化人类学方面有Edward Hall，Francis Hsu，Clyde Kluckhohn，Ruth Benedict等。社会心理学方面有Richard Brislin，Michael Argyle，Harry Triandis等。社会语言学家中与跨文化交际研究有密切关系的有Dell Hymes，Nessa Wolfson等。

在美国，专门出版跨文化交际学方面书籍的有SAGE出版社和跨文化出版社。前者出版的书偏重理论方面，而后者主要出版解决实际问题的书籍。自然，其他出版社也出版这一领域的书。例如，Edward Hall的几本很有影响的书即是Doubleday出版社所出。

美国的跨文化交际的研究与教学对我们有可借鉴之处：

1. 美国的跨文化交际研究涉及国际和国内两个方面，国际方面包括美国人到其他国家的文化适应和外国人到美国的文化适应问题，国内的跨文化交际则涉及不同种族和不同民族的人们如何互相适应避免冲突。我们的研究目前主要集中于国际方面，还未涉及国内汉族和其他民族的跨文化交际。实际上，我国不同民族之间也存在文化差异和文化适应的问题。在这方面似乎也可以开展一些研究。

2. 在美国研究跨文化交际的主要是传播学家、人类学家和心理学家，在我国主要是汉语教师和外语教师以及语言工作者。历史学家、哲学家则主要从宏观方面从事研究。各学科之间缺乏交流。这是一个缺憾。需要在学术刊物上制造舆论，吸引其他有关学科的学者的注意，加强与他们的交流和合作。只有从多学科的角度进行研究和讨论，这门学科才能真正发展起来。

3. 在美国大学中开设跨文化交际学课程的为数甚多，而且还在不断增加，而在我国，目前开设这门课程的学校还很少。可以借鉴美国大学的做法，在本科作为选修课开设，不同专业的学生都可以选修。

4. 跨文化交际研究的内容按Argyle的看法包括六个方面，按Samovar和Porter的看法包括思想观点、语言交际和非语言交际三个方面。在我国，目前的研究着重语言方面，在非语言交际方面则刚刚开始，对于与跨文化交际有关的思想观点和价值观念等较少涉及。实际上，只研究语言和非语言交际而不联系思想观念、文化传统，不可能真正使研究深入。跨文化交际研究要及早深入到价值观念和文化传统的领域，这样才能高屋建瓴，使研究避免就事论事。

参考文献

Argyle, M. 1988. Intercultural communication. In L.Samovar & R.Porter, eds. *Intercultural Communication: A Reader* (5th edition). Belmont, CA: Wadsworth Publishing Co.

Beebe, S. and T. Biggers. 1984. The state of the basic course in intercultural communication at U.S. colleges and universities. Ed 246 513.

Hoopes, D. 1981. Intercultural communication concepts and the psychology of intercultural experience. In Margaret Pusch, ed. *Multicultural Education.* Intercultural Network.

Kitao, K. 1985. A brief history of the study of intercultural communication in the United States. Ed 278 212.

Landis, D. & R. Brislin., eds. 1983. *Handbook of Intercultural Training.* Vol. I. New York: Pergamon Press.

Molefi, A., et al. 1979. The field of intercultural communication. In Asante, Newmark and Blake, eds. *Handbook of Intercultural Communication*. Beverly Hills, CA: SAGE Publications.

Porter, R. 1982. An overview of intercultural communication. In L. Samovar and R. Porter, eds. *Intercultural Communication: A*

Reader. Belmont, CA: Wadsworth Publishing Co.

Singer, M. 1976. Culture: A perceptual approach. In L. Samovar and R. Porter, eds. *Intercultural Communication: A Reader*. 2nd edition. Belmont, CA: Wadsworth Publishing Co.

Smith, C. 1976. Teaching intercultural communication on the graduate level. Ed 130 351.

我国跨文化交际研究的走势①

提要： 本文是对于1997年中国第二届跨文化交际研讨会的综述。作者认为这一届会议具有以下一些特点：1）论文内容不再限于介绍和诠释国外的理论，而是开始提出自己的独立看法。2）论文质量显著提高。3）研究者的队伍突破了外语教师和对外汉语教师的圈子。4）队伍的组成有老中青，充满活力。

第二届中国跨文化交际研讨会于1997年10月11～14日在北京召开。与会者除内地及香港特别行政区的学者外，还有美国、英国、澳大利亚、日本、新加坡的众多教授及研究人员。这次会议是继1995年在哈尔滨召开的第一届跨文化交际研讨会之后在我国召开的跨文化交际领域的又一次盛会。从会上发表的论文以及近几年出版的跨文化交际学方面的论著，似可约略看出我国跨文化交际研究的发展及今后的走势。

国内学术期刊近年来发表了相当数量的有关跨文化交际方面的文章，这已经引起了人们的注意。更令人注目的是在1995～1997年间跨文化交际学术专著出版了六部：关世杰著《跨文化交流学：提高涉外交流能力的学问》（北京大学出版社，1995）、林大津著《跨文化交际研究：与英美人交往指南》（福建人民出版社，1996）、王宏印著《跨文化传通：如何与外国人交往》（北京语言学院出版社，1996）、胡文仲、高一虹著《外语教学与文化》（湖南教育出版社，1997）、贾玉新著《跨文化交际学》（上海外语教育出版社，1997）和金惠康著《跨文化交际与翻译》

① 原载《外语与翻译》1998年第1期。

（贵州人民出版社，1997）。跨文化交际学介绍到我国仅十来年，而在最近两三年却集中出版了两百多万字的专著，这说明我国学者在这一领域所作出的成绩以及这门学科的强大生命力。以往的文章和书籍侧重于介绍国外的研究成果，而这些论著已超出评介和诠释，在许多方面提出了我国学者自己的观点。

其次，从第二届研讨会上发表的论文以及学术期刊上的论文来看，质量显著提高。许多论文都是有理论，有数据，有分析。顾曰国在会上提出的论文论述的是在分析对话时不仅要注重研究“问—答”之间的关系，而且还要研究讲话的目的和语境。他所作的是理论探讨，但并非作一般的探讨，而是使用了他实地搜集的各类录音材料，包括售货员与顾客、护士与病人、警察与司机之间的对话。他以生动有趣的材料说明不应拘泥于原有的理论框架，必须在原有的理论上有所扩展。陈德彰的论文是《表示动物的词汇在汉英语中的文化内涵》。他所用的研究方法是对中国人和英美人发问卷，然后进行分析，并得出自己的看法。这种方法比从书中找例句作一番探讨要扎实得多。又例如，张莉的《对外汉语教学中社交称呼语的教学》一文也是基于社交称呼语的实地调查之上。此外还有许多论文都是在搜集材料调查研究的基础上撰写而成。

再一个特点是跨文化交际研究开始突破外语教学和对外汉语教学的圈子，走向更宽广的领域。第二届研讨会的参会者除外语教师外，还有社会学、传播学、管理学界的学者。他们的角度明显不同于具有语言学背景的外语教师，正因为如此才出现了异彩纷呈的局面。对于经营管理中的文化差异在国外早已研究多年。荷兰学者Geert Hofstede先后出版过两部有重大影响的专著，一是《文化的后果》（*Cultures's Consequences*，1980），一是《文化与组织》（*Cultures and Organizations*，1991）。对于个别国家（如日本）经营管理模式的研究成果则更多。近年来我国学者对于经营管理中的文化差异也开始研究，并已有论著问世。例如路英浩所著

《开放前沿的文化震荡："三资"企业多层次文化冲突剖析》(云南人民出版社，1992)，着重研究了三资企业中由于文化差异引起的摩擦与冲突等问题。在第二届研讨会上也有几篇论文探讨经营管理中的跨文化交际问题。不仅如此，大会期间有两段时间由Torrey Orton主持专题讨论会(Workshop)，讨论中外经济交往关系中的相互信任问题。讨论会的几位主持人都具有为在华外国企业或跨国公司做跨文化咨询的经验，因此材料丰富，讨论生动有趣，并具有一定的深度。这是以往跨文化交际研讨会上从未涉及的一个方面。

第四，研究跨文化交际学的队伍中既有年逾六旬的老学者，年富力强的中年骨干，还有在校学习的博士生、硕士生。年轻学生在会上也提出论文，参与讨论，充满锐气。例如，北京大学博士生李战子对于Robert Kaplan的观点提出了尖锐的批评。Kaplan在1970年发表的一篇名为"Cultural Thought Patterns in Inter-cultural Education"的论文中对于不同的思维模式和写作风格提出了他的看法。他认为亚洲人交际的特点是绕弯子，而西方(英美人)交际的特点是直截了当。这篇文章在跨文化交际研究中不断被引用，视若经典。李战子在论文中指出Kaplan在分析东方和西方交际的特点时带有极大的偏见，这些偏见表现在他的词汇、句式等许多方面。李的分析有根有据，很有说服力。她在理论上的勇气固然可贵，但更为可贵的是她的批评基于她对于Kaplan文章的深入细致的分析。

我国的跨文化交际研究方兴未艾。无论从我国进一步改革开放的形势或是从学科本身来看，今后十年将会有更迅速的发展。参与的学科将会比目前更多，除了外语教学、对外汉语教学这一领域以外，传播学、社会学、管理学将会做出更大的贡献。我国人类学、心理学界的学者也将逐步参加到我们的活动中来。由于合资企业、外资企业的发展，研究经营管理中的文化差异、文化冲突以及如何改善这一领域的跨文化交际将会引起更多学者的注意。目前已经有香港和内地大学在跨文化交际学方面开展合作研究，今后这类的合作项目还会增加，国外和中国香港有的大学已经表示了这类意向。从研究方法上看，学者们将会愈来愈重视原始材料的收集，注重数据分析。这方面的论文将会增多，研究成果会更为扎实。另一方面，在理论构建以及对原有理论的批评方面也将会有进展，为跨文化交际学中国学派的建立创造条件。

迎接跨文化交际研究的新局面

——评介最近出版的三本跨文化交际学著作[①]

提要： 文章介绍了国内最近出版的三部跨文化交际著作：关世杰著《跨文化交流学：提高涉外交流能力的学问》、林大津著《跨文化交际研究：与英美人交往指南》以及贾玉新著《跨文化交际学》，对于这三部著作一一作了详细的评述，指出它们的共同点以及不同的侧重点，对于这几部著作予以肯定的同时在文章末尾指出了三部论著中可以商榷之处。

跨文化交际研究在我国是一门新学科，只有十几年的历史，但是近几年的发展却异常迅速，学术杂志上这类论文的数量急剧增加，特别值得注意的是近两三年出版了数部专著。这包括关世杰著《跨文化交流学：提高涉外交流能力的学问》（北京大学出版社，1995年）（下称“关著”），林大津著《跨文化交际研究：与英美人交往指南》（福建人民出版社，1996年）（下称“林著”），贾玉新著《跨文化交际学》（上海外语教育出版社，1997年）（下称“贾著”），王宏印著《跨文化传通：如何与外国人交往》（北京语言学院出版社，1996年），胡文仲、高一虹著《外语教学与文化》（湖南教育出版社，1997年），以及金惠康著《跨文化交际与翻译：汉英语言文化比较》（贵州教育出版社，1997年）。一门新兴学科在这样短的时间内出版这么多专著实在难能可贵。了解内情的人知道这些作者已经在跨文化交际学的领域辛勤工作多年，这些专著是他们几年甚至十几年研究成果的积累。这些专著的出版说明

① 原载《外国语》1998年第4期。

跨文化交际学在我国已经拥有一批研究者，它的地位已大致确立。在这篇评介文章中我准备集中介绍和评论前三本书。

这三本书的共同特点是：1）既介绍了国外跨文化交际学的观点和材料，更结合我国的实际作了独立的探讨。在早期我国学者大多着重于介绍西方的理论，而自己的研究不足，对于西方的一些说法往往分析不够。在这三本著作中作者都持有自己的观点，对于不同的说法做了独立的分析和研究。2）文化比较是跨文化交际研究的重要部分，在他们的著作中有相当大的篇幅讨论中国文化与西方文化的异同。中西文化比较涉及世界观、价值观念、风俗习惯、语言使用、非语言交际以及社会组织等诸多方面，涵盖面很广。3）材料丰富，可读性强。无论哪一本著作里都有许多生动有趣的例子，有些还有调查数据。

这三本著作虽然都论述跨文化交际，对象也都是以大学的本科生和研究生为主，但探讨的角度与写作的风格大不相同。关著更倾向于传播学，书中许多地方使用传播学的术语，也引用了不少传播学中的经典说法，例如，引用了拉斯韦尔的传播模式（28）。除了讨论人际交流之外，它还特别辟出章节（14，15章）专门讨论文化组织交流和国家之间的跨文化交流。书的末尾附有“各国利用人造地球卫星进行国际直接电视广播所应遵守的原则”。从这些地方可以看出传播学的影响。关著对于跨文化交际过程中，特别是跨国交际中可能出现的问题提出了自己的看法。下面的这段话是有代表性的：

“在国际交流这一层次上，科学技术发达、经济力量雄厚的超级大国向世界输出他们的文化，而第三世界国家，特别是一些弱小民族在大量美国文化的熏染下，发生向美国文化的变异，成为美国文化的附庸。美国成为文化帝国主义。”

“跨文化交流的文化传递功能在世界范围内，是一种向超级大国文化趋同的功能，而在某一文化群体，特别是一些弱小文化群体中是一种变异的功能。”（1995:62）

据我所知，在我国的跨文化交际研究中关世杰是提出这个问题的第一人。不论读者是否完全同意关的看法，我认为对于跨文化交际研究者来说，这无疑是应该注意的一个方面。至于哪些是文化帝国主义，哪些是正常的文化交流，这需要仔细分析，不能随便贴标签。在国外也有学者提出这个方面的问题。1976年出版了John Condon和Mitsuko Saito合编的一本书，书名是Communicating Across Cultures for What? —A Symposium on Humane Responsibility in Intercultural Communication，从书名就可以看出编者的倾向。编者指出，在五六十年代，联合国教科文组织强调交流的目标是信息的自由流动，到了70年代，教科文强调交流的权利。这反映了第三世界国家对于超级大国使用卫星向全世界传送电视节目输出自己的文化的担心。大众媒介总是反映了一种文化，节目的接收者不可避免地要受到这种文化的影响。

贾著是三部专著中篇幅最长（共532页）、涵盖面最广的一部。贾著的语言学成分明显多于其他两本，除了涉及词汇、句法、篇章等，还从语用的角度深入讨论跨文化交际。贾著中引用了不少社会语言学家的观点和看法，例如，Halliday，Fishman，Hymes，Wolfson等被多次提及。贾著还在语用部分讨论了Grice的会话合作原则以及Brown和Levinson提出的礼貌原则在跨文化交际中的不同体现。这与贾玉新对于跨文化交际学的看法有关。他提出："在跨文化交际研究领域，学者们普遍关注我们刚刚讨论的宽泛的交际环境，对交际起着举足轻重作用的情景因素却未能给予应有的注意。事实上，社会语言学者对此领域的研究颇有启迪意义。"（43～44）贾的这一看法是很有道理的。在美国，跨文化交际研究倾向于文化比较，也就是贾所说的宽泛的交际环境对于交际的影响。对于语言使用的具体场合的研究往往并不注重（对此作研究的是社会语言学者）。尽管在美国大学中跨文化交际学的课程可能开设在传播学系、教育系、语言学系、工商管理学系，但从跨文化交际学在美国的确立和早期发展来看，传播学和人类学的影响似乎大于其他学科（此后心理学的影响逐步扩大），这可以从跨文化交际学领域的活跃人物和有影响的学者的学术背景看出。例如，Edward Hall的四部跨文化交际学著作影响巨大，他就是一位人类学家。William Gudykunst，Young Yun Kim，John Condon，Richard Porter等是跨文化交际学方面的活跃人物，他们都具有传播学的背景。1995年出版的Ron & Suzanne Scollon著*Intercultural Communication: A Discourse Approach*一反美国的传统做法，强调不同的discourse system（语篇系统）的比较，对于不同文化系统的比较持批评态度。这可以说是美国跨文化交际学界的一个新发展，说明在美国的跨文化交际学者中也有比较注重语言学和社会语言学的。贾著显然受到Scollon的启发，在书中多次引用他们的观点，还特别为性别文化与跨性别文化比较撰写了一章。欧洲的情形与美国不同，严格地说，在欧洲许多国家还没有把跨文化交际学作为一门独立的学科。讨论跨文化交际方面各种问题的多是语言学家，特别是社会语言学家、语用学家。语言学在跨文化交际研究中的影响比传播学、人类学要大得多。在苏联，国情语言学主要侧重于语言的文化内涵和习俗的研究。从事这方面研究的主要是语言学家和外语教学研究者。我国的跨文化交际研究者基本上采取了兼收并蓄的做法，把美国和欧洲的不同做法综合分析，吸取合理因素，扩展了跨文化交际学的研究范围。自然，在我国的跨文化交际研究者中也有不同的侧重。有的着重于语言学，有的着重于传播学，有的致力于两者的结合。

林著大致上是按着美国跨文化交际学的路子展开他的论述的。也就是说，林的写法更像美国跨文化交际学的一般写法。这里说的是路子，而不是观点和材料。实际上，在林著中处处可以看出作者对于问题的独立思考和研究。林著着眼于两类读者，在写法上照顾到他们的不同需要和趣味。它既可以作为教材在大学中使用，也适宜于社会上对于跨文化交际有兴趣的各种人阅读。文笔流畅，语气亲切，例子生动有趣，读起来轻松自如。

由于跨文化交际学是一门新的学科，术语仍未统一，理论体系尚未建立起来。尽管在美国几年以前有些学者一再呼吁要在理论方面下大功夫，要把建立理论体系作为最重要的事情摆在议事日程上，一时间学者们纷纷提出自己的理论，似乎跨文化交际学理论体系的建立指日可待。然而，回过头来看，仍然不能说一个成熟的跨文化交际理论体系已经建立。自然我们也可以说，在美国存在若干种跨文化交际的理论，而且每种理论都有它存在的理由。在本文评介的这三部著作中作者都提出了这一重要问题，也都力图对于理论的建构做出自己的贡献。这些探讨都是十分有益的，有助于一个成熟的理论体系的诞生。实际上，一门新学科的理论体系处于摸索之中应该说是自然的事。如果研究时间还不长，研究成果还不够多，人们对于跨文化交际的认识尚还不十分清楚，就匆匆下结论，希望在短时间内把跨文化交际学的理论问题统统搞清，那实际上是不切实际的想法。对于研究方法、研究内容和范围也不宜于做出规定。目前在我国，从事跨文化交际研究的学者正是从不同的角度、用不同的方法、从事着不同领域的研究，这只会对学科的发展有利。

下面提出几个具体问题与三位作者商榷。前面谈到，在一门新学科中，对于同一个概念给予不同的术语，应该视为自然。在一段时间之内可以容许它们存在，在讨论过程中逐渐淘汰不太精确的说法，保留比较好的、大家（或多数）接受的说法，逐步做到统一。在这个大前提下，我认为对于术语可以展开讨论。在我读关著时，我对他使用的两个术语总感到不太习惯。一是“语言语”，一是“非言语语”。大约是为了区分语言与体态语，作者使用了“语言语”这样一个新词。“非言语语”指的是nonverbal communication。nonverbal communication通常译为“非语言交际”。在有的上下文中“非语言交际”未必合适，但“非言语语”，似乎更难令人接受。另外，关著把Hall的high context译为“高上下文”也不易懂，不如贾著中“强交际环境”的译法。林著中有这样一段话:“有些中国人以为，美国家庭都不喜欢要小孩，但据我观察，不少基督教家庭挺喜欢要三至四胎的，而且他们极力反对人工流产。”(59)这里指的似应是天主教，而不是基督教。林著在列举汉语中的尊称时将“老+姓”和“姓+老”列在一起(82)，似乎不妥。前者(如老张、老李)用于关系大致平等的熟人之间，与“李老”“张老”等尊称显然不同。

在学术著作中，注释和参考书目占有十分重要的地位，因为读者可以根据注释判断材料的可靠程度，还可以查找原资料，作进一步研究。总的说来，这三本专著的作者对于注释都是认真的。在贾著中除了每章末尾附有注释外，在全书的最后还列出了参考书目。林著的注释特别详尽，对于不同的提法作了考察和比较。但是，也有美中不足之处。例如，贾著100页行文中有“(李宗桂，1994)”字样，但是注释中没有李宗桂的名字，参考书目中也没有李的著作。第333页引用了Brawn关于称呼语使用的论述，但在注释和参考书目中都没有出现Brawn这个名字。类似的情形还有一些，这可能是漏注所致。另外，在参考书目中，没有列我国近年来出版的跨文化交际学和社会语言学方面的论文和著作，再版时似乎也可以作些补充。

美国跨文化交际研究最新动态①

内容提要： 本文主要报道了1998年在美国召开的一次重要的跨文化交际学术会议。会议着重探讨了跨文化交际学的理论问题，同时在会上成立了新的跨文化交际学术组织：国际跨文化研究学会（International Academy for Intercultural Research）。作者分析了美国跨文化交际学术界分裂的主要原因，以及新的学术组织成立的缘由。

今年3月19~21日我在美国加州大学富勒顿分校（UC-Fullerton）出席了一次跨文化交际国际研讨会。会议的主题是Interdisciplinary Theory and Research on Intercultural Relations。会议主要发起人是*International Journal of Intercultural Relations*（简称IJIR）主编Dan Landis教授，会议组织者是加州大学富勒顿分校传播学院William Gudykunst教授。会议分为两部分，第一部分与一般国际学术会议格局大致相同，除了全体会议，还有分组会议。第二部分是成立一个新的跨文化研究学会。表面上看会议似乎没有特别令人注目之处，但是如果了解会议召开的背景就知道这次会议非同一般。从跨文化交际学的发展来看，这是一次极为重要的会议。

IJIR原是美国跨文化交际研究的最有影响的组织SIETAR（Society for Intercultural Education, Training and Research）的正式刊物。从1977年到1997年的21年间刊物一直隶属于该学会。但是，在IJIR1997年8月出版的这一期上，主编Dan Landis发表了一篇文章，题目是："IJIR and SIETAR: One Door Closes and Another

① 原载《外语与外语教学》1998年第8期。

Opens.”在这篇文章中，Landis宣布自1998年起IJIR与SIETAR脱离关系，不再是后者的期刊。文章回顾了IJIR与SIETAR的合作过程，以及近年来出现的分歧。Landis认为SIETAR近年来只顾发展组织、扩大影响、热衷于跨文化训练实用的一面，而对于理论研究缺乏兴趣，导致学会会员对于SIETAR的活动越来越不感兴趣，纷纷离去。Landis在文章中说：

“The early Congresses (particularly the Chicago meeting) were really quite stimulating: new ideas were proposed, many carefully thought out and well grounded in either research or practice. But, as the goal of attracting neophytes became a prime objective, the Congresses contented themselves with plowing old ground. Seasoned researchers and practitioners found those meetings less and less interesting (in the sense of being helpful or stimulating) and gradually dropped out of the Society to be replaced by an increasing number of beginners.”

最后，Landis表示希望IJIR与SIETAR仍能继续合作：

“I hope that we will be able to continue the friendships that have developed and coalesced over the past two decades; I would be very sad if this were not the case. SIETAR has an important role to play in this world—the development of competent and ethical intercultural trainers. This journal, similarly, has a role—the development of a research base that undergirds training, education, and new research directions. It is just that these goals cannot, sadly, exist within the same organization at this time.”

在Landis看来，SIETAR的作用是培养跨文化训练人员，而IJIR的作用是从事高层次的研究。分歧即在于此。这两批人无法在同一个组织中合作从而导致今天的分裂。值得注意的是，富勒顿会议的发起人是跨文化交际研究中的一些头面人物，包括William Gudykunst, Richard Brislin, Young Yun Kim, Dan Landis, Rosita Albert, Janet Bennett, Milton Bennett, Fred Casmir, Michael

Paige, Judith Martin, George Renwick, Harry Triandis, Richard Wiseman, Stella Ting-Toomey等。这些人从SIETAR中退出无疑将大大降低SIETAR的号召力，削弱它的实力。

富勒顿会议的规模不大，只有百余人，美国学者占大部分，此外还有中国、日本、韩国、芬兰、德国、法国、比利时、瑞士、加拿大、印度等国的代表出席。会议的议题很广，包括理论探讨、种族关系、文化比较、跨国经营、交际障碍、文化偏见、文化与因特网、跨文化训练、跨文化研究方向等。这里不妨把一些论文的题目列举出来，由此可见一斑。

Edward Stewart: The Cultural Trilogy: the Roots of Cultural Identity in Pain and Emotion

Young Yun Kim: The Lines That Divide: an Examination of the Role of Ideology in Intercultural/ Interethnic Communication

Naoto Ogawa: Politeness in Japan and the United States

Satoshi Mochizuki: Intercultural and Interactive Studies on Personality, Performance and Creativity

Katrin Harich and Douglas LaBahn: Enhancing International Business Relationships: a Focus on Customer Perceptions of Salesperson Role Performance and Cultural Sensitivity

Les Doak: International Marketing and the Internet

Seongcheol Kim: Cultural Imperialism on the Internet

Liisa Salo-Lee: Silence—Social or Asocial? Intercultural Communication in Finnish Professional Contexts

Juliana Roth: The Deciphering of Culture: Experiences from the German-Russian Interface

Tania Ogay: Intercultural Dialogue: a Comparison of the English-speaking and French-speaking Traditions

Vandana Sharma and Ranjad Sharma: Recipient Behaviour in Indian Society

James Boldman: Towards a Model of Intercultural Adaptation: Intercultural Training and the Influence of the Stranger's Expectations on Intercultural Adaptation

Carolyn Conway Madding: Dichotomous Lives: an Ethnographic Study of Non-native Mothers and Their American-born-at-risk Children

大会主题发言人是John Berry教授。他曾任国际跨文化心理学会会长，是跨文化心理学研究方面的权威人物，这方面的著述共有二十多种。他演讲的题目是："多元社会中的跨文化关系"（Intercultural Relations in Plural Societies）。他根据在加拿大多元社会中所做的研究提出处理跨文化关系的模式。虽然他所用材料取之于加拿大，但是他的重点在于如何将他的理论运用于不同的多元社会。

对于跨文化关系的理论探讨是这次会议的一个重要内容。与此有关的有两篇发言和一整天的分组会。新墨西哥大学的William Hart的发言"跨文化关系研究中的多学科影响"值得重视。他采取的研究方法是将IJIR 1983 ~ 1996年间所刊载的文章和书评中的引文共13,006条做出分析，找出在跨文化关系研究中最有影响的学者、书刊和大学。作者说明引证并不总是正面的，可能也有反面的，但至少说明文章作者在一个方面受到的影响，因此它是客观可信的。在此之前，Harman与Briggs曾在1991年对于SIETAR会员做过问卷调查。调查显示，在跨文化交际研究中人类学的影响最大，以下依次是心理学、社会学、传播学等。但是，Hart的调查结果与此不同。根据他的调查，在跨文化关系研究中心理学的影响占第一位，以下依次是传播学、社会学和人类学。Hart认为1991年的调查主观成分大，并不准确。最有影响的前十位作者（即被引证最多的作者）是Gudykunst，Triandis，Brislin，Ruben，Hall，Hofstede，Kim，Hammer，Furnham和Landis。其中四人是传播学教授，五人是心理学教授，一人是人类学教授。最有影响的十本书是：

Landis & Brislin, eds.. *Handbook of Intercultural Training*. 1983.

Samovar & Porter, eds.. *Intercultural Communication: A Reader*. 1972 ~ 94.

Hofstede. *Culture's Consequences*. 1980, 1984.

Brislin. *Cross-cultural Encounters*. 1981.

Brislin. *Cross-cultural Orientation Programs*. 1976.

Hall. *Beyond Culture*. 1976, 1981.

Brislin, Bochner & Lonner. *Cross-cultural Perspectives on Learning*. 1975.

Triandis, ed. *Handbook of Cross-cultural Psychology*. 1979, 1980.

Furnham. *Culture Shock*. 1986.

Furnham. *Cultures in Contact*. 1982.

Landis作了关于“跨文化关系研究的未来”的发言，在发言中他回顾了IJIR 22年来发表过的文章，从中引出今后研究的方向。他认为今后应该在理论方面加强研究，在跨文化研究中应采取多学科的方法和角度。特别是需要重视发展能够重复实验的研究方法，例如香港中文大学 The Chinese Connection 所进行的研究。听众中有人提出跨文化交际研究中缺乏历时的研究，也有的提出一些具体问题(例如饮食)在跨文化研究中一直被忽视，也应引起注意，而饮食不习惯确是跨文化交际中的一个实际问题。

3月20日举行了一个为时一天的专题讨论会，上午主要发言人是John Berry, Richard Brislin, Everett Rogers。下午主要发言人是Bruce LaBrack, Jean Gilbert, Judith Martin, Michael Paige。从阵容来看确实强大，因此招来大批听众，致使有的会场只剩下零星的几个人。专题讨论会的题目是：Paradigms Lost, Paradigms Discovered: Foundations of Intercultural Research and Practice。Brislin回顾了他从事跨文化交际研究的经历，最后总结出从个别到一般，再从一般到个别的研究路子。他认为既可以从理论入手，将理论运用于具体实例，检验理论是否正确，也可以先从具体实例入手，从中总结出理论。经过一天的发言和讨论，大家最后的结论是在跨文化关系研究中应该采取多学科综合的路子，不必拘泥于某一家之说或者某一种方法。

会议的最后一段时间是成立新的跨文化研究组织。在此之前，曾经建议过几个名称，一个是Academy for Intercultural Research，但是这个名称的缩略词AIR容易引起误解，被否决。后来又改为Academy for Intercultural Studies (AIS)。在富勒顿会议之前最后定为International Academy for Intercultural Research (IAIR)，似可译为“国际跨文化研究学会”。学会的成员称为fellow，以别于一般的member。会议通过了学会的章程，确定了会费的标准以及今后几年的会议安排。从学会的章程以及讨论过程可以看出，学会的发起人极力要做到新的学会有别于SIETAR。新学会的目的在于高层次的研究，必须有一定的资格才能入会。一般不接纳正在读博士学位的年轻学者和青年教师。学会的目标定为五条：

1. To promote the development and dissemination of high quality research and study in intercultural relations;

2. To provide a forum for seasoned intercultural researchers, educators, and trainers to exchange ideas about research and training;

3. To provide a forum for bridging theory and practice through intercultural research;

4. To provide a forum to exchange ideas about the way cultures influence social behaviour and intercultural relations;

5. To provide a forum to encourage and nurture young scholars in the field.

会议选出了学会的领导成员。会长为Dan Landis，副会长为Frank Montalvo，秘书兼财务为Kenneth Cushner。我国对于学会有兴趣的学者和教授可以从学会的主页上了解更多的情况。网址是http://www. watervalley. net/ users/ academy/ html/ the_academy. htm.

从这次会议我以为可以得到几点启示。其一是在跨文化交际学领域学者们对于理论模式十分重视。尽管从事跨文化交际研究的理论和方法可以多种多样，但是不能够只注意跨文化交际中的实际问题（例如，作具体的文化对比，研究提高跨文化意识等），而忽视它的理论部分。在美国，跨文化交际研究已经有了至少三十多年的历史，但是至今仍然在不断探讨理论模式问题。IJIR与SIETAR的分裂源于他们对于理论的不同认识，由此也可以看出这个问题是举足轻重的。

其次，在美国的跨文化交际研究中，心理学的位置十分突出，在有影响的学者中心理学家占了大部分，其次才是传播学家、人类学家等。这可能是近十几年的情况，在早期人类学的影响更大一些。从我国的跨文化交际研究来看，社会语言学和人类学的影响似乎更大一些，心理学的成分很少。这与我国从事跨文化交际研究者的背景有关(大部分是从事外语教学和语言学研究的学者)。美国的跨文化心理学研究的成果直接运用于跨文化交际研究，并推动了它的进展，这一情况值得我们重视。至少我们应该把他们的著作拿来仔细阅读研究一番。

另外，我们在从事跨文化交际研究的过程中应该注意与国际接轨，在可能的条件下应有更多的学者参加国际学术会议，了解国外的动向，并把我国的研究成果介绍给国外的同行。

Intercultural Communication Studies in China[①]

Abstract: This paper is an overview of intercultural communication studies in China from the early 1980s to 1998. The writer divides it into three periods: 1) 1978~1987 is the period marked by a heavy emphasis on foreign language teaching although individual articles on ICC started appearing in journals. 2) During the period 1988~1994 while foreign language teaching still loomed large in the filed, intercultural communication *per se* began to be introduced. Intercultural Communication was offered as a course in several universities. 3) In 1995 at an international conference on cross-cultural communication held in Harbin the China Association for Intercultural Communication was established. Two characteristics need to be noted about ICC in China: First, much of the research in intercultural communication so far is language oriented or language related. Second, most of the intercultural communication researchers in China are engaged in comparative studies of national cultures.

The history of intercultural communication studies in China is a short one with its beginning dated to the early eighties. Prior to that the PRC was engulfed in the nightmarish Cultural Revolution when contact with the outside world was cut and universities closed down.

① 本篇为1998年在一次跨文化交际国际研讨会上的发言。

The first few years of the eighties witnessed the initial opening of China to the West when developments in sociolinguistics, pragmatics, intercultural communication and language teaching methodology were introduced to Chinese academics. Soon after the teaching and research of intercultural communication started at Chinese universities.

Although it is a relatively short time since intercultural communication was brought to China, there has been widespread interest in it. Several hundred articles appeared in academic journals in the past fifteen years and more than a dozen books have been published. A national association has been formed and three international conferences held. To review this short history we may divide it into three periods:

1. 1978~1987 is the period marked by a heavy emphasis on foreign language teaching. Xu Guozhang's "Culturally-loaded words and English language teaching" was one of the first articles written on the subject of culture related to the teaching of English vocabulary and translation. He points out in his article that some Chinese and English words may seem to be equivalents while they in fact carry different cultural loads. Other articles discuss culture in connection with the communicative approach in language teaching. Many point out that the teaching of language forms alone does not enable the learner to communicate effectively and that knowledge of the culture of the target language is essential for all learners. Textbooks using the communicative approach provide cultural notes and a few books introducing Western customs and cultural norms were also published.

2. During the period 1988~1994 while foreign language teaching still loomed large in the field, intercultural communication *per se* began to be introduced. Intercultural Communication was offered as a course in the English Departments of Beijing Foreign Studies University, Shanghai International Studies University, Harbin Institute

of Technology and some other universities. Samovar and Porter's anthology *Intercultural Communication: A Reader* was published in Chinese translation in 1988. In the same year Shanghai Translation Publishing House published a collection of papers under the title of *Intercultural Communication: What It Means to Chinese Learners of English* edited by myself. The papers written by both Chinese and Western scholars cover a wide range of topics from the comparison of Chinese and English proverbs to nonverbal communication. *Language and Culture* written by Deng Yanchang and Liu Runqing published bilingually in 1989 deal with many aspects of cultural differences in the use of language—from euphemisms, taboos and conversation topics to the style of writing.

3. In 1995 the 5th International Conference on Cross-cultural Communication: East and West, sponsored by Harbin Institute of Technology of China and Trinity College of the United States, was held with a total of 230 Chinese and 40 overseas participants attending. The topics of the papers presented at the conference include among others: "Japanese patterns of thought and the teaching of Japanese", "Cultural input in second language teaching", "Topicalization in English and Chinese", "The changing patterns of Chinese interpersonal communication: observations from books addressing interpersonal skill", "Paradox of intercultural communication", "A structural descriptive approach to understanding and studying intercultural communication", "Cultural elements in business communication", "A cross-cultural study of politeness between China and the U.S.A." and "Cultural differences in cognitive model, establishment of coherence and discourse interpretation".

It was during this conference that the China Association for Intercultural Communication was established. It was decided that a national conference on intercultural communication would be held biennially. In August the following year Peking University and Kent State University jointly sponsored another conference whose theme is: "Communication and culture—China and the world entering the 21st century". From the papers given at the conference it is obvious that more emphasis was laid on communication studies. Here we may mention some of the topics: "International transmission and radical change of informational environment in China", "Western media influence on traditional Chinese cultural values", "Perceived intercultural communication competence in cross-cultural interactions between Chinese and Americans", "Globalization and pluralism of culture", "The impact of new communication technology on international politics", "A comparison of cultural differences between Chinese-American business negotiating styles". In October 1997 another conference on intercultural communication was held in Beijing. It was sponsored jointly by the China Association for Intercultural Communication and Beijing Foreign Studies University. One of its special features was a workshop exploring trust, trustworthiness and reliability in Chinese-foreign business relationship. Both the theme and the format of the session were new to intercultural communication scholars in China. It is evident that there is now increasing interest in intercultural communication in the business context as thousands of foreign-owned and joint venture companies now operate in China.

If we examine intercultural communication studies in China by subject area, we find that the study of verbal communication takes up a dominant position. In verbal communication there is much discussion about the relationship between language and culture. As a matter of fact, there are several books bearing that name or some name similar to it. The discussion embraces vocabulary, syntax, pragmatic rules, discourse pattern and translation. Nonverbal communication is also a subject many take an interest in. Geng Erling published in 1988 *An Introduction to Body Language*, the first book on nonverbal communication written by a Chinese scholar. Comparative study of customs and behaviour patterns in China and other countries is also an area of interest to many readers, who are either curious about foreign lands or want to equip themselves with some survival skill before making their departure for overseas. Many of the books written on this are for popular consumption, but there are also a few that are academically oriented. As China's trade with western countries and the number of joint venture enterprises increase, cultural differences in business management have become an important area for study. In addition to papers presented at conferences a number of books have been published on the subject. These include *Sino-Foreign Joint Venture Enterprises* by Chu Baotai and Dong Weiyuan (CITIC Press, 1992), *Cultural Clashes in the Frontline of Kaifang: An Analysis of Multi-faceted Cultural Clashes in Foreign-owned and Joint Venture Companies* by Lu Yinghao (Yun'nan People's Press, 1992), *Conventions in International Trade Negotiations* by Wang Zhenyu (Earthquake Press, 1993), *Problems and Strategies in Commercial Negotiations with Foreign Countries* by Qiu Zhirong (Chinese Economy Press, 1994), *International Business Negotiation: Principles, Methods and Arts* by Zhang Xiang (Shanghai Joint Publishing Company, 1995) and the series on how to do business with Germans, Americans, Russians, Frenchmen, Britons and the Japanese (Beijing Institute of Technology Press, 1994). There has been a great deal of academic discussion about Chinese value orientations among philosophers, historians and scholars in culture studies since 1982, some of which is related to communication though for the greater part it is on traditional

Chinese values and their impact on modernization. The articles and books published on this are too numerous to mention.

If we compare intercultural communication studies in China with such studies in the United States, we find some important differences.

First, much of the research in intercultural communication so far is language oriented or language related. This is because teachers and professors of foreign languages were the first to embrace intercultural communication as a discipline. Since their chief goal in intercultural studies is to improve the communicative competence of the learners, they naturally focus their attention on such aspects of language as the cultural connotation of certain words and phrases, difference in pragmatic rules and discourse pattern and problems of equivalence in translation. While the American model wields the greatest influence among Chinese intercultural communication scholars, European intercultural studies have their impact too. Chinese scholars look to sociolinguistic and pragmatic studies in Europe for inspiration and guidance in their research. Professor Jia Yuxin in his recently published book *Intercultural Communication* tries to combine cross-cultural comparisons with sociolinguistic context in his approach. He believes that to achieve effective cross-cultural communication it is necessary to take into account both large cultural context and specific sociolinguistic context.

Second, most of the intercultural communication researchers in China are engaged in comparative studies of national cultures. They have published many articles and books analyzing and comparing, for instance, Chinese culture and Japanese culture, or American culture, but there is little written on problems involved in interethnic or inter-regional communication. China appears to be a homogeneous country while in fact it is as diverse in cultural orientations as the United States if not more. There are 56 ethnic groups and many more regions in China. The ethnic and regional differences pose no small problem to communication. As to subcultures there are just as many in China as elsewhere in the world, but the problem is we have not yet been able to study them.

Third, those who are actively involved in intercultural communication studies and conferences include language teachers, linguists, communication scholars and business consultants, but psychologists and anthropologists are scarce. Part of the reason is psychology and anthropology were for many years looked upon with suspicion and therefore were left in hibernation until after the Cultural Revolution ended. It took quite a few years before they were reactivated though earlier works by Chinese anthropologists still serve as a kind of beacon light for intercultural communication studies today. For instance, works by Fei Xiaotong who was Malinowski's student are frequently alluded to or quoted from. Chinese psychologist Sha Lianxiang and her team spent four years on the study of Chinese character at the end of which they published two well-researched books. They are of great use to anyone when making cross-cultural comparisons, But on the whole I think it is safe to say that anthropologists and psychologists basically work within their own area and have not involved themselves in intercultural communication activities at large.

Cross-cultural Training Programs In/for China: Methods and Recommendations①

Abstract: Cross-cultural training is new in China. In the late seventies and early eighties it was done sporadically among scholars who were about to travel to a western country to study, and in most cases it was only some information on western countries in the form of talks or lectures. It was not until foreign corporations started investing in China that cross-cultural training began to take on a new aspect. Those who enlist the services of cross-cultural training consultants are either human resources departments of big transnational corporations or top-level executives who are sent to China on assignments. The approach adopted in cross-cultural training is often from the general to the specific, starting from the nature of culture and general cultural awareness and progressing gradually to specifics of business culture. Comparisons are often made between the culture of the trainees and Chinese culture.

To start with, I would like to make clear that this is not a general survey of cross-cultural training in China, for I did not have the time nor the means to conduct such an extensive investigation. What data I have here was collected from friends who work in this field and my

① 本篇系在1999年于深圳召开的中国第三届跨文化交际国际研讨会上发表的论文。

own observations at some of the workshops and seminars.

From what Neal Grove said in one of the background papers we may infer that formal cross-cultural training started in the sixties, for "it was roughly around 1970 that literature in the field of cross-cultural orientation and training began to flower" and in 1970 the Peace Corps published its four-volume *Guidelines for Peace Corps Cross-cultural Training*. Since then cross-cultural training has made much headway and a large number of articles and books have been published. This is especially true of the United States where cross-cultural training involves people from widely varying backgrounds—from high school students to company CEOs, from new immigrants to seasoned diplomats. A recent survey shows that *Handbook of Intercultural Training* edited by Dan Landis and Richard Brislin is the most cited book among intercultural communication researchers. As a matter of fact, cross-cultural training assumed such overwhelming proportion within SIETAR that it finally caused the split between SIETAR and IAIR.

Cross-cultural training is something new in this country. It was done sporadically in the late seventies and early eighties among scholars who were about to travel to a western country to study, and in most cases it was only some information on western countries in the form of talks or lectures. There was no detailed plan, nor was there any specific goal in mind. The British Council also invited Chinese scholars to give talks to newly-arrived British lecturers on Chinese customs and academic environment, but the training (if we call it that) was not systematically planned or theoretically based. It was not until foreign corporations started investing in China that cross-cultural training began to take on a new aspect. Multi-national companies regard cross-cultural training of their staff as part of their human resources development and are willing to spend money on it. Small companies, however, are not yet ready to engage the services of cross-cultural consultants and trainers for various reasons one of which is of course expenses.

Those who enlist the services of cross-cultural training consultants in China seem to fall into the following categories. First, there is the big corporations like General Motors, Motorola, Nokia, Nestlé and others, which as a rule employ staff from different national backgrounds. They need to train not only their locally recruited Chinese staff but also staff from other countries. They wish to establish rapport and good teamwork among their staff and are ready to spend money and time on their staff development. The training of such staff often involves scores of people and is as a rule well planned. The human resources department of the corporation, which is in charge of the training normally, has the goals clearly outlined before training starts and evaluates the program after it is executed. Then there are top-level executives who are sent to China on assignments. They sometimes employ experienced cross-cultural trainers to give them guidance on various aspects of their life and work. Their spouses are often with them for such training. In some cases the trainers are with them on their entire trip offering help when and where it is called for.

Looking through the various kinds of handouts and training materials I find they are generally of two formats. One kind of training material is in the form of an outline with only a limited amount of reading matter. The other kind consists of a fair amount of reading and background information, sometimes totaling over thirty pages. Most HR departments and trainees seem to prefer the first kind. The approach is often from the general to the specific, starting from the nature of culture and general cultural awareness and progressing gradually to specifics of business culture. Comparisons are often made between the culture of the trainees and Chinese culture (Western culture in the case of Chinese staff). What follows is a program planned for the Chinese staff of General Motors:

— General introduction and welcome

— Cultural awareness (what is culture/layers of culture/features of culture, etc.)

— Perspectives between cultures

— The West's experience and contemporary behaviour resulting from this experience

— Chinese values and Western values

— Western customs and manners

— Cross-cultural issues in conducting business in China

— The culture of a transnational company

— Windham Model framework

— Action points

Landis and Brislin have outlined six approaches to cross-cultural training: 1) Information or fact-oriented training; 2) Attribution training; 3) Cultural awareness; 4) Cognitive-behaviour modification; 5) Experiential learning; and 6) The interaction approach. It seems to me that all approaches except No.4 have been used in training programs in relation to China. Often in one program you find a combination of several approaches. The above program, for example, includes in it at least four approaches. In attribution training critical incidents have been repeatedly used. In some cases critical incidents are taken from books such as Craig Storti's *Cross-cultural Dialogues*. Below is a critical incident Professor Liisa Salo-Lee designed.

SINOFIN factory was a Chinese-Finnish joint venture. The managing director was a Finn, the deputy director a Chinese. Coming to work one morning, the Finnish managing director noticed a group of uniformed men near one of the factory buildings. He went to his office, called his Chinese secretary, and asked her whether she knew what had happened. The secretary knew that there had been a theft during the night: two sons of an old Chinese employee were involved. The police was investigating the case. The secretary had been briefed by the deputy director and was asked not to inform the Finn. She gave evasive answers, and the Finnish director did not pursue the matter further.

Why do you think the deputy director did not tell the Finn the truth? In nearly all programs active participation by trainees is encouraged and straight lecturing is kept to a minimum. Audience's patience with long lectures seems to vary a great deal and trainers are often reminded that businessmen do not have much time.

Presentation technique is given a great deal of attention. Presentation using PowerPoint is frequent and occasionally videos are used too. In addition Zop cards and other teaching aids are made use of. In general it is considered unprofessional to give a straight lecture without the use of any of the audio-visual aids.

It seems most of the training sessions I investigated were well-received and successful. However, there was one session the participants were critical of. It was a joint session for both Chinese and Western staff of a transnational company. The trainer asked the Chinese and Western participants to write down separately what they thought of each other and then pin the slips of paper on a board. It turned out that some of the comments were blunt and the trainer thought they might hurt, so he took down some of the slips. Later he told the participants what he had done. When they heard this, they flared up and challenged the trainer, saying that he had no right to hide the truth from them. The trainer was frustrated while the participants were disgruntled.

One complaint from the participants is the training is not closely geared to problems they are most eager to have solved. They often believe that the training on general cultural awareness is something easy to grasp and may not be very useful in their job environment. One of the complaints on the part of the Chinese staff is the gap in salary between locally recruited Chinese staff and Chinese staff educated overseas and with PR status in a western country, and between Chinese staff in general and Western staff. This is a problem no amount of training can solve. Some participants openly declare that cross-cultural training is not going to work and that nothing will change. It is very hard for the trainers to find out how helpful the training is to those involved, for evaluation is as a rule independently conducted by the human resources department of a company and the specific comments are not made known to the trainers. And it is often not feasible to follow up on the training.

Having observed or participated in some of the training sessions, I now believe that there is much room for improvement in cross-cultural training for staff in JVs and foreign-owned enterprises. First, more time should be allowed for the training. It is very hard to cram all the stuff into one single day and there is too much pressure on both the trainers and the trainees. There is simply no time to digest what has been dealt with in the workshop. A 2-day arrangement, on the other hand, allows the trainer to move more smoothly from the general to the specific and to have interaction with the trainees. Secondly, it is necessary to curb the urge to rush into specific problems before people understand the basics of cross-cultural training. General cultural awareness is something that should be driven home first. Participants may think it is not of direct help to them, but this is often not true. Thirdly, the trainer should not shirk from the specific problems, but often the problems are put under the nose of the trainer only at the workshop. It would be much better if the trainer did some investigation and learned about some of the problems so that he/she could be prepared. If no solution can be offered, at least the trainer knows how to handle it at the workshop. Fourthly, there should be better communication between the trainer and the HR departments. The trainer needs to know the results of the evaluation so that he/she will know what has gone wrong and how to improve in their future training projects.

中国跨文化交际研究的回顾与展望[①]

中国跨文化交际研究的历史很短，大致上是从80年代初期开始。这段历史可以分为三个阶段。第一阶段是从1978～1987年。这一阶段的特点是人们的注意力集中于文化与语言的关系和语言教学本身。在实行改革开放政策以后，我国学者教授大批出国访问进修，国外为数众多的学者也到我国讲学。外语界首当其冲，感受最为直接。外语教师直接接触外国文化，认识到外国文化习俗对于外语学习的重要性，因此，在他们归国以后，在自己的教学中更加注意将外语教学与外国文化的传授相结合。在教学法方面，交际法日益受到教师的重视，教师感到只教语言形式而不重视交际不是好的教学方法。当时的广州外语学院在推广交际法方面起了带头的作用。李筱菊教授在这方面做出了突出的贡献。她主编的CECL在我国是最好的一套交际法英语教材。这一时期的论文和著作集中于文化与语言的关系。例如，许国璋教授在1982年发表了一篇论述词汇文化内涵的文章：Culturally-loaded Words and English Language Teaching[②]。在这篇文章中许先生指出，有些汉语和英语词汇表面上看是对等的，但是实际上它们具有不同的文化内涵，因此，在教学中应该注意词汇的文化内涵。另一方面，在对外汉语教学中文化也越来越引起教师的重视。他们认识到在教外国留学生汉语时必须同时教授中国文化，只有这样留学生才能真正学会用汉语交际。因此，对外汉语教师在这一时期发表的文章也比较多，集中于讨论英汉语在语义、用法、交际规则等方

① 本文系2000年在广东外语外贸大学举办的跨文化交际国际研讨会上的发言。
② Xu Guozhang, Culturally-loaded words and English language teaching, in *Xiandai Waiyu* (Modern Foreign Languages), 1982, No. 2.

面的差异，同时探讨在教学中如何将文化内容与语言教学结合起来。

第二阶段是从1988～1994年。在这一阶段，探讨外语教学中如何结合文化以及研究文化与语言的关系依然是重要的课题，与此同时，跨文化交际学作为一门课程开始正式登场。在北京外国语大学、哈尔滨工业大学、上海外国语大学、福建师范大学、北京大学、中山大学、西安外国语学院、华南理工大学等院校陆续开设跨文化交际学或语言与文化课程，有的设在本科层次，有的设在研究生层次。在这一时期，一些跨文化交际研究的论著也不断问世。例如，在中国教学多年的Helen Oaten 在1987年出版了英文版的《与英美人交往的习俗与语言》，1988年胡文仲主编出版了论文集《跨文化交际与英语学习》，1989年邓炎昌、刘润清合著的《语言与文化》出版。这几部书涉及语言不同层次（词汇、语用、语篇、交际方式等）的比较、习俗方面的异同以及翻译方面的种种问题。1988年美国的一本使用广泛的跨文化交际学课本——Samovar 与 Porter 合编的 *Intercultural Communication: A Reader* 在我国翻译出版。在俄语方面，也有一些学者对于跨文化交际给予关注，将苏联的语言国情学介绍到我国来。除了学术期刊上发表的文章以外，还有一些专著出版，例如，顾亦瑾、吴国华合著的《语言与文化：俄语语言国情学概论》、吴国华著《俄语文化背景知识词典》在1991、1992年相继问世。他们的著作主要探讨俄语与汉语在词汇内涵以及中俄习俗方面的差异。在此期间，非语言交际也引起研究者的兴趣，这方面的论著、译著陆续出版。例如，耿二岭著《体态语概说》在1988年出版，Leger Brosnahan著《中国和英语国家非语言交际对比》于1991年翻译出版。对于经济领域的跨文化交际问题也开始予以关注。社会学家路英浩在1992年出版了《开放前沿的文化震荡》，分析了合资企业中不同层次的文化冲突和跨文化交际问题。关于如何与西方人做生意的各种小册子也陆续出版了许多种。

第三阶段始自1995年。这一年，在哈尔滨工业大学召开了第一届跨文化交际研讨会。出席会议的有中国代表230名，国外来宾40人。会议议题十分广泛，包括语言与文化、跨文化语用学、语言对比、非语言交际、文化因素与外语教学、交际风格对比、文学与文化、国际贸易与跨文化交际、翻译与文化、价值观对比研究等。在这次会议上成立了中国跨文化交际研究会。这次会议是我国跨文化交际研究的一个里程碑，它标志着我国的跨文化交际研究从孤立分散的个人研究开始走向比较有组织、有交流的活动。次年夏季，在北京大学召开了“传播与文化”研讨会，重点在于传播学方面的跨文化问题。1997年和1999年，在北京和深圳召开了第二届和第三届跨文化交际研讨会，会议的议题不断有所扩大。除了外语教学和对外汉语教学中的跨文化交际问题继续得到关注以外，对外经济关系中的跨文化交际问题也是人们研讨的一个重要方面。在第二届研讨会上，一个引人注目的议题是合资企业和商贸谈判中的信任和可靠性。关于这个议题的讨论除了专门从事跨文化咨询的人士参与以外，也吸引了不少对此有兴趣的一般与会者。此外，有的学者发表了有关国际组织中的交际、跨国公司的管理、国际间商务谈判与文化的关系的论文。

二十年来，跨文化交际研究在我国蓬勃发展，取得了长足的进步。发表的论文已达几百篇，专著和论文集数十部，开设跨文化交际学课程的院校有近十所，有关跨文化交际的国际和国内的会议召开过多次，已经形成了一支跨文化交际研究队伍。但是，与国外的同行相比，我们的工作仍有不小的差距。

首先，目前在跨文化交际研究领域活动的学者的学科背景比较单一。跨文化交际学是一门多学科的学问，它涉及人类学、传播学、心理学、语言学、文化学、哲学等众多学科，而目前在我国研究跨文化交际的学者大部分是外语教师、对外汉语教师和语言学家以及少数传播学家。人类学家、心理学家参与的比较少。这种状况不能不影响到研究的广度和深度。研究的课题也往往局限于文化与语言的关系、语言教学、翻译、习俗对比等。

从国外的跨文化交际研究来看，它的实用性很强，广泛应用于跨国公司人员的培训、教师培训以及外国学生的咨询等方面。各种培训项目和咨询机构应运而生。在我国，目前跨国公司投资达数百亿，独资企业和合资企业达数万家。文化冲突和跨文 化交际障碍是经常发生的事情，但是，我们对于这方面的问题研究很少。跨文化咨询机构在我国很少，仅有的一些也往往是西方人开设，真正由中国人建立的跨文化咨询公司或机构凤毛麟角。为了使外国企业在中国更有效率地工作，为了减少独资企业和合资企业中的文化冲突和误解，我们需要加强对于经济领域中的跨文化交际研究，也需要成立一些跨文化咨询机构，从事跨文化培训方面的工作。

第三，目前学者的研究大多是个人的研究、小范围的研究，很少有跨省、跨国的大规模的研究项目，因此，也很难获得真正有价值的研究成果。我们迫切需要院校之间、院校与企业之间的合作以便开展设计精细、规模较大、范围较广的研究。

广东外语外贸大学、法国领事馆和法国广东商会主办的这次跨文化交际研讨会是一个具有突出特点的研讨会，它突出了传播和经贸方面的跨文化交际问题，与过去召开的跨文化交际研讨会有着明显的不同。我相信，这次研讨会一定会对于我国的跨文化交际研究做出特殊的贡献。

祝研讨会成功。

评介英国出版的一部跨文化交际著作[①]

A. Holliday, M. Hyde & J. Kullman. 2004. *Intercultural Communication: An Advanced Resource Book.* London: Routledge. xvi+233pp.

迄今为止，绝大多数跨文化交际著作都在美国出版，在英国和欧洲大陆出版的为数甚少。在英国从事跨文化交际研究的学者亦屈指可数。因此，2004年在英国出版的这部跨文化交际著作自然引起了我们的兴趣。此书是 Routledge 应用语言学系列丛书中的一本，丛书主编是著名语言学家 Christopher Candlin 和 Ronald Carter。丛书中还包括翻译和语法等其他专题。

Intercultural Communication: An Advanced Resource Book 的对象是对跨文化交际学有兴趣的学生和研究者，不过既然称为 resource book, 其主要目的还是为教学服务。该书由三部分组成。第一部分是 Introduction, 介绍基本概念和术语以及跨文化交际中应注意的“戒条”(disciplines)。从这一部分可以看出作者的基本思路和观点。做法是先介绍一个典型事例，然后对事例进行解构 (deconstruction)，做出详细分析并提出作者的观点，之后提出一些戒条作为总结。第二部分是 Extension，是对第一部分的延伸，提供了许多与主题有关的短文或段落，扩大读者视野，加深读者的认识。许多引文十分精彩，有的令人拍案叫绝。第三部分是 Exploration，作者设计了各项研究任务，帮助学习者在研究过程中学到跨文化交际的本领。书的设计也有其独到之处，由浅入深，逐步展开，体现了循序渐进、教学互动的原则。每一部分都环绕三个主题，即identity, otherization, representation。Identity无需解释，

① 原载《外语教学与研究》2007年第1期。

研究跨文化交际一般都会涉及这个方面，通常译为“认同”“身份”。Otherization在一般词典中难以查到，意思是把交际的对方视为“另类”“异类”，包含了歧视、刻板印象（stereotyping）等内容，不妨将其译为“他者化”。Representation指的是这些他者化的看法在社会上通过媒体、专业话语或日常谈话体现出来，时时刻刻影响着我们。这些看法常常为我们所接受，而我们却并不自觉。这部著作的中心思想是在复杂的文化环境中如何看待自己、理解他人，以及如何对待传播领域的各种信息，最终落实在如何提高跨文化交际的能力和敏感性上。

作者在本书中反复阐述的一个观点是文化是复杂、多面、不断变化、互相交叉的，不能用一个固定的文化标签解释所有问题。作者用了 culturism, essentialism, culture fundamentalism, reductionism 这一组词，这些词的基本含意是以笼统的文化概念解释一切现象，把一切问题都归结到所谓的文化差异上。作者对“文化本质论”持批判态度，认为社会是复杂的，文化是多样的，人际交往涉及许多方面，把一切问题都归结为非黑即白的文化差异是一种简单化的看问题方法。

对于“身份”，作者的观点是：一个人不是属于一个群体，而是属于多个群体。例如，只说某人是英国人并不能概括其特点，还需要说明他属于什么民族、居住在什么地区、属于什么社会阶层、有什么家庭背景、信奉什么宗教、做什么工作、受过什么教育、参加什么政党或社会团体、喜欢什么运动项目、与什么人交往、有什么个人爱好等等，才能大致看出这个人的趋向。总之，一个人的文化身份由多种因素构成。作者认为：“对于其他人的文化构成以及他们运用各种不同的身份表示理解和保持敏感是良好的跨文化交际的关键部分。……在我们与不同的人交际时，我们需要理解他们如何把他们隶属或从属于某些群体这一点表现出来”（19）。针对这一点作者提出了戒条7～9（19～20）：

7. 应该理解人们在与我们交际的过程中在创造和协商他们的

文化身份。

8. 应该充分理解在你和他人交际时你也在创造和协商你自己的文化身份。

9. 应该充分理解创造与协商文化身份和创造与协商个人身份完全是一回事。

这三段话说明人的身份不是固定不变的，也不是单一的，而是在交际过程中不断地创造和协商。身份难道是可以创造的吗？书中举了英国女中学生的一个例子。她们在公共汽车上打招呼，用的是一些普通人不会说的“脏话”。她们这样做的目的是在创造一种身份，说明她们属于一个特殊的群体，在她们这个群体中这些脏话是表示亲密关系的招呼语，但在圈外人听起来却是骂人的话。这种做法就是所谓身份的创造。身份可以是指民族、种族、年龄、社会阶层、宗教、学校以及其他。作者所持有的一个人具有多重身份的观点是受美国跨文化交际学者 Marshall Singer 的影响。Singer（1987）提出了这样一个观点：一个人分属于各个不同的群体，因此保有各种不同的身份。由于属于不同群体，因此有着不同的观点和信念。没有两个人属于完全相同的群体；即使两个人属于相同的群体，其观点和信念的分量和比重也不会相同。因此，Singer的结论是：任何两个人之间的交际都是跨文化交际。

在通常的跨文化交际著作中都免不了要进行文化差异的对比，例如说中国人讲话比较含蓄，美国人讲话比较直爽；或者说中国人习惯于自谦，而美国人比较乐于接受称赞等等。在本书中，这种对比却根本看不到，因为作者认为这类对比近于刻板印象，是一种简单化的做法。他们不仅不进行这类对比，相反他们认为这类比较是有害的。他们认为，这无异于把对方他者化，需知有各种各样的中国人，也有各种各样的美国人。作者认为刻板印象、歧视和他者化是相互影响的三个方面。我们在和其他人（例如外国人、外族人）交往时，常常会带着原来的刻板印象或包含歧视的看法把对方看作是比我们低劣的异类，而把自己看作是比对方优越的一类人。作者认为这是跨文化交际的一个主要障碍。书中提出的戒条1～4反映了他们的观点（10）：

1. 根据你在接触中的实际感受而不是根据你所听到的情况对人们做出反应。

2. 对于人们是什么样的这类问题要避免简单化的答案（抛弃掉‘另一种文化’中什么是‘真实的’或‘不真实的’的简单化的想法）。

3. 要认识到每个社会都像你自己的社会一样复杂和具有文化多样性。

4. 对于你和其他人之间发生的事情要学会做出多层次的解释；要在交际中学会交际。

应该说在跨文化交际研究和训练中确实存在简单化的倾向，人们常常将某种文化看作是一个统一的整体，忽视了文化的多样性和复杂性。跨文化交际训练中也确实有贴文化标签的现象，例如说美国文化如何如何，东方文化如何如何，殊不知美国文化是多种多样的，东方文化更是分属截然不同的各个类别。本书第55页有一段引文，取自Hannerz的一篇文章。Hannerz（55）认为："从学术的观点看，人们会对（跨文化交际训练者的）某些努力提出批评：他们的做法有些陈旧，有些倾向于刻板印象，有些习惯于夸大文化差异，可能这样做是为了把搞跨文化交际的人置于一个不可或缺的地位"。Hannerz甚至把跨文化交际训练戏称为"防止文化休克产业"，由此可见他对于跨文化交际训练的态度。另一段出自Fay的引文进一步发挥了本书作者的观点（60～61）："任何复杂程度足以称之为文化的都包含了互相对立的信念和规则，这些信念和规则对其追随者提供了混杂的、对立的、模棱两可的信息。……文化绝不是在社会上平均分布的有条理的实体，文化是分歧和对立的相当紧张的集中点"。"文化的另一个特点在于从本质上说它是开放的。文化是观念的实体；作为观念的实体文化是可渗透的，可以受其他文化的影响"（61）。

对于如何提高人们的跨文化交际意识，作者建议的做法是通过做实地调查，执行各种任务，使人们通过实践认识到文化本身是十分复杂的，人际交往也是充满变数的。书中在关于身份的部分设计了这样一个任务，要求学习者调查自己周围各年龄段的人对某一问题的看法，对问卷中的问题做出回答。例如，有一组问题是这样的：在你年轻的时候，人们是否期望年轻人对于年长的人表示尊敬？你当时是否对年长的人表示尊敬？如何表示？为什么表示？为什么不表示？现在的情况是怎样的？你是否认为产生了变化？你对于这种变化如何看待？作者建议在做这类调查时可以几个人组成一个小组，制定出计划，每个人调查之后可以交换看法，对于调查得来的材料做出分析。作者提醒调查者：不同的人在调查过程中可能得到不同的材料，调查者与被调查者之间的关系、被调查者当时的心情、被调查者对于调查的问题可能持有的态度等都会影响调查的结果。因此，调查者需要对于调查这项工作十分敏锐，而且需要不断提高自己的敏感度。作者指出，在自己向他人做调查时，实际上就是在进行一种跨文化交际。

Holliday等的这本书是一部很有新意的跨文化交际教材，与我们通常看到的这类著作完全不同，值得我们深入研究。特别是其中的一些观点提醒了我们在从事跨文化交际的研究过程中一定要避免简单化的分析和论断，避免非黑即白的结论式的提法。但是，在翻阅这部书的过程中，却也发现作者极少提到美国学者的研究成果，极少引用他们的观点和材料。例如，书中从未提及或引用美国著名跨文化交际学者Edward Hall, William Gudykunst, Young Yun Kim, Richard Brislin等的著作，仅只在几个地方提到Harry Triandis, Marshall Singer（在提到Triandis时还不无批评）。从这里可以看出英国和欧洲大陆的跨文化交际研究与北美的研究并不同步，美国的研究成果在大西洋彼岸的影响似乎没有我们预料的那么大。

参考文献

Singer, M. 1987. *Intercultural Communication: A Perceptual Approach*. Englewood Cliffs, NJ: Prentice-Hall.

China's Intercultural Communication Studies: Its Current Status and Problems①

Abstract: This paper first reviews the beginning, growth and landmarks of China's intercultural communication (ICC) studies. Then it discusses its special features in the past decade: 1) the publication of articles and books on ICC has increased rapidly; 2) the scope of research has widened and a diversified approach is beginning to emerge; 3) research in international communication has broadened and inter-ethnic communication has also become a topic of research; and 4) a number of intercultural communication classics have been reprinted in Chinese mainland. The limitations of China's ICC studies mainly lie in two aspects: Most of those engaged in ICC research are foreign language professors, who are not well-equipped with theories of communication and psychology and have not had systematic training in ICC research methodologies; and secondly, the scope of research is still too limited and the approach often is not multi-disciplinary.

The writer holds that an analogy may be drawn between linguistic studies and ICC studies in China. While the situation of

① Address made on June 11, 2010 at the Chinese Intercultural Disciplinary Development Symposium held at Shanghai International Studies University.

linguistic studies was much the same as what ICC studies is like today, remarkable progress has been scored in China's linguistic studies in the past two decades because of the measures taken over the years. The writer recommends that the strengthening of graduate programs and the training of teachers and scholars in ICC theoretical and methodological issues should be top priority. Plans should also be made to work on syllabus design, course development and teaching resources.

It is my great pleasure to be invited to this symposium, for it has given me a chance to meet so many distinguished intercultural communication scholars from Germany, UK, the United States, China and other countries. I am especially pleased to see pioneers of intercultural communication studies like Professor Michael Prosser and Professor Dan Landis are here with us. I am sure we all feel indebted to Shanghai International Studies University for hosting this symposium and for bringing together scholars from all over China. I believe this symposium will be an impetus to China's intercultural communication teaching and research and to furthering the collaboration between Chinese scholars and scholars from overseas.

Before we delve into the history of China's intercultural communication, there is one important concept we have to clear up first. This is the translation of the English word "communication". In English this word covers interpersonal communication as well as mass communication. Thus under International Communication Association (ICA) there are such divisions as Interpersonal Communication, Intercultural Communication, Global Communication and Social Change, Journalism Studies, Mass Communication, Language and Social

Interaction, Organizational Communication, Information Systems and some others. When intercultural communication was first introduced in China, it had five or six different versions of translation.① After about ten years we now settle for two terms: kuawenhua jiaoji (跨文化交际) and kuawenhua chuanbo (跨文化传播). The former is used by scholars often with a foreign language teaching background while the latter is used by scholars with a media studies background. When the former group holds conferences, those in the latter (chuanbo) group sometimes join. But foreign language professors as a rule do not attend conferences of the other group. When you use the English word "communication", you may understand it in either its broader or narrower sense. But when it comes to Chinese, you have to decide what you mean before you choose the right word. This dual translation reflects the way China's intercultural communication has developed.

Roughly speaking, China's intercultural communication studies started in the early 1980s. This was at a time when China first opened its door to the outside world and everything from the West appeared new and alien to the Chinese. Those who went overseas to study noticed that in addition to language obstacles there were cultural hurdles in communicating with foreigners. Teachers of foreign languages were among the first to recognize the importance of culture in teaching languages and they started to introduce culture in their language courses. It was against this background that intercultural communication was first introduced to the Chinese. Professor Xu Guozhang (1982) published "Culturally-loaded words and English language teaching" in 1982, thus ushering in the study of language and culture in foreign language teaching circles. He Daokuan (1983) introduced the discipline of intercultural communication in

① They include 跨文化传通，跨文化交流，跨文化交际，跨文化传播，and 跨文化沟通。

an article he wrote in 1983. In 1988 the first collection of papers on intercultural communication was published under the title of *Intercultural Communication: What It Means to Chinese Learners of English* (Hu 1988) and two years later the first reader of intercultural communication was published by the Hunan Education Press (Hu 1990). In 1991 Edward Hall's *The Silent Language* was published in translation by the Shanghai People's Press (Hall 1991). Articles about how to handle cultural differences in communication appeared in journals and magazines in increasing numbers, but the total number of articles published at the time was still very small. According to the Chinese Journal Full-text Database (CNKI), in 1989 only 11 articles on intercultural communication were published in Chinese journals. The breakdown of these articles is as follows:

Interpersonal communication	3
Translation	2
Linguistics	2
Language teaching	1
Theory	1
Miscellaneous	2

From the above we can see that articles on language study make up about half of the total. This is a trend that has persisted throughout the history of China's intercultural communication studies. These articles deal with such topics as the cultural connotation of words, pragmatic failures, discourse patterns, and problems involved in translation.

It was during this period that some universities started offering intercultural communication as a course at undergraduate and graduate levels. These include Peking University, Beijing Foreign Studies University, Shanghai International Studies University, Harbin Institute of Technology, Zhejiang Univerisity, Fujian Normal University and some other universities. At present there must be over a hundred universities in China where one or more courses in intercultural communication are offered. A few universities offer graduate programmes in intercultural communication at both masters' and doctoral levels.

1995 marks a turning point in China's intercultural communication history. Two things deserve our mention here. It was in August 1995 that China's first conference on intercultural communication was held at Harbin Institute of Technology. This was held in conjunction with the 5th International Conference on Cross-cultural Communication. Attending the conference were over 270 participants and about 120 of them came from overseas. The topic areas include theories of intercultural communication, verbal communication, nonverbal communication, literature and culture, information science, culture and media, and bilingualism. It was during the conference that the China Association for Intercultural Communication came into being. The standing council of the association decided that a conference be held biennially. Since then seven national conferences on intercultural communication have been organized in China and because of the national association and the conferences it organized the influence of intercultural communication grew quickly in academic circles. Up till this year 14 intercultural studies centres have been set up in this country. The close collaboration between Chinese and overseas scholars in this area has been a special feature of China's intercultural communication and some of the conferences were jointly organized. Secondly, it was also in 1995 that the first intercultural communication monograph written by a Chinese scholar was published. This is Guan

Shijie's *Intercultural Communication: An Area of Study to Improve Skills in Communicating with Foreigners* (Guan 1995). In the book Guan made a comprehensive study of intercultural communication and unlike other works published in China he laid emphasis on media studies and international politics. The following year saw the publication of Lin Dajin's *Intercultural Communication Studies: A Guide to Communicating with Britons and Americans* and Wang Hongyin's *Intercultural Communication: How to Interact with Foreigners* (Lin 1996; Wang 1996). In 1997 Jia Yuxin published his *Intercultural Communication,* which adopts a sociolinguistic approach to the study of this subject (Jia 1997). Other works on intercultural communication were published soon after and most of them were written by professors of foreign languages. And most deal with how culture impacts foreign language learning including the teaching of Chinese as a foreign language and how intercultural communication competence is to be acquired.

Since the beginning of this century intercultural communication in China has taken on some new characteristics. Firstly, the number of publications has increased rapidly. According to the Chinese Journal Full-text Database, in 1999 573 articles were published in Chinese journals. In 2000 it jumped to 859 and in 2009 the total number of articles reached 5,812. What follows is a table showing the fast growth of published articles on intercultural communication in Chinese journals.

Table 1: Number of articles in Chinese journals on intercultural communication 2000 ~ 2009

Year	Number of articles	Percentage growth over past year	Year	Number of articles	Percentage growth over past year
2000	859		2005	2748	25.7
2001	1151	34	2006	3596	30.8
2002	1584	37.6	2007	4895	36.1
2003	1831	15.6	2008	5693	16.3
2004	2185	19.3	2009	5812	2

We should note here that the database has as its source 6,642 journals, of which only 37% (2,460) are classified as core or important journals. So a big proportion of the articles included here are what we may call general discussion articles published in less important journals.

The number of books published on intercultural communication has also grown. The catalogue of the National Library of China shows that the number of monographs and textbooks written or compiled by Chinese scholars on intercultural communication has increased steadily in the past decade.

Table 2: Number of books published between 2000 ~ 2009 on intercultural communication

Year	Number of books	Year	Number of books
2000	4	2005	6
2001	5	2006	10
2002	5	2007	15
2003	8	2008	13
2004	7	2009	21

Secondly, the scope of research has widened and a diversified approach to the study of intercultural communication has emerged.

We pointed out earlier on that foreign language teaching takes up a predominant position in China's intercultural communication research. This situation at present is undergoing a change. For instance, in 1999 articles related to FL teaching account for 44.6% of the total number of articles published while in 2009 they take up only 29.16%.① While FL teaching-related articles have dropped in ratio, articles related to other branches of study begin to assume bigger proportions. According to Peng Shirong, between 1994 and 2003 a total of 1,109 articles were published in 564 Chinese journals. FL teaching and contrastive study of languages take up 35.89%, economics and management 11.81% and culture and media 9.47% (Peng 2005). A survey of the catalogue of the National Library shows that in 2009 monographs written on cross-cultural studies by Chinese writers totaled 53.② Textbooks and general introduction account for about a quarter of the total. Language, culture, literature and translation take up about 17%; economics and management about 15%. It is amazing to find that almost 10 per cent of the monographs deal with religious beliefs in intercultural communication. The percentage taken up by film and drama in relation to intercultural communication is also relatively high compared with past record.

Table 3: Content classification of monographs on cross-cultural studies published in 2009

Area of study	Number of books	Percentage of total
Textbook and general introduction	13	24.53
Language, culture, literature and translation	9	16.98

① According to the CNKI database, the total number of articles published in 2009 on intercultural communication related to language and communication is 1,695 while in 1999 the number is 256. The total number of articles published on ICC in general in 2009 is 5,812 while the total number in 1999 is 573.

② This is the result of the search using "kuawenhua (跨文化)" instead of "kuawenhua jiaoji (跨文化交际)"。

Continued

Area of study	Number of books	Percentage of total
Economics and management	8	15.09
Religion	5	9.44
Film and drama	4	7.55
Theory	3	5.66
Science and technology	2	3.77
Psychology	2	3.77
Media	2	3.77
Other areas	5	9.44
Total	53	100

Here are some of the titles of the monographs:

Traditional Chinese Theatre in Cross-cultural Context by Cao Lin

Japanese Corporate Culture and Intercultural Communication by Wang Xiuwen

Cross-cultural Business Communication by Yu Wenlei

Cross-cultural Management by Chen Xiaoping

Cross-cultural Interpretation of American Films by Hua Mingda

Psychology of Cross-cultural Communication by Peng Kaiping

A Study of Cross-cultural Adaptation Problems of Foreign Students in China by Yang Junhong

Many of these books should be of interest to researchers both at home and overseas, but since they are all written in Chinese, their circulation is limited to the home market only. Theoretical explorations are underway, and this is manifested in publications (Lin and Xie 2005; Hu Chao 2005). The topics of doctoral and MA theses have also diversified. Here is a list of the thesis topics of the graduating MA students of Shanghai International Studies University in 2010:

Advertising Appeals as a Mirror of Cultural Values: A Comparison Content Analysis of Video Beer Advertising in the U.S. and China

A Qualitative Study of How Business Context Impacts Intercultural Conflicts—Examining the Localization of Top Managers in MNCs in Shanghai

The Interrelated Factors of Chinese Students' Adaptation in France: Emotion Regulation, Social Support & Acculturative Stress

The Effects of Personality on the Adjustment of American Sojourners and Settlers in Shanghai

A Qualitative Study Investigating the Cross-cultural Adaptation of Taiwanese Working in Shanghai

Test of an Intercultural Framework of Measuring Web Design Differences—Strategies to Internationalize English Version of Qingpu District Government Website

Structural Equivalence of Values Domains in China: Values among Migrant Workers and Local Permanent Residents in Shanghai

A Qualitative Study of Intercultural Contact on Campus—Perspectives from Host Chinese Students at Fudan University

Thirdly, research in international communication has broadened to include Sino-Japanese, Sino-Russian, Sino-German and Sino-French communication in addition to Sino-American communication and inter-ethnic communication has also attracted increasing attention among researchers. In the early stage Chinese researchers focused on communication between Chinese and Americans and most of the articles discussed differences in communication style, behaviour pattern and cultural values between them. Gradually they shifted their attention to communication between Chinese on the one hand and Japanese, Russians, Germans, and the French on the other. Inter-ethnic communication has not been a research area until recent years. Following is a list of some of the articles published in Chinese journals on inter-ethnic communication and the problems involved.

❖ Ding Liyan. 2002. Inter-ethnic cultural differences and foreign language teaching today. *Journal of Jiamusi University (Social Sciences)*, No.1.

❖ Tan Houfeng. 2002. On the language and culture of the Dongs and translation. *Journal of Guizhou Institute of Nationalities*, No. 5.

❖ Pan Qixu. 2002. A comparative study of the thought patterns of the Zhuangs and the Hans as revealed by the word order they use. *Guangxi Nationalities Research*, No. 2.

❖ Yan Liping. 2003. On the taboos in the verbal and nonverbal communication of the Hans and the Uighurs. *Journal of Xinjiang Normal University (Social Sciences)*, No. 3.

❖ Li Qiang. 2006. On pragmatic differences between English-speaking people and minority nationalities in Yunnan. *Journal of Yunnan University of Nationalities*, No.1.

❖ Zhao Juan. 2008. An investigation and study of ethnic minority students' pragmatic competence. *Journal of Southwest Nationalities University*, No. 4.

Lastly, a number of intercultural communication classics have been reprinted in Chinese mainland and these include Gudykunst and Kim's *Communicating with Strangers: An Approach to Intercultural Communication,* Samovar and Porter's 10th edition of *Intercultural Communication: A Reader,* Hofstede's *Culture's Consequences: Comparing Values, Behaviours, Institutions and Organizations across Nations,* Ting-Toomey's *Communicating across Cultures*, Spencer-Oatey's *Culturally Speaking: Managing Rapport through Talk across*

Cultures and other titles. They are now widely used by both researchers and graduate students. This series of ten titles was published in 2006 by the Shanghai Foreign Language Education Press. Other publishers such as Peking University Press and Foreign Language Teaching and Research Press have also bought copyright for the reprint of other ICC titles.

While we list the achievements in China's intercultural communication studies, we are not oblivious of the problems facing us.

First, although there is widespread interest in intercultural communication studies in China, those who have had a good grounding in communication studies theory, cross-cultural psychology and research methodologies are small in number. Only a few have had the chance to do doctoral work in communication studies at home or overseas. Most of the scholars can only catch up in their reading of related works while they engage in teaching and research. So compared with our overseas counterpart intercultural communication scholars in China taken as a whole are relatively weak in theoretical and methodological preparation. This is why it is sometimes difficult to adopt a multi-disciplinary approach to the study of intercultural issues, for not too many are equipped with theories of social psychology, sociology or communication studies. Concerned scholars have stressed the need for empirical research at conferences and in journal articles (Peng 2005), and we are pleased to find that in recent years there is an obvious increase in papers based on empirical research. But there is still a large number of articles in journals that are of a general discussion nature and some of them are repetitive.

Secondly, because of the special circumstances in which China's intercultural communication studies was initiated and developed, all along foreign language teaching looms large and assumes a disproportionately big role. In publications topics related to foreign language teaching and language and culture form the bulk of articles, papers and monographs published. Intercultural communication conferences are mostly attended by foreign language professors and graduate students. This situation is gradually changing with more and more scholars from other disciplines joining the ranks. We are pleased to see this symposium has drawn media studies scholars, psychologists, sociologists in addition to foreign language scholars. In anthologies published in recent years on intercultural communication we find contributions not only from foreign language professors, but also from scholars in other fields including media studies, economics and trade, ICC training and other branches of study. It is only natural that the path intercultural communication takes in each country varies and the point of emphasis in research differs from country to country. For instance, in the United States the influence of psychology is greater than some other disciplines and the issues dealt with by ICC researchers cover a wide range including interracial relations, immigrants, foreign students, multi-national companies, bilingual education, gender differences and many others. In Germany the teaching of German overseas (Intercultural German Studies), economic collaboration and trade across nations seem to be the focus of attention of ICC researchers. In Russia the teaching of Russian to foreigners was given primary attention and many academic works were published on how Russian culture could be combined with the teaching of the Russian language. In UK the teaching of culture in conjunction with language has been given much attention. In China foreign language education is of great importance to its modernization and collaboration with other countries and it is exactly for this reason that intercultural communication lays emphasis on it. Nonetheless, the scope of research still seems to be too narrow and limited and the approach often is not multi-disciplinary. There are many issues in China we need to address such as interracial and inter-ethnic relations, inter-regional communication problems, cultural clashes in transnational companies, the adaptation of foreign students in China, migrant workers in the cities, bilingual education and many others. We need to broaden our scope of research and adopt a multi-disciplinary approach to the study of these intercultural issues.

Now I would like to make some recommendations on our ICC studies from the perspective of disciplinary development. Steve Kulich and Chi Ruobing in their article on developing intercultural communication as a discipline (Kulich and Chi 2009) have given us a comprehensive review of the state of the art and laid out a roadmap for further development. I agree with their general assessment and future plans and will not repeat what they said. But I would like to draw an analogy between ICC studies and applied linguistics in China. In the 1980s and the early 1990s China's linguistic studies was much the same as what we experience in ICC today. Foreign language teachers mostly had not received systematic training in theories of linguistics and research methodologies. Journal articles were mostly introductions or elaborations of Western theories and practices and empirical research was scarce. Textbooks and teaching resources were hard to obtain and it was under fairly difficult circumstances that graduate students were trained. But twenty years later the situation has changed significantly. Many teachers have now obtained MA or doctoral degrees in linguistics either at home universities or at universities overseas. Those who have not had a chance to go through graduate studies engage in in-service training. Now the general level of teaching and research in linguistics and applied linguistics at our universities has risen to a new level. In the core journals articles based on empirical research are the mainstream while general discussions have dropped significantly in ratio. Publishers have reprinted hundreds of books written by Western linguists and textbooks written by Chinese scholars are also in plentiful supply. Masters and doctoral programmes have graduated a large number of young scholars equipped with linguistic theories and research methodologies. What has been achieved in linguistic studies in China provides much food for thought and we need to reflect on this to determine what we should do with ICC studies.

In disciplinary development there is a number of factors we need to consider including teacher training, syllabus design, course development, textbook compilation, provision of resource material, journal publication, research and international collaboration. Of these teacher training is the most important, for only with the right people can we do the rest. I suggest that graduate programmes in ICC studies should be strengthened and that the universities that offer Masters and doctoral programmes in ICC studies expand their enrolment. Where possible, scholars well-trained in ICC theories and research methodologies should be drawn into our ranks. Training courses should also be organized during vacations to provide in-service teachers with training in basic ICC theories and research methodologies. Syllabus design and course development should also be given adequate attention. As far as I know, the Intercultural Institute of Shanghai International Studies University offers the largest number of ICC courses in this country. On the basis of the ICC courses offered at SISU we can draw up a list of compulsory and elective courses to be offered at graduate level. As for textbooks, we now have at least half a dozen to choose from. I suggest that the national association make recommendations as to which ones are suitable for what level. We do not yet have a journal specializing in ICC studies, but we are pleased to see the publication of Volume One of *Intercultural Communication Research* edited by Professors Jia Yuxin, Guo-Ming Chen, Sun Youzhong and Ray Heisey (Jia *et al*. 2009). This is an important publishing outlet for ICC research and we hope more volumes will be forthcoming. International collaboration is extremely important for us today, for we need to familiarize ourselves with the latest developments in ICC studies overseas. The growth of China Association for Intercultural Communication and the achievements of the Intercultural Centre at Shanghai International Studies University are outstanding examples of international collaboration in the ICC field. This symposium is another example of such collaboration. When all the steps mentioned above are taken and followed through, we are sure that ICC teaching and research in China will make remarkable progress.

References

Guan, S. J. 1995. *Intercultural Communication: An Area of Study to Improve Skills in Communicating with Foreigners*. Beijing: Peking University Press.

Hall, E. 1991. *The Silent Language.* (In Chinese translation). Shanghai: Shanghai People's Publishing House.

He, D. K. 1983. Introducing a new discipline—Intercultural communication. *Waiguo Yuwen Jiaoxue* (Foreign Language Teaching), 2.

Hu, W. Z., ed. 1988. *Intercultural Communication: What It Means to Chinese Learners of English.* Shanghai: Shanghai Translation Publishing House.

Hu, W. Z., ed. 1990. *Selected Readings in Intercultural Communication.* Changsha, Hunan: Hunan Education Press.

Hu, C. 2005. *Intercultural Communication: Paradigms of the E-age and Competency Building*. Beijing: China Social Sciences Press.

Jia, Y. X. 1997. *Intercultural Communication.* Shanghai: Shanghai Foreign Language Education Press.

Jia,Y. X. et al., eds. 2009. *Intercultural Communication Research*. Vol. 1. Beijing: Higher Education Press.

Lin, D. J. 1996. *Intercultural Communication Studies: A Guide to Communicating with Britons and Americans*. Fuzhou, Fujian: Fujian People's Publishing House.

Lin, D. J. & Xie, C. Q. 2005. *Intercultural Communication: Theory and Practice.* Fuzhou, Fujian: Fujian People's Publishing House.

Kulich, S. & Chi, R. B. 2009. Developing intercultural communication as a discipline in China. In Jia Yuxin et al., eds. *Intercultural Communication Research*. Vol. 1. Higher Education Press.

Peng, S. R. 2005. Intercultural communication studies in China: Status quo, problems and suggestions. *Journal of Hunan University (Social Sciences Edition)*, 4.

Wang, H. Y. 1996. *Intercultural Communication: How to Interact with Foreigners.* Beijing: Beijing Language Institute Press.

Xu, G. Z. 1982. Culturally-loaded words and English language teaching. *Xiandai Waiyu* (Modern Languages), 4.